ジャン＝リュック・ナンシー著
澤田直訳

自由の経験

L'expérience de la liberté

Jean-Luc Nancy

［ポイエーシス叢書］43.

未來社

Jean-Luc Nancy : L'expérience de la liberté

自由の経験■目次

装幀——戸田ツトム＋岡孝治

自由の経験

「指定されたあらゆる限界を越えうるのが自由なのである。」

『純粋理性批判』先験的弁証論第一編第一章

■凡例

*原則として、原文における大文字は〈 〉、《 》は「 」、（ ）はそのまま表示し、イタリックの箇所は傍点を付して示したが、訳文をより分かりやすくするために〈 〉を用いた場合もある。

*本文中の［ ］は原語を挿入するため、また訳者による補いを表すために用いた。

*☆は原著者による註、★は訳者による註を示す。

*引用および出典に関しては以下のような要領で記した。

一、原則として、既訳のあるものはそれを参照しつつ文脈の関係で若干の修正をほどこして使わせていただいた。

一、出典に関しては、邦訳のある場合は邦訳のみを、その他の場合は原著のとおりに記した。ただし、邦訳のある場合でも該当個所が見つからない場合は原著に記されているものを記した。

一、カント、ヘーゲルに関しては章や節で出典を記した。

一、頻出するハイデガーの著作に関しては以下のような略号とページ数によって、仏・独・日の順で出典を記した。ただし、訳文は文脈との関係で適宜変更して使用した。

例、『真理の本質について』QI, p. 178/GA 9, S. 190/全集九巻二三三頁。

『真理の本質について』、『根拠の本質について』、『形而上学とは何か』（QI/GA 9/全集九巻）: *Questions I*, Gallimard, 1968; *Gesamtausgabe*, Bd. 9, Vittorio Klostermann, 1967; ハイデガー全集第九巻『道標』（創文社）。

『存在と時間』（SZ）: *Sein und Zeit*, 17. Aufl., unveränd., Max Niemeyer, 1953（ドイツ語版のページのみを記す）

『「ヒューマニズム」に関する書簡』（QIII/GA 9/全集九巻）: *Questions III*, Gallimard, 1966; *Gesamtausgabe*, Bd. 9, Vittorio Klostermann, 1967; ハイデガー全集第九巻『道標』（創文社）。

『自由の本質』（GA 31/全集三一巻）: *De l'essence de la liberté humaine*, Gallimard, 1987; *Gesamtausgabe*, Bd. 31, Klostermann, 1982; ハイデガー全集第三一巻（創文社）。

『シェリング』*Schelling*, Paris, Gallimard, 1977;『シェリング講義』（木田元・迫田健一訳、新書館）（フランス語版/邦訳のページのみ記す）。

『根拠律』（PR/GA 10）: *Principe de raison*, Gallimard, 1962; *Gesamtausgabe*, Bd. 10, Klostermann, 1982。

「根本諸概念」（GA 51/全集五一巻）: *Gesamtausgabe*, Bd. 51, Klostermann, 1981; ハイデガー全集第五一巻（創文社）。

『ヘーゲルの経験概念』（Ch./全集五巻）«Hegel et son concept de l'expérience» in *Chemins qui ne mène nulle part*, Gallimard, 1962; ハイデガー全集第五巻（創文社）（フランス語版/邦訳のページのみ記す）。

『ヘーゲル「精神現象学」』（PEH/GA 32/全集三二巻）: *La «Phénoménologie de l'esprit» de Hegel*, Gallimard, 1984; *Gesamtausgabe*, Bd. 32, Klostermann; ハイデガー全集第三二巻（創文社）。

実存がもはや産出されるのでも演繹されるのでもなく、ただ定立されるだけになるとする（この簡明さが我々の思考をひどく慌てさせる）。そしてこの定立（ポジション）へ、と同時に定立によって、実存が放棄＝放任[★1]されるとする。そうするとすぐさま、この放棄＝放任の自由を考えなければならなくなる。別の言い方をしてみよう。実存が本質に「先だつ」のでも「後続する」のでもなく、ましてや本質の結果なのでもなく（この点は実存主義と本質主義は対称的（シンメトリック）な形式化を行なっており、両者とも本質と実存の間の本質的差異に囚われている）、それ自身が本質を構成し（「現存在の「本質」はその実存においてある」Das “Wesen” des Daseins liegt in seiner Existenz.『存在と時間』第九節）、それゆえ、この二つの概念とその対立が形而上学の歴史に属する事実になりさがるとする。そうするとすぐさま、この歴史の限界上において、もうひとつの概念、つまり「自由」の賭金の検討が必要となる。なぜなら、自由はもはや「本質的」でも「実存的」でもなくなり、これらの概念のキアスマのうちに含まれることになるからである。つまり、実存をその本質において自由へと放棄＝放任し、この放棄＝放任へと向けて自由にし、この放棄＝放任へと引き渡し、この放棄＝放任において随意にする［disponible］ものを考える必要がある。そのときには「自由」という言葉や概念すら保持されなくなるかもしれ

★1　原文 abandonné, abandon は、ここではドイツ語 lassen, Lassen と同様の意味で用いられ、同時に放棄と委ねを意味するように思われる。ハイデガー『「ヒューマニズム」に関する書簡』の仏訳の冒頭（*Questions III.*, Gallimard）を参照のこと。

ないが、この問題についてはのちに見ることにしよう。だが、もし実存へと引き渡された本質が何らかの仕方でその最も固有な本質において実存を「自由にする」のでなければ、思考にはもはや何も「考える」べきものはなくなるし、実存にはもはや何も「生きる」べきものがなくなるだろう。なぜなら、どちらにとっても、あらゆる経験が欠けることになってしまうからである。

さらに別の言い方をしてみよう。実存が明晰に呈示されるとする（この明晰さが我々を眩惑する）。そして、実存がもはや可能性の諸条件に帰せられるべき、あるいはその彼岸への超越のうちに止揚されるべき経験性［empiricité］としてではなく、それ自身のうちでそれ自体、つまりイマココで、その現前の根拠［＝理性］とその理性［＝根拠］の現前をもつ事実性[★2]として呈示されるとする。そうなるとすぐさま、その「現前」やこの「理性＝根拠」の様態がいかなるものであれ、まさにその「事実」を、ひとつの「自由」として考えなければならなくなる。つまり、実存をそれ自身に連れ戻す、それ自身のみへと連れ戻すものを考える必要がある。あるいは、ひとつの本質でも生の所与でもない実存としてそれを随意にするものを考える必要があるのだ。（問題はもはや「なぜ、何かがあるのか」ではないし、より顕在的に自由と結びついているかに見えるいまひとつの問い、「なぜ、悪が存在するのか」といったものでもなくなる。そうではなくて、「なぜ、それによって実存が自己肯定し、一挙に身を委ねるようなこれらの問いかけがあるのか」というものになる。）

★2　原語は factualité. ハイデガーにおける二つの事実性 Faktizität, Tatsächlichkeit は、フランス語ではそれぞれ facticité, factualité と訳され、その意味では、ここでは客観的存在者の事実性というニュアンスがあるが、ナンシーは本書を通じて facticité は一度も使っておらず、ハイデガー的な実存範疇とカテゴリーの区別はしていないように思われる。本書二七二頁参照。

実際、存在の事実性——このような実存——あるいはさらに、その「此性 haeccéité」、「現 - 存在 être-le-là」[★3]、「この現 - である - 存在 l'être-qui-est-ce-là」、「現 - 存在 da-sein」が、その特異性の局在的凝縮性と時間的延長において、それ自身において、そのようなものとして、〈存在〉——それが意味するのは、存在するものの原理、基体、主体ということだが——の、固定的で非歴史的で非局在的で自己定立的な不動性から自由になりうるので（あるいは解放なので）なければ、（つまり、事実、存在が、あるいは存在の事実が、その属格のあらゆる意味で存在自身の解放でありうるのでなければ、）思考は（そして我々もまた）夜の直接的な厚みにぶつからざるをえないだろう。この宵闇の中では、あらゆる牛が黒いばかりではなく、彼らの反芻さえも、いや、休息までもが、襞のない内在性の中に消え去ってしまう（我々もろとも）。この内在性はアプリオリにあらゆる思考——思考不可能についての思考でさえも——の手の届かないところにあるから、思考不可能ですらない。

もし我々が存在それ自体を、放棄 = 放任された実存の存在を、あるいは世界 - 内 - 存在の存在を、ひとつの「自由」として考えないのならば（もしくは、おそらく自由そのものよりさらに根源的な気前の良さ［= 自由性 libéralité］、あるいは鷹揚さ = 贈与性[★4]として考えないならば）、我々は自由をひとつの純粋な「理念（イデー）」や「権利」と考えざるをえなくなる。当然、その結果、世界 - 内 - 存在のほうは永遠に盲目的で鈍い必然性と見なされることになる。カント以来、哲学と我々の世界は絶えずこのような分裂の前に身を置いてきた。現在、イデオロギーに

★3 être-le-là はフランスのハイデガー研究者たちが、Da-sein（Dasein ではない）の実存主義的（サルトル的）解釈との混同を避けるために採用した訳語（cf. *Questions IV.*, p. 190 note du traducteur）であるが、これはハイデガー自身がボフレ宛の手紙で示唆していることによっているのであろう。Cf. *Q III*, p. 157. また、渡辺二郎訳『ヒューマニズムについて』、ちくま学芸文庫、一七一頁も参照。

★4 本書では générosité に贈与性という訳を当てる。この語は、ラテン語 generositas に由来し、高貴な血筋、鷹揚さを意味し、哲学史上では高邁心（デカルト）、寛大（スピノザ）などと訳されるのだが、一方で直前に用いられる liberalité と同様、ギリシャ語 eleutheriotes の訳語でもある。liberté が中世以来、自由意志として捉

おいて自由が要請されながらも、思考されていないのもそのためである。

自由はあらゆるものであるが、「理念」でだけはありえない。（カント自身、ある意味ではこのことを知っていた）。自由はひとつの事実である。我々はこの試論のなかでこの点に関してくり返し触れることになるだろう。しかし、それが実存の事実であるのは、実存自身の本質としてのことである。この事実の事実性は、超歴史的に知覚的に自明なものではない。この事実性は、自らを作り［se fait］、ひとつの歴史によって自らを経験に知らしめる［se fait connaître］。だが、それは〈自由〉の〈歴史〉によってではない。自由の歴史とはひとつの理念の啓示と実現の目的論的で終末論的な叙事詩にすぎない（この実現によって、自己呈示を保証された自由は、必然的に〈必然性〉のうちに吸収されることになる）。そうではなくて、歴史の自由によって知らしめるのである。つまり、そこに何かが出来する、★5 あるいはハムレットの言葉を借りれば、そこでは「時間の関節がはずれている」★6 ようなひとつの生成の現実性によってであり、また、この思考させ、思考に身を委ねる未知＝未公開なるもの［inédit］の生成性［générativité］ないしは贈与性によってである。というのも、あらゆる実存は、世界へのその開花＝破開★7 においても、その死においてと同様、未知＝未公開なものなのだから。

固有な本質としての実存が――つまり、存在の特異性［singularité］が――提示されたのは、歴史が根拠としての存在に関する思考の限界を刻印した時である。このような思考において

えられてきたために、ナンシーは自由というトポスにおける自由意志のニュアンスを排除するためにgénérositéを強調するのだと思われる。

★5　本書ではadvenirに出来する、avènementに出来という訳を当てる。

★6　『ハムレット』第一幕第五場の終わりのハムレットの科白。The time is out of joint. 小田島雄志訳では「今の世のなか関節がはずれている。」

★7　原語éclosionはドイツ語のAufbrechenの訳語であるが、ここでは「破開」という術語だけでなく、文脈の関係上、開花という通常の意味も補って訳しておく。

は、自由は根拠づけられることなしには与えられえなかった。しかし、自由であるかぎり、自由は自由そのもののうちにおいて根拠づけられる必要があった。この要請が、その実存と自由が同時に普遍的な存在の名のもとに必然性のうちで根拠づけられているような自己原因（カウサ・スイ）である至高な存在［être suprême］における自由の受肉を、あるいは少なくとも、自由の形象化を規定していた……。もはや神がその固有の実存および彼の創造の愛の無動機［gratuité］ではなくなり（これにはかつて思考ではなく、信仰が答えていた）、あらゆる実存に対してその根拠に負い目をもつようになったとき、「神」は必然的自由の名となったのであり、その自己必然化が実際、自由の形而上学的概念を（また必然性の概念をも）規定することになった。こうして、存在の自由な必然が、その理念が存在の形而上学的迂遠とでも呼ぶべきものを操作する至高な存在者として自らに現れる。この至高な存在者はその固有な事実やその現‐存在から引き離されていながらも、この事実を打ち立てる。しかし、それをひとつの根拠の上に、そして彼固有な根拠‐存在者として打ち立てるのである。必然性の自由は、存在の主語である存在者の弁証法的述語である。したがって、あらゆる実存とともに、そこでは存在が隷属［assujetti］している。

しかしながら、もし自由がなんらかのものであるならば、それはまさに根拠づけられることなど無効にするようなものであるはずだ。神の実存それ自体が、神の実存を支える自由が、ひとつの述語やその属性のひとつとなることができないという意味で、自由である必要があった。神学と哲学はこの限界ないしはディレンマをよく承知していた。自由のための必然的な存在として考えられた神は、(精緻な論述をそのために特別に作り上げるのでなければ)自分自身と自由をともに壊しかねないものだった。(「自由とは、神には欠けている能力ではなかろうか。あるいはむしろ、言葉のうえだけで神がもっている能力ではなかろうか。それというのも、神には、自分がそれであり、またそれの保証人でもある秩序に対して、不服従の態度をとることはできないからである」とバタイユは『文学と悪』で言っている[★8]。神々の自由は(話を神から神々に移すとすれば)、あらゆる自由と同様、実存すること、あるいは、実存しないことを彼らに課する(彼らは死ぬこともありうる[=できる])。自由は神々の属性ではなく、運命である。それとは逆に、このような存在として捉えられ、自らがそれによって根拠づけられる自由を根拠づける存在者は、存在-神-学の限界の内なるポーダーを示す。つまり、本質の本質、実存の本質としての絶対[=分離]的主体性を示すのである。

この限界に到達するのは、普遍的な根拠の論理と意味作用が、つまり哲学が、完遂されたときである。哲学の終焉[=目的]は、我々から自由の根拠と同時に根拠としての自由を奪い去る。しかし、この「剝奪」は自由の根拠の思考、かつ/もしくは、根拠としての自由の思考と同質的な哲学的アポリアのうちにすでに刻印されていたのだ。このアポリアはおそらくスピノザが根拠ではなく純粋な実存としての神に自由を独占的に付与したときすでに、哲学自体のうちで言明され、告発されていたのだ。ヘーゲルの〈精神〉やマルクスの〈人間〉もおそらくそ

★8 *Œuvres complètes IX*, Gallimard, 1979, p. 192.バタイユ「ボードレール」『文学と悪』所収(山本功訳、筑摩書房、三一頁)。

の継承者なのだが、スピノザは、それまで明瞭に意識されていなかった問題、つまり、実存しつつも根拠づけられていない自由、あるいはその根拠においてまで（あるいはその本質においてまで）実存を解放する自由という問題を提起したのだった。かくして、哲学の終焉＝目的が根拠［から］の解放なのだとすれば、それはこの終焉＝目的が、根拠の必然性から実存を免れ［＝退‐隠］させるという点においてであるが、また同様に、この終焉＝目的が根拠を「自由にすること」であり、根拠を根拠づけられない「自由」へと引き渡すという点においてそうなのである。

いまや我々がそこに、出来してしまった（到達したのではない）、あるいは、出来しつつある哲学の限界においては、実存の自由な散種（ディセミナシオン）があるばかりだ。――しかし、確かにそれはある（これは事実の確認ではなく、衝撃だ）。この自由な散種（その定式化は同語反復でしかありえないだろう）は、ある原理の回折でも、ある原因の多様な結果でもなく、ひとつの特異で、それゆえ本質的に複数的な出現の無‐起源（アナルシー）＝秩序（あらゆる起源の論理とあらゆる起源（アルケオロジー）＝原理追求を免れた起源）である。この出現の存在そのもの［＝存在としての存在］は、根底でも境位（エレメント）でも理性（レゾン）＝根拠でもなく、真理であり、それをここでは自由と言ってもよかろう。存在の問題、あるいは存在の意味の問題は――いかなる存在者もこの実存を根拠づけられなくなったさいに実存において出現するものの意味の問題としては――究極的には「存在の自由をその特異性において認めること」ということ以外のいかなる意味ももたないかもしれない。そして、これはもはや厳密には「問い」の意味とは言えないものであろう。

問題はもはや、人間の自由なり人類の諸自由なりを、その所持や所有が保証でき、その本質的な力によって人間が人間であることを可能にするようなひとつの善＝財として獲得したり擁護することではなく（それでは、あたかも人間と自由がこの単純な内在性のうちでおたがいを循環的に送り届けるかのようだ）、人間を存在の自由へと捧げる★9ことである。つまり、人間の人間性（その「本質」）を存在としての自由に呈示することなのである。そして、この自由によって実存は絶対的かつ決意的に超越する。すなわち実-存するのだ。あらゆる解放の運動において、また獲得されたあらゆる自由の制度において、今なお解放されなければならないのは、まさにこの超越そのものである。倫理的・法的・物質的・市民的☆1諸自由を通して、これらの自由を結局のところ可能にし、また思考可能にするとともに、それらが内在的に自己消費される以外の宛先を受けとることを可能にする唯一の何かこそが、解放されなければならない。

つまり、実存の超越は、実存同様、世界-内-実存として、また、これ以外のいかなる世界とも無縁なものとして、実存が執［＝内］存する［insiste］有限性のうちにおいて、実存がそれであるところの「本質」を超越する、つまり、またもや完遂する。ただ有限な存在者のみが自由でありうる（そして、有限な存在者とは実存者である）。なぜかといえば、無限な存在者は自分の自由の必然性を閉じ込めており、それを自らの存在に封じ込めるからである。だからここで問題になっているのはただ、ひとつの無限な根拠ないしは無限な合目的性の内在性から

★9 本書のキーワードのひとつであるoffrirは他の連関とのため「贈る」ではなく「捧げる」と訳す。offrande 犠牲＝奉納。

☆1 「政治的」とはここでは言わない。それは、「政治的自由」という言葉によってふつう理解されているものが、実際にここで用いた一連の付加形容詞の内容をほぼカヴァーしているからだとも言えるし、また、このような政治的なものの自体において、実存の超越をそれに即した仕方で問題化して考えるべきであるからでもある。今それができるかどうかは確かではない。このような政治的なものを再考すること、あるいはヘーゲルが政治的なものにおいて「自由のあらゆる規定の」実存する現実性（『エンチュクロペディー』四八六節）を割り当てたものを別の仕方で考えるという仕事はなされねばならない。我々はのちほど、自由

人間の自由を解放すること、したがって、無限の、かつ無限への自己投射から自由を解放することである。このような自己投射においては、超越（実存）自身は超越され、それゆえ無効にされている。要するに、自由をそれ自身のために実存させるがままにしておくということが問題なのである。おそらく自由ということが示すのは、実存以上でも以下のものでもない。そして、実-存（エグ-ジスタンス）［＝脱-存］が意味するのは、「自己」から引き剝された存在の「脱自＝忘我（エクスターズ）」といった語彙が示すようなものではない。実存が意味するのは、ごく単純に存在の自由、つまり、そこにおいて存在が「自己」であるような特異性へと存在を引き渡す、その有限存在の無限の非本質性である。

実存がこのように呈示され、そして、それがひとつの思考や、それに類した使命に対して提起されているということは、今日の出来事と経験が証明している。つまり意味作用の秩序の囲い［＝完結］、結果的に自己自身の表象への現前と定められている現前の（超あるいはメタ言語的、超あるいはメタ世界的、超あるいはメタ実存的）彼方における意味の指定としての意味作用の制度自体の囲い［＝完結］があるのだ。この制度によれば自由は「目の前にある」（不可視な）表象不可能なものとして理解されることに結局——あるいは最初から——なってしまう。そしてこの表象不可能なものの表象を、政治的に（自由の委任）であれ、美的に（自由な形象化）であれ、処方しなければならないことになるだろう。この彼方-なる-現前、あるいは（再）呈示［＝表象］可能なあらゆる現前の彼方にある本質的なこの現前に——〈自由〉が

な政治空間のモデルを検討するが、それ自身を自由の固有の空間と見なすことはできない。——とりあえずアラン・バディウーが次のような問いにおいて自由の主題に関して探求したものの政治的「類似物（アナロゴン）」ぐらいは見いだすことができよう。「ラディカルな政治とはどのようなものだろうか。根源へと向かい、必然性の統御を斥け、目的を反映し、正義と平等を維持、実行し、それでいて平和の時を受けとめ、大変動（カタクリスム）の空虚な待望ではないようなラディカルな政治とは。無限の課題でもあるようなラディカリズムとは何であろうか」（『政治を考えることは可能か』*Peut-on penser la politique?* Paris, Seuil, 1985, p. 106）とバディウーは問うた。これにつけ加えるとすれば、「その現前において自由な出来事を吸収せずに、そのようなものとして自らを現前させる

至高の理念、さらに言えば理念の理念（理念というものの可知的形相そのものが、自由のうちにあり、自由によって、この形相は形成され、呈示されるのではないだろうか[☆2]）を提出したこととこのことは無縁ではないはずだ――以後、おそらくヘーゲル以降、さらにそれを執拗に強調するハイデガー以降、シンメトリーのために少々（ほんのわずかだが）こじつければ、「差異の手前」とでもいうべきものの要請が直面することになる。それ自体における存在の差異、それは存在を差異に変換するのでも、差異を存在に変換するのでもないものである（なぜなら、この種の純粋な実体間における変換こそがまさに不可能となるのだから）。そうではなくて、それは、その実存の差異、この実存における差異であろう。そしてここで実存とは自らの固有な本質であり、差異であり、自らの特異性の分有であろう[★10]。特異な存在の実存によって、「意味」のまったく別のひとつの可能性が、我々の眼前で、ようやくいま破開［＝開花］しつつある時代の縁において、与えられる―― 解放される――ことになろう。

実際、囲い＝完結［clôture］に連関した開花＝破開がある。とはいえ、我々はそれらに気づかず、被投性［＝遺棄］に委ねられているのだし、また開花［＝破開］（このイメージは、不意の侵入をも同時にあらわすためにはあまりに有機的であまりに「自然」すぎるが）に関する言葉と思考が我々には欠けていることも確かだ。だが、そこにひとつの開花［＝破開］があるとすれば、それは、囲い［＝完結］という出来事がそれ自体歴史を作るからであり、それが完成する限界の内なる線は同時にその外の線ではひとつの開始に照応しているからである。グ

共通な自由とは何であろうか」ということである。（J・L・ナンシー「ヘーゲル的王国の管轄」『政治的なものの再演』所収《La juridiction du monarque hégélien》in *Rejouer le politique*, Paris, Galilée, 1981を参照されたい）

☆2 「自由の概念は、実践的理性の必然的な法則によってその実在を証明されている限り、実践的理性の体系の全構築の要石である」（『実践理性批判』序言）。この命題はマルクスやさらにはニーチェまでのあらゆる哲学にとって公理ではなかったか。もし哲学がこの立場を去ったとすれば、それは自由への関心goûtを失ったからではなく、思惟と歴史の時代の囲い［＝完結］のためであろう。結局、カント的「要石」はこの囲い［＝完結］のひとつのモデルを差し出しているのである（とはい

ラネルは、デリダに関して、またそれを通してハイデガーに関して、「その本質的な軌跡のうちに時代（エポック）を刻印すること」、それは、「誰一人それへの視線をもたないような、時代のうちに結集される未来の怪物から見ることができるようなものとしての時代を刻印することである」[☆3]と書いた。この予-視なしに予-握された遡及は占い的な魔術ではない。それが可能なのは、思考が経験し［＝感じ］、その軌跡を思考が刻印する現在の時間において、歴史が後続するのと同じくらい先だってもいるからである。「現在（プレザン）」とか「時代（エポック）」といったものが現前されうるのは、それが（我々にとってもそれ自身にとっても）単純に直接に現前してはいないからである。それは逆に、すでに、つねに-すでに、その限界の双方の境界において同時に描かれているし、そうすることによって、そこへと現在そのものが出来する（と同時にそこから退-隠する）何かの、形象なき輪郭を不可視に描かすままにしているのである。

現実性における歴史とはおそらく、つねにまわりを見ることも自らを見ることも、さらには自分が進んでいることすらも見ることなく進んでゆくような何かである。だからといって、それが自己を意識する歴史とは逆の、盲目で暗黒の力だと言おうとしているわけではない。なぜなら、歴史の他なる歴史性を考えるためには、このような対立そのものを宙づりにする必要があるからだ。そしておそらく、この使命自体が自由についての他なる思考にかかっている。実際、歴史は因果性の時間のように展開したり継起したりするものであるよりは、自分自身を不意撃ちする［se surprend］ものであろう。「自らの不意を撃つ［＝驚愕する］」ことが、のち

え自由の事実に関するカント的思考は我々がこの問題について考えるべきことの開け［＝開始］をもまた構成している）。

★10　ナンシーの思想の鍵語であるpartageは分割＝共有を意味する。その意味でここでは分有で訳す。

☆3　『伝統の伝統』*Traditionis traditio*, Paris, Gallimard, 1972, p. 15.

ほど見るように、自由の固有な徴のひとつなのだ。この意味において、歴史は存在の自由、あるいはその自由における存在である。思考は今日——歴史によって、そして自らの歴史によって——自由の発現を起こすこの非‐予見性、この非‐摂理とこの不意撃ち［＝驚愕］を考える必要［＝必然］性の前に置かれている。それゆえ、自由を考え、そして自由において考えねばならないのだとすれば（それは結局、我々の最古で最も深い伝統でもあるのだが）、考えるべきこと（保持すべきであって、予見すべきではない、経験すべきであって、導くべきではない）は次のことだけだ。すなわち、存在はひとつの歴史をもっている、あるいは存在とは歴史（ないしは複数の歴史）であるということである。言いかえれば、存在は、少なくとも、実存のくり返される破開［＝開花］の到来と不意撃ちである。これが我々がたどりついたことだ。つまり、自らの歴史における存在が、存在の歴史性［historicité］あるいは〈歴史性［historialité]〉を解放＝伝承［délivré］したのである。★11 要するに、いかなる態のものにしろ、存在と歴史の間にあった根拠づけの関係の終焉を意味し、自己固有の本質性への実存の開けであり、同様に、このとぎれ［scansion］ないしは特異なリズムへの開けなのだ。このリズムにしたがって、実存者は、時間の内において自らに先だち、かつまた、自らに後続するのだが、この時間に対して実存者は「現前」しているのではなく、この時間において自由が実存者を不意撃ちする。——あるいはまた、そこで実存者がその非本質性の自由で共通の空間にしたがって特異化する、つまり実存する、この空白（リズムでもまた、おそらくは空白の中にあるのだ

★11 フランス語では通常、歴史性はhistoricitéという語が使われ、形容詞としてはhistoriqueが用いられる。ハイデガーによるGeschichte, Historieの区別を訳しわけるために、H・コルバンは後者の形容詞としてhistorialを提唱、historialitéはそれから作られた名詞であるから歴史学性あるいは史実性と訳すべきかもしれないが、ここではそれほどの意味はないと思われる。ここでは区別するために後者を〈 〉でくくる。

ろうが）への開けでもある。

実存の時‐空間的現実性の公理とでも呼びうるもの、実存にイマ・ココで実存することを強い、そのつど自己固有の本質として（この事実によってこの本質は〈非〉‐本質的だが）存在の不可能性において自らを伝承しつつ、そのつど自らの実存する可能性を賭けることを強いるもの、それは歴史の場所と契機にしたがって生じるものと公理的に等価なものを意味しない。悪と善はそこでは相関的な可能性であるが、その意味はそのどちらかが先に自由の選択に対して与えられているということではなく、悪の可能性（これが結局のところ自由の荒廃であることは明らかだ）が、自由を問題化することと相関的であるということである。実際、まず悪と善があって、その後に自由がその選択とともに現われるのではない。言い換えれば、自由は、その本質に刻印された自由な自由の断念への可能性を現前させることなしに現われ出ることはできないのである。そしてこの断念はそれ自体一挙に一種の倫理‐以前的な瞬間において悪意として知られるのだが、その瞬間において倫理はすでに自らを不意撃ちしているのである。存在のうちに自由を刻印することは、特異な実存者としての存在に自由裁量の非決定［＝無差別］（古典的思考のむしかえし）を与えることではない。そのような非決定［＝無差別］の存在論的含意は決断の道徳的含意（ニーチェの疑わしい後継者においては時にこのように考えられがちだった）を無差別に襲うであろう。これとは逆に、存在のうちに自由を刻印することは、存在論の地平に善と同様に悪の積極的な可能性をもたらすことに——不足によってではなく——帰着するが、それは無差別なものとしてではなく、悪が悪として知らしめる限りにおいてである。

以上のように予握されたものを確定する前に、はっきりとさせておくべきことがある。それは、ある意味で、近代世界の歴史によって、また歴史のもっとも固有な徴のひとつとして、つねに明らかにされてきたことは、自由が、自由に、かつ決意的に断念されてきたということだ。この自由の断念が絶対的な恐怖にまでいたりうることを我々は知っている。（「超人的」であろうとする）ある「人類＝人間性」は、自分を人類の模範［exemplum］として定義するために、（「人類以下」と宣言された）人類の他の部分全体を模範的［＝完璧］に処刑するということまでしてみせた[☆4]。それがアウシュヴィッツだ。しかし、そこだけでなく、実存としての実存が（それは必ずしもつねにたんに生きることを意味しないが、それをもまた含んでいる）、本質の形式や、理念や、構造によって、つまり、（非）合理性が立ちあがることによって、隷属され損なわれているあらゆる場所で、自由は自己を断念しているのだ。マルクスのマンチェスターにおいて、我々の「第三」そして「第四」[★12]世界において、あらゆる収容所、あらゆるアパルトヘイト、あらゆるファナティズムにおいて。しかしまた、あえて言えばただたんに、（技術・社会・文化・政治的な）ある過程や制度の自己集中した本質が、実存に実存することを妨げる場所、つまり自己自身の本質に到達することを妨げる場所では、自由は自己を断念し

☆4　「収容所で死んでいったのは個人ではなく、サンプルであった」（アドルノ『否定弁証法』木田元他訳、作品社、四三九頁）。つまり、あるタイプ（この場合は人種のタイプ）の、観念の、本質の形象（この場合は、人類の非本質あるいは下本質の本質としてのユダヤ人やジプシー）の標本だったのだ。この件に関しては、ラクー＝ラバルト『近代人の模倣』（*Imitation des modernes*, Paris, Galilée, 1986）の「ハイデガー」の章を参照されたい。また、悪に関しては、本書第十二章を参照されたい。

★12　第四世界とは一九八〇年代頃から使われだした表現で、先進国において、失業、社会不適応などさまざまな理由から社会の周辺へと追いやられている階層を示す言葉。

ているのだ。自由は、その本質を他（つまり理念）との同一化と交換することによって、自己断念し、断念された自由は同一なるものと他なるものとの自由を打ち倒す（このことは、実存することが同一化なしで行なわれることを意味するのではなく、同一化が本質の代替とは異なることを意味する）。

このような事態が起こっており、のみならず、その姿が今日の世界の普遍的な青写真としてよりいっそう危機的に浮かび上がっているように見えるからこそ、思考が自由を自分の主題（テーマ）としようとするさいには、特に最大の自制と極度の用心が肝要である。だが、このような事態は我々に考えることを禁じるどころか、考えられることを要請するのである。つまり、結局のところ、妥協のない自由に結びつけられ、それに応じて測られることを強いるのである。思考それ自身、そのような自由から生ずるのだ。だからまた、思考の耐久力をもってすれば（この言葉を、自由のもっとも深みから思考に挑戦する悪に直面しながら、滞在しつづける力、と解すべきだとしたら）、期待（エスペランス）もあるに違いないということに我々は思いいたるのだ。この期待とは、事態は「結局は善くなる」とか、ましてや「それは善になる」といった希望（エスポワール）のことではない。そうではなく、ただ考えるために、思考において、思考から、考えられるべき実存の現実そのものへ向かうのと同様、ひとつの解放へと何があっても向かわねばならないものである。そうでなければ、考えることには意味がなかろう。あらゆる思考は、たとえ懐疑的で、否定的で、暗く、誤ったものであっても、思考である限り、実存から実存することを解放する。

なぜなら、事実、思考はそこから生まれるからである。しかし、期待は、思考の力＝徳［virtus］として、冷酷さと暴力に苛まれた世界のただなかで、思考がこれまでにもまして、いま、自分の無力さに直面していることを否定はしない。思考が自らをひとつの「活動」だと考えることができるのは、（ハイデガーが要求したように、そして、考えることを断念するのでない限り、そう要請せざるをえないように）、この「活動［＝働きかけること agir］」が同時に「受動［＝被ること pâtir］」でもあることによってのみである。自由を考える自由な思考は、自分が彷徨い迷っていること、「活動」という観点からすれば耐え＝許しがたい［intolérable］悪の執拗さによって敗北していることを知っているべきである。思考は、このように自らの極限まで押しやられていることを知っているべきである。この極限はあらゆる言説の冷酷な物質的な無力の極限であるが、そこでは思考が、自分自身であるために、自らのうちであらゆる言説と縁を切り、受動＝受苦となるほど身を曝すような極限でもあるのだ。この受動（パッション）において、この受動を通して、すでにあらゆる「活動」に先だって――しかしあらゆる自己拘束（アンガジュマン）への準備もできていて――自由が活動する。

破開［＝開花］する何かは、これを言うにはつねに時期尚早ではあるのだが、「それは開いている」と、つねに言うべきときにある。存在自身のうちの差異、あるいは実存は、意味作用として利用可能な意味をなさなくなる（実存という言葉には少なくともひとつの重みがふたたび与えられるが、その重みを支えるいかなる根拠ももはやないのだから)。そうではなくて実存とは、意味のための新たな空間の開け、間隔の開け、あるいはあえて言えば、「空間性[＝広さ性 spaciosité]」の開けである。すなわち、それだけが意味を迎え入れることができるような空間的境位の開けなのだ。つまりそれは、時に間隔をあけること[＝時の空間化]であり、ある時代から他の時代への、あるいは、ある瞬間から他の瞬間への移行（パッサージュ）のうちで、つまりその本質において継起し自らを遅延＝差異化する実存の移行や経過（パッサジョン）において、この瞬間開いている時間であるし、実存がそれによって実存する間隔をもった時間性の開始と再‐開である。すなわち、時間の開け、第一の図式、実存することのリズムそのものの形象のない最初の素描。ひとつの「本性＝自然」のうちに隠された秘密への「一撃＝手助け[coup de main]」としてではなく、それによって実存者が世界と自分自身において実存のあらゆる決定に先だって自らを不意撃ちするような自由としての超越論的図式そのものである。——それは開かれた時間でもあって、その時間は新たな空間性[spatialité]と、そのただなかで実存し、そのただなかで自由を解放し、断念する自由な空間へと開かれている。つまり、意味一般の明るみの自由な空間(しかし、「意味一般なるもの」は存在せず、その一般性はその特異性である)であると。同様に、コミュニケーションの自由な空間、あるいは公共空間の自由な空間、あるいは絡みあったさまざまな体が戯れる自由な空間、あるいは戦争と平和の自由な空間である。[☆5]

実存するものは、それが実存する限り、それ自体としては、自由のこの時空間がなければ、

☆5 「私は直観の統覚[覚知]において時間そのものを産出する」(『純粋理性批判』、「超越論的図式性」[A143])そして、この統覚は、「その根源的な感受性において感性が自発性と結合してつくる」(「超越論的演繹」)「多様なものの綜合」である。つまり、現象の構成である。この根源的な綜合は有限な超越の原理的な構造以外の何ものでもない(ハイデガー『カント書』十六章参照)。しかし、このような条件のもとで、図式は——ハイデガーが少なくともある程度まで行なったように——像（ビルト）の創造を導きの糸としてではなく——逆に(実はそれは逆ではないのだが)あらゆる形象の退‐隠の自由自体として、解明されなければならない(同書、第十四章)。それは他の研究の対象となるであろう。

この時空間の自由がなければ、ありえない。だからこそ、自由の問い（この主題について立てられる問い、つまり自由とは何か、そして自由が立てる問い、つまり何を為すべきか）は以後、その〈存在〉が基体的に想定されるような、それゆえ実存することの自由とは無縁であるような全体性において、人からも神からも始まらない。自由の問いは、その実存そのものがもの自体であるようなひとつの世界の存在から始まる。したがって、自由を考える必要があるのは、自由がもはや、本質や理性のしかじかの考慮によって、実存者に与えられたり、許されたり、拒まれたりするような性質や固有性ではありえないからである。そうではなくて、自由とは境位でなければならないのであって、そこにおいてのみ、そしてそれにしたがってのみ、実存は場所を（そして時をも）もつ［＝生起する a lieu］のである。つまり、実存し、自己の「理性＝根拠をなす」のである。

存在が実存に先だつのでも後続するのでもなく、実存において存在が賭けられているのだとすると、自由は存在の境位、あるいは存在の根本的な様態でなければならないことになる。「自由の本質は、我々が自由を現‐存在の可能性の根拠として、つまり存在と時間以前に見いだされるものとして、探求される場合にのみ本来的に眼差しのなかに入るのだ」[☆6]。

自由においてでなければ実存はない、いや、何ものもない、あるいは少なくともいかなるものも実存しないということは、つねに哲学が主張し、直観してきたのみならず、哲学のもっとも固有な動機（モチーフ）や動因（モビール）、哲学の企図の第一原因［primum movens］と明瞭さの程度に違いはあ

☆6 GA31, S. 134/全集三一巻一三八頁。本書は仏訳が出る前に書かれた。現在では、エマニュエル・マルティノ訳。

れ、つねに認めることであろう非常に単純な命題でもある。この意味で、存在論が「自由学」[★13]になる必要があるということは、ひとつの発見ではない。しかし、そこで発見されることは——思想史において我々にとって開花［＝破開］したことは——哲学が自らの論理の主題（テーマ）としてと同時にその実践の倫理的性情（エートス）ないしは状態（ヘクシス）としてつねに前提としてきた自由学それ自体が、主題としてではないとしても、思考の「物自体」として、発掘されねばならぬということである。この意味で、哲学が絶えず分節してきた「自由論 traité de la liberté」自体、その目的を思考の「物自体」の位置にまで真に到達させたことがけっしてないがゆえに、放棄されねばならないだろう。おそらくいずれは、「自由」という主題（テーマ）、自由というひとつの、あるいはさまざまな概念、そして名辞は——さしあたり、そして仮に、と言っておこう——いまひとつの存在論的「贈与性（ジェネロジテ）」に席を譲らねばならぬだろう。

それがどんなものであるべきかはともかく、まさに問題となっていることは、「自由」の経験を主題として明らかにするとともに、思考の実践として問題にする［＝賭ける］ことである。ひとつの経験とは、つまり、何よりも事実の与件の出会い、あるいはそれほど単純に積極（ポジ）＝実証的（ティフ）でない言葉で言えば、ある実在の試練である（あるいは、少なくとも、ひとつの思考の行為である。この行為は、まずそれが、自らによって思考として捉えられ、投げかけられている場合にのみ、思考の考えるものを構想し、問いかけ、構築する）。だが、しかし、また「経験」という言葉の起源にしたがえば、peîra［試練、試験、企図、経験］と ex-periri［試すこと］

★13 フランス語原語は éleuthérologie。ギリシア語の eleutheros は〈自由な〉〈自由人にふさわしい〉を意味する。それゆえ générosité とも密接に連関する語。古典的な自由論と区別するために自由学と訳した。訳者あとがきを参照されたい。

のうちにあるのは、断固として行なわれた試み、その「目的」において根拠や保証の固有な欠如の危険［péril］に身を委ねた試みである。[★14] そして、この試みはその目的［＝対象］の主体ではなく、受動（パッション）であり、沖で自由に自らの運を試す海賊［peiratès］がそうであるように曝らされている。[★15] ある意味では、その最初で最後であろう意味においては、思考の物自体としての自由は所有されえず、「私掠される pirater」だけである。つまり、その「獲得」はつねに不法［illégitime］なのだ。

★14 ギリシア語 peîra、peiratès、ラテン語 experiri とフランス語の péril、expérience はすべて同系列の言葉であり、peiraô（試みる、ためす）というギリシア語の動詞と関係している。藤本隆志氏によれば、「経験」を表わすインド・ヨーロッパ語系の言葉の語根には、なんらかの対象を通り抜けるという意味があるという（「根拠と根源」、『UP』一九七四年七月号、四頁）。

★15 exposer は本書の鍵語のひとつだが、文字どおり外へと立てるというニュアンスを含んだものとして外措定という訳語もありうる。ここでは、「曝す」、「露呈する」と訳しておく。

哲学において、自由が「純粋理性の体系の構築全体の要石」[★1]として呈示されたとき（あらゆる哲学において行なわれてきた手続きがおそらくこうして完遂へと導かれたのだが）、この呈示は、自由の積極的（ポジティヴ）な公示を留保する。つまり、ひとつの原理として自由を確立する可能性を留保する理論的な規定だったにもかかわらず、実際に、一挙に、問題となっていたのは、自由の実存のひとつの直示（オスタンシオン）であり、より正確に言えば、実存のただなかにおける自由の現前直示であった。（おそらく、結局のところこうして実存としての実存の最初の直示が、——スピノザを勘定に入れる必要がないとしてのことだが——実存という言葉が用いられる以前ではあるが問題となっていたのである）。カントにおいて自由は、問いとしてではなく、ひとつの実在あるいは事実として現われる。

自由とは、我々がそれをもっていることを証明せねばならないような固有な性質でも、その合法則性［＝正統性 lēgitimité］をカント的な意味[☆1]で演繹しなければならないような能力でもない。自由は、理性（レゾン）＝根拠の事実であり、実はこの種のものとしては唯一の事実である。換言すれば、自由は理性＝根拠の固有な事実性、あるいは事実的なものとしての理性＝根拠である。この「要石」はその事実における理性＝根拠であり、事実的に原理的な、そして原理的に

★1 『第二批判』序。

☆1 『第一批判』とは構造が反対になっている『第二批判』の演繹に関してはカント自身が指摘している。［訳注］ここで、légitimitéはGesetzmäßigkeitの訳語であるが、前後との関係で正統性の訳語を補う。

事実的な理性＝根拠（レゾン）である。諸現象の経験の事実性は正統化されねばならなかった。それは知の認可［＝権威化］の問題であった（ここでは、純粋理性の知として、それが自由の事実のうちにおいてその合法則［＝正統］性の根をどこまで張っているのかは問わないことにする）。しかし、ここで問題となっているのは理性が自分自身で行なう経験である（これは事実のいまひとつの価値であるその積極（ポジティヴィテ）＝実証性のみならず、能動かつ／もしくは受動的な現実性でもある）。それはまた、自由な意志の、あるいは自由な行動の義務（のちに述べるようにここではどちらも同じことだ）の経験において、あるいはさらに自由な存在への意志ないしは行為への義務において存するような経験である。それは、「実践的なもの」としての理性の理性的経験である。

注釈者たちはしばしば『第三批判』の第九一節の文章に驚かされてきた。というのも、そこでは自由の理念（イデー）が「経験において呈示可能な」ものとして立てられていたからである。この驚きは、ハイデガーによって強調され、問題化されたのだが、彼の分析はのちほど見ることにしよう。もっとも、このモチーフに関するカントの恒常的な執着を想い起こしさえすれば、このような驚きは緩和されるはずだ。実際、「純粋理性の規準」ではすでに次のように述べられていた。「実践的な自由は経験によって証明されうる」、その論理的帰結として、「実践（…）理性は、経験を可能とする原理を、換言すれば、人間の歴史において現われうるであろうような（…）行為を可能とする原理を含んでいる」と。[☆2] 事実、『第二批判』が始まるのはまさにそこか

☆2 「純粋理性批判の規準」I、II（B835, A807）。

らである。『第二批判』は実際、「実践理性の批判」であって「純粋実践理性の批判ではない」[★2]とカントは書いている。なぜなら、問題となっているのはただ「純粋実践理性があるということ」を確立することであって、このことがひとたび確立されれば、理性が陥りかねない越権行為を限界づけるいかなる批判も純粋実践理性は必要としないからである。実践的理性は「自分を越える」ことはできない。この点は、理論的理性がそうであり、また不可抗力的にそうしがちであるのとは異なる。実践的理性なるものがあるならば、「その実在性」は「事実そのものによって」証明される。つまり、ある能力＝権限［pouvoir］の越権行為ではなく、事実としてのひとつの実存の所与が問題なのである。そしてこの所与それ自身が、その正統［＝合法則］性なのである。なぜなら、それはひとつの対象（正確に産出されているかどうかと問わねばならぬであろうような対象）の所与ではなく、実存の立法としての、ひとつの立法の実存の所与だからである。理性は、自由の、このような法として、このような法のもとに実存する。実存するもの（あるいは、認識の能力としてではなく、実存の所与としての理性）、それはこの自己立法であり、立法するのは、この実存である。（カントとともに、実存の自己正統化［＝合法則化］が始まり、そしてこの自己正統化の深淵として実存が始まる、と言うこともできよう。）

このように、自由は「実践理性の必当然的な法によってその実在が証明されるかぎりにおいて」[★3]、「要石」なのである。必当然性の論理的様態は必然性の範疇的様態に対応している。自由

★2 『第二批判』序。
★3 『第二批判』序。

の実在はひとつの必然性であり、必然的にこのようなものとして与えられている。そして、この必然性を言表するのは、それに固有な立法するという事実性の実践でまずある理性の実践としての自由そのものである。

我々はこの必当然性から脱することはないであろう。我々にいたるまでの自由のモチーフ（思考におけるその現実的運命）の、歴史的展開が導く概念と状況の変遷がいかなるものであれ、またどれほど大きなものであれ、それに照らして自由が問いとなることのできない［＝議論の余地のない］必当然性から我々は脱することがなかろう。（ちなみに、ここでもスピノザはおそらくすでにこの必当然性に先だっていた。しかしこの必当然性はあらゆる哲学において自らに先だっていなかっただろうか）。

自由の証拠［preuve］は――それは証明［démonstration］の次元であるよりは、試し［épreuve］（あるいは経験＝実験［expérience］）の次元で現われるであろうが――その実存のうちにある。より正確に言えば、実存するのは、「自由」そのものとか、概念としての自由ではけっしてないのだから、この証拠は、自由存在の実存である限りの実存のうちにあるのだし、この証拠あるいはこの経験が、最終的に呈示しているのは、**自己固有の本質としての実存は、存在の自由以外の何ものでもない**ということでしかない。思考の使命として、自由に関して提言しうることはただ、このようにすでに自分自身から理性のうちで、理性に先んじて、赴いてしまっている何かを明らかにしようとすることだけである。

違う言い方をしてみよう。したがって、自由は問いの対象となることはできず、「たんに」肯定の賭金なのであり、自由は「何かに関して」立てられたひとつの問いの対象となることはできず、たんに、自己の肯定の賭金なのである（自由存在の「自己」の、またこの肯定を再‐肯定する役割を担った思考の「自己」の、肯定の賭金なのである）。（逆から言えば、肯定とは本質的に自由なのではないだろうか、そして問いのほうは本質的に強制なのではないだろうか。）カントにおいてこの肯定のもっとも発展させられた形は、『第三批判』の第九一節のうちに見いだされる。

> ところではなはだ注意に値することは、事実のなかにひとつの理性理念が（それ自体としては直観に表出されえず、したがってその可能は理論的に証明されえないにもかかわらず）存在していることである。それは自由の理念であって、この理念の実在性は、特殊な種類の因果性（それの概念は理論的見地では超絶的であるような）の自由性として、純粋理性の実践的法則によって、そして実践的法則にかなって、現実の行為、すなわち経験のうちに立証されうるのである。——これは純粋理性のあらゆる理念のうちで、その対象が事実であり、可知的なもの［scibilia］へ数え入れられねばならない唯一の理念なのである。

だとすれば、自由の経験において、呈示が認識対象の呈示ではないということは完全に明白であろう。それどころか話は逆であって、「行為の主体」の呈示について語るためには、この定式をひっくり返す必要がありそうである。カントに固有の論理において（だが、それは主体性の形而上学の論理一般においても同様なのだが）、この新たな定式を支持しようとするならば、自由「それ自体」は呈示可能でないとしても、自由の特殊な「因果性」は経験的知覚に対して、諸現象の因果関係におけるひとつの「現実の行為」として呈示されるということを明言しなければならない。実際、カントが『第三批判』のこの箇所で、第三アンチノミーの定立（テーゼ）である「もし、私が、まったく自由に椅子から立ち上がったなら」というあの有名な例をひそかに引き合いに出していることもありうる。その場合は、ここで呈示された実在性は主体の行為の実在性であって、対象の意味の実在性ではないと言わなければならないであろう。しかし、またそれにすぐにつけ加えて、この「主体［＝主観］的」（そして「主権的」）実在性が呈示されうるのはそれが対象化されることによってのみであり、だとすればカントは批判のもっとも厳正な原理を二重に侵犯しているとも言わねばなるまい。というのも、一方で、「立ち上がる」という行為は、「まったく自由な」行為として、それが属している「定立（テーゼ）」の内部においてはけっして逃れることができない弁証法的位置からこっそりと引き離されているし、他方で（一方が他方を説明するのだが）、自由の「特殊な因果性」（その本性は現象的な因果性からは、いかなる仕方でも演繹することができない）もまた、こっそりと因果性の一般的範疇の位置に入れられているのであり、こうして、立ち上がるという動作の直観と結びつけることによって、経験の対象の準-構成が可能になっている。このようなものが自由な主体なのだ……。ところで、こういったことにおいて問題となりうるのは、まさに準-構成にすぎない。換言すれば、これらの操作全体が狂信［Schwärmerei］に依存しているのである。結局それは、自由のこの（自由な因果性を経験的な動作に結びつけることを可能にする）図式を前提としているのだろうが、この図式のあらゆる可能性は『第二批判』によって厳密に排除されたものだ。とはいえ、それこそがこの余りの不可思議な論理をカントの術語を用いて再構成する唯一の可能な仕方である（そして、以上のことにもかかわらず、カントのテクストのなかでどのようにこの再構成が「それ自体」という表現で目立たずに呼ばれていたのかを見たわけだが、この「それ自体」という表現が指し示していることはおそらく次のことである。すなわち、もし理念が「それ自体」いかなるありかたでも呈示されえないのだとしても、理念がたんなる「理念それ自体」ではない場所では、つまり理念が理念であることを逸脱する場所では、つまりひとつの経験においては、それが呈示されうるということである。）

我々がこのような出口のない分析を提起することに固執するのは、カント的な自由の事実が、厳密にカント的な論理においては、その事実としての位置を与えられないということを示すためである。（そして一般的に、叡知的なものと感性的なものが原理的には和解不可能なものとして定立されていながらも、証明の仕掛けがそれらの合一によってしか与えられない形而上学的論理においては自由の事実は、その事実としての位置をもちえない。)

実を言えば、いまひとつの分析が可能であってそれは、経験的行為をではなく法への尊敬の感情を、直観の側に置くというものである。——この感情は確かに実践‐存在［＝実践的であること］における理性の「直観的な」、もしくは少なくとも受容的な要素を固有に構成している。おそらく我々はのちほど尊敬に関する言及をいま一度見いだすことになるだろうが、いまはなぜそれを使うことができないのかと言えば、カントが問題としているのが自由の「因果性の特殊な種類」であるためで、尊敬のほうは、因果性とではなく、自由の適法性と関係するからである（あるいは、それ自身、法の感性的な結果である限り、尊敬は先に見た矛盾に比肩しうる矛盾へと送り届けられるだけであろう）。それゆえ、因果性に頼ることは、たとえそれが「特殊な」因果性であろうとも、自由の経験の事実に特有な事実性を抽出することを妨げる。あるいは、同じことであるが、自由な因果性の「特殊性」は、自由が因果性の一種ではない、ということを隠してしまう。

この最後の命題がハイデガーが一九三〇年に行なった講義『人間的自由の本質について』の本質的な結果であった。カントの問題系において自由が因果性に範疇的に従属していることは、カントの自由学的企図の限界とハイデガーには思われた。だから、彼は次のように言うことができた。

> 因果性は、存在者の存在の伝統的了解の意味において、また伝統的形而上学においてと同様、通俗的な了解においては、まさに、眼前にあるものとしての存在の根本範疇である。因果性が自由のひとつの問題であり、その逆でないならば、その場合には、絶対的に捉えられた存在一般の問題はそれ自身において自由の問題である。☆3

したがって、ひとつの同じ運動によって、因果性に対する自由の関係は逆転されるべきものとなったのであり、自由の問題は優れて存在論的な問題の位置へと昇格されるものとなったのである。因果性に対する自由の関係が逆転されることができるためには、自由の事実の規定に関してカントが我々に与えるように思われるのとは違う規定へと当然向かわねばならなかった。だからこそ、ハイデガーは自由の実在性の究明を――カントから出発して、完全に再検討され、再肯定されたものとして――実践の特有な「実在性の様態」の観点（パースペクティヴ）へと一挙に置いたのだった。実践として、理性は意志以外のものではない。したがって、純粋実践理性は純粋な意志である。純粋意志は絶対的に意欲する意志、つまり、自ら以外の何ものからも決定を行なわない意志である（あるいは、次のようにまとめてもよかろう。ただ意志する意志であり、それゆえ意志すること以外、もしくは意欲以外は何ものも意志しない意志である、と）。さて、「純粋意志の法則は（…）意志の実存にとっての一定の法則である、すなわち、意志は意欲それ自身である」★4。かくして、「純粋意志の、純粋実践理性の根本法則は立法の形式以外の何もの

☆3　GA 31, S. 300／全集三一巻二九六頁。（Vorhandensein の訳語に関しては我々はここではE・マルティノのものを採用する。――マルティノ自身、ハイデガーから出発して、自由の問題系に突破口を開いたが、その残響がここにも見られるということをこの機会に述べておこう。マルティノがベームの『アリストテレスの形而上学』R. Boehm, *La métaphysique d'Aristote,* trad. franç., Paris, Gallimard, 1976 のために書いた序を参照されたい――もちろん、このことはジャン・フランソワ・クールティヌの翻訳に対する我々の多大な敬意をなんら損なうものではない）。続いて、我々は二七、二八節の分析を行なう。

★4　GA 31, S. 278／全集三一巻二七六頁。

でもない」[★5]。したがって、純粋意志は法から生じる（あるいはその法‐に‐属すること［être-de-loi］のうちなり、法‐で‐あること［être-la-loi］――それは法‐を‐作ること［faire-la-loi］と同じだが――のうちに法が本質的に含んでいる）義務の意志であるし、純粋意志の法則である法のこの形式から生じる義務の意志である。「意欲の本質は［…］意欲されることを要請する」、それと同様に、「現実に意欲する人はその現‐存在の当為（das Sollen seines Da-seins）以外の何ものも意欲しないのである」[★6]。

（こうして、ハイデガーがのちに――といってもすぐ後のことだが――形而上学的主体性の本質を認めることになる「意志の意志」は、まずここでかなり違ったかたちで呈示されたのだった。これは確かに「自己を意志する」ことが形式的には主体的な構造であることによっている。しかし、それは一挙にひとつの極限にまでもたらされてもいる。この極限においては、「自己を意志する」の「自己」は、すぐさま「現存在の当為」であり、かつそれ以外のものでない。つまり、すぐさまひとつの義務への実存の放任＝放棄であり、そして実存‐すべきものにおけるこの義務の命令の指定なのである。だが、とりあえず意志に関するハイデガーの思考の変遷とその含意の分析はここまでにしよう。（しかし、ハイデガーにおける自由のモチーフの中断の分析によってこの変遷が含意されていることはのちにわかるだろう）。いまは、この一九三〇年の講義において「意欲」という肩書きで提示されたものが、還元不可能なひとつの

★5　GA 31, S. 279/全集三一巻二七六頁。
★6　GA 3, S. 289/全集三一巻二八五頁。

事実性——〈自由 - 存在の - 法に - 引き渡されたもの〉としての実存者の実存の事実性——の「自己」ないしは同一性をどれほど表わそうとしているかを記すだけで満足せねばなるまい。(ちなみに、ここで問題になっているのは、ある自己の「事実」であるよりは、ある事実の「自己」である)。つまり、それが表わそうとしているのは、その現前性そのものを意志するひとつの意志の自己への現前ではない。自己への現前としてのこのような意志はここではむしろ、主体的なその一貫性と固有性の根拠 fond と貯蔵 fonds を失うことであろう。それに対して、自らの事実における自由 - 存在の「自己」はその自己 - の - 欲望によって根拠づけられた自己自身における自己の深淵 = 脱 - 底 [dé-fondement] として、自らを差しだすであろう。(意志は、ある欲望の動きにしたがってよりも、ひとつの決断の要素にしたがってここではまさに自己現前する)。言い換えれば、この講義のテクストを次のようにコメントすることもできるだろう。つまり、事実性は実存の「自己」へと不意に到来するのであって、それを「根拠づける」のではないし、同様に、事実性それ自身が、自己によっても、自己のうちでも根拠づけられるわけでもない。そして、だからこそ、この事実性は、のちに明らかに理解されるように、特殊な事実性なのである)。

このようにして、我々は実践の固有な事実性へと辿りつく。この事実性は、意志が自分自身に対してもつ義務的関係と無縁ではありえない。そして、この意志の義務的関係自体は、義務が自分自身に対してもつ意志的関係でもある。この事実性は、行為（経験的な行動という意味で）の事実性ではありえないし、意欲（それ自体行為に先だつ表象や欲望として解された）の結果であるような事実性でも断じてありえない。――つまり、（自由な）行為と（自由な）意欲との本質が、この事実性において問題とされている［＝賭けられている］ということであり、この事実性ゆえに、これらの本質は、形而上学がそれまで規定したものによっては、もはや伝えられることはできないのである。この事実性はまた、意欲自身の直観的な呈示の事実性でもありえない☆4。この事実性とは、事実の言及的な秩序のうちへの組み込みによらない事実性であり、対象の構成にもかかわらない事実性である。事態は逆であって、ここで問題となっているのは、ひとつの自己言及的で自己構成的な事実性なのである（このことはそれが主体的な事実性だとか、主体性の事実性だということを必ずしも意味しない）。ハイデガーは言う。「意志［意欲］の実在性は、この実在性を意欲することのうちにのみ存在する★7」。

この実在性それ自体は、積極的な決断が義務のために下されることによるのでもない。我々は「当為的純粋意欲のほうを選ぶこと、すなわち、現実に意欲するか、そうしないかを選ぶことができるし、言い換えれば、意欲しないことも、混乱と非決断のうちで意欲することと非意欲を混ぜあわせる★8」こともできる。とはいえ、我々は、意欲が意欲の実在性――たとえそれが非決断であろうとも――を意欲するという基本的な構造のうちにあいかわらず捕われている。意欲が自らの固有な現実性を意欲するということは、すぐわかるように、意欲がそれを欲望し

☆4　ハイデガーがその人間学的ではなく、存在論的性格を強調している道徳意識（のちに我々が『存在と時間』における分析にしたがって見るであろうような良心 Gewissen）は、そのようなものではありえない（SZ 291を参照）。とはいえ、尊敬は実践理性の事実のこの規定に他の相貌を与えることができよう。しかし、尊敬はここでは現われない。

★7　GA 31, S. 291/全集三一巻二八七頁。ハイデガーのテクストではWirklichkeitとなっており、またマルティノの仏訳もそれをeffectivitéと訳しているが、ナンシーはなぜか、réalitéとしているので、ここでは現実性ではなく、実在性と訳しておく。ただ、この後のカントに関する記述でもナンシーは自由のréalitéを問題にしており、effectivitéと言っていないことと関係するのか

ていることを意味しないし、意欲がそれを選ぶ［＝決断する］ことも意味しない。そうではなくて、（我々がのちに見いだすことになろう決断の意味において）意志がそうすることを決断するか、あるいはさらに――少なくともここでもハイデガーをこれまで同様に援用するとすれば――意志の意志は、現実的であることを選択［＝決意］するかぎりでの現実性以外のものは呈示しないということを意味する。より適切に言えば、現実的であることを、ないしは、実存することをここで選択［＝決意］するのは実存の現実性である。そしてこの決断は、表象のもともとの能力や、実現の能力のエネルギーに帰されないのと同様に、可能態としてそこにありえたであろうものを現実態として実行することに帰されるのでもない。そうではなくて、決断とは、実存が自身それであるこの現実性を実‐存することである。決断は、実存者の実存、その「本質」である。つまり、というか、実存者は、自己がそれである実存者として実存するのである。

意欲とは、自らをその現実性へと義務づける意欲であるということを理解する必要があるのは、このような意味においてである。義務は、実存者が自己の本質を（かつ／もしくは、ひとつの力を）表象したり、志向したりはできるが、それを随意に用いることはできないことからくる事実である。しかし、実存の本質が実存そのものであるとしても、その本質は表象や目標にとっては随意にならず（したがってこの意味で「意志」にとっても随意にはならない。少なくとも意志主義的な意志にとっては）、それはただ、その実存において実存することを、つま

もしれない。
★8　GA 31, S. 294/全集三一巻二九一頁。

り実存の本質がそれであるところの現実性へと露呈されることを自らに義務づける。なぜなら、実存の本質は、本質という固有性の様態において実存の本質で「ある」わけではないからである。したがって、「意欲を意欲する」という表現のここでの意味は、実存する現実性（これはとりもなおさず、露呈する現実性である）に現実的に露呈されてあるということである。この意欲は——自ら固有の義務への意欲である、この意欲の意欲は——かくして実践的理性の経験の事実そのものをあるいは経験の事実としてのその実践性を構成している。それが自由の事実である。「自由は純粋になされるべきものを（des rein Gesollten）現実に意欲することとしてのみ存在する[★9]」。

このことが理性の実践的な事実なのだが、それは、「理性の存在」と一般に言われるような意味での「理性の事実」を意味しない[☆5]。つまりそれは理論的、理想的ないしは理念的、非現実的かつ非実存的な「事実」ではない。その反対で、ここでもまたハイデガーのテクストを超えて、そのテクストが少なくとも指標として含んでいると思われる明示化を続けるとすれば、この事実は、たんに実存する事実であるのみならず、すでにおわかりのように、実存としての実存の事実なのである。この事実によって、実存者（現存在 Dasein）は自分自身と関われるのだが、そのさいの自分自身とは、自らがそれであるところのものであることを意欲し／義務づけられるようなものとしてである。実存者はその存在において、存在することを意欲し／存在することを義務づけられ、存在を意欲し／存在へと義務づけられたような存在者である。ある

★9　GA 31, S. 296／全集三一巻二九二頁。

☆5　このことはまた、それが何らかの内観によって到達可能な理性の「内面性」の事実であろうという意味ではない。心理学的なものは経験的なものであって、自由の経験であるような超越論的経験の秩序にはない。このことはまた他のレベルで言えば、実在がここで、たとえばフィヒテにあってはそうであったように、たんに可能性の実在であるということも意味しない。フィヒテによれば「自由は真かつ真正に実存し、そしてそれ自身実存の根である。しかしながら、それはただちに実在的ではない。というのも、自由においては実在性は可能性にまでしかいたらないからである」（『浄福なる生への指教』*Initiation à la vie heureuse*, trad. franç., Paris, Aubier, 1944, p. 244）。このフィヒテの定式化はおそ

いは、彼は〈存在へと決意された〉存在者である。だから実存者は超越する、つまり実‐存［＝脱‐存 ex-iste］する。自由の事実は実存の「権利」である。あるいは、実存の「事実」は自由の権利である。この自由はまず実存におけるあれやこれやの行動に関する自由なのではない。それはまず実存するための、「存在へと決断されて」あるための、つまり、固有の超越にしたがって自分自身にいたるための、実存の自由である。（なぜなら、この自由は「自己の」本質をもたないため、「本質的に」「自己の存在へ向けての」この超越でしかありえないからである）。この自由は、『存在と時間』[★10]（四〇節）で用いられた表現を用いれば、「自己‐自身を‐選び‐これを‐掌握する自由へ〈向かって［開かれた］自由‐存在〉[★11]」である。

実存するための実存の自由、それはその「本質」における、つまり、実存がそれ自身本質である限りにおいての、実存自身である。この「本質」は、実存者が超越においてのみ自分自身であるようなこの限界に一挙にもたらされているという点にある。「超越」ということ自体、限界へと赴く（パッサージュ）こと以外の何ものでもない。それは限界を飛び越えることではない。それは、限界の上で、限界において、限界である限りで、露呈されて‐あることだ。限界はここではある領域や形象によって区切られた境界線を意味しない。限界が意味するのは次のことだ。すなわち、実存の本質は、この〈境界上‐に‐もたらされている〉ということにあるのだが〈境界上にもたらされている〉ということは縁の内部に現前する内在のうちに閉じ込められ保護された「本質」などはないということから来ている。実存がそれ自身の本質であるということが意味

らく哲学のもっとも恒常的な思考を表わしている。少なくとも（ここでスピノザを別とすれば。スピノザに関しては、彼において自由が幸福の現実性と同一視される限りにおいて、我々の言わんとすることとの近接を研究する必要があろう。しかし、スピノザは実在をこのようなものとしては考えなかった）――少なくとも、したがってヘーゲルまで、かつ自由の現実性への転換まではそうである（しかし、単純に必然への転換ではない。というのもフィヒテの「可能性」はそれ自身自らの固有な親密な存在に関しては絶対者の独立性の必然だからである）。自由は、自己に関わる主体の無限な可能性の必然的な実存として考えられてきたのであって、実存の実存性としてではない。

★10　原文は『時間と存在』となっているが、たんなる誤植と思われる。

するのは、実存が「内部」をもたないということである。だからといって「完全に外部に」(たとえば、ヘーゲルによる非有機的なものの様態で)あるわけではない。「本質的に」実存は、実存する自らの決断の非決断的な限界の上に立っているのである。自由はこのようにして実存に属しているのだが、それはひとつの固有な性質としてではなく、実存の事実として、実存の根拠＝理性ノ事実 factum rationis としてである。この根拠＝理性ノ事実は「自由が実存することに対する根拠＝理性の事実」とも解することができるが、それ自体がまた「自由の実存の事実に対する根拠＝理性」でもある。自由は、自己の自己へ向けての、あるいは自己の自己への超越である。――このことは、いまや明白であるように、「自己」を主体性と解することはできないということを少しも排除しない。いや、逆にそう強いるのである。というのも、主体性が示すのはある実体の自己への関係だからである。このことが同時に要請することは、のちに説明するように、この「自己」が場所をもつ［生起する］のは、ただ諸独自性の共－通－存在［＝共に－ある－こと être-en-commun］にしたがってのみであるということである。

実存者の自由の事実は、実存者が実存するやいなや、その実存の事実自体がその超越と混ざってしまうという点にある。つまり、事実自体が、有限存在の自己への非－現前、ないしはその限界への露呈と混ざってしまう。――この無限の限界上で実存者は、実存する法として、つまり、自分の実存を意志し、それを決意する法として、自らを受けとらなければならない。それは彼が自らに与えるものであり、彼がそれであるわけではない法である。自らに法を与え

★11　SZ 188.

ながら、彼はそれにしたがう意志へと自らを委ねる。しかし彼はこの法ではないのだから――つまり、こう言ってよければ、彼はこの法のうちに実‐存［外‐存］するのだから――彼はすぐさまそれにしたがうと同時にそれにしたがわないこともできるような者である。（あるいはこうも言えよう。「実存は法である」と。しかし、法が、一般に、本質的にひとつの限界を画定するのに対して、実存の法は実存にひとつの限界を押しつけはしない。この法は自分がそれであり、その上に自分が決定する限界として、限界を画定するのである。かくして、「本質」としての実存は法のなかに退‐隠するが、この法も実存する事実のなかに退‐隠する。それはもはや人が尊重したり侵犯したりすることのできるようなひとつの法ではなくなる。ある意味で、それを侵犯することは不可能であり、またある意味では、それは実存の侵犯／超越可能性の刻印以外の何ものでもない。実存は自ら以外を侵犯することはできない。）

実存者の「実‐存」は実存者をひとつの可能性へと引き渡す［＝委ねる livre］のだが、それは、実存者が自らの法や自らの実存に自らを引き渡す［＝委ねる se livre］という可能性である。というのもまさに実存者の実存は、本質や法などをもつのではなく、それ自身が、自らの本質や自らの法であるからだ。実存者があるとき、本質も法もなく、この無‐秩序（アナルシー）＝起源において実存が自らを選び取る［＝決心する se décide］。実存は自らを自分自身へと引き渡し［＝委ね］、自らを自己へと向けて解放＝伝承的に付託する dé-livre、あるいは自己から自らを解放［＝自己を伝承］するのだ。★12 自由の事実とは、このようなあらゆる法からの、かつ、法と

★12 se délivrer, délivrance はハイデガーの文脈における überlieferung であろうが、数行前の se livrer とともに本書の鍵概念となっている。その意味は多様で、一義的には決めかねる。livrer は〈引き渡す〉、〈委ねる〉の他に、〈打ち明ける〉、〈暴露する〉の意をもち、se délivrer のほうは、〈解放〉と〈伝承〉を同時に示す。また、dé-livrer と区切ってある場合には、〈伝承的に付託する〉という訳語をあてた場所もある。

しての自らへの、実存の解放＝伝承なのである。自由はそこで意志としてそれへと解放＝伝承されるが、その意志自体は、実存者の伝承［＝解放］され‐かつ‐決断されてあること［＝解放され‐決定された存在］以外の何ものでもないのである。

このように、自由の事実は実存の実在性と混じりあっているが、それはこの実在性がカントが言うように「物それ自体の措定を意味する」[☆6]限りにおいてである。自らの実在性において実存は（存在の）物自体である。自由は、実存の「措定」の、つまりSetzungの固有な事実性である。（かくして自由は、のちほどより明白に理解されるであろうように、その誕生と死の事実性なのである）。実存の物自体はたんに定立されているのみではなく、実存せずに、法のもとに置かれているすべてのものと同様に、すでに定立され、設置され、gesetzt［措定］されている。実存の物自体、その実在性は、Setzung［措定］や行為や身振りや動きのうちにあるのだが、その措定や行為や身振りや動きとは、実存を措定すること、つまり現‐存在Da-seinの現(そこ)daへとその存在を引き渡す［＝暴露する］こと――あるいは実存の物自体においてその存在を引き渡す［＝暴露する］ことなのである。そして、このようにして、この「引き渡しlivraison」あるいはこの「伝承＝解放délivrance」は、定立されなかったものの可能性へと向けて、それを「解‐放［＝伝承的に‐付託］する」ようなものなのだ。自由の事実は、この動きのうちに、つまり、定立はするが、定立されることはけっしてない措定の固有なこの力学

☆6 『第三批判』、七六節。我々はSetzungの訳語として、mise en positionを選んだ。それは、表象のたんなる定立Positionと区別するためである。我々のこのモチーフの使用では、――この概念の区別はカントによるため――この区別をまさに無視している『存在に関するカントのテーゼ』のハイデガーにはしたがわない。［訳注］『判断力批判』の当該箇所を引いておこう。「ところで、たんに可能なものが現実的なものから区別されるのは、前者はある事物の表象が我々の概念および総じて思惟能力に関して定立される［Position］ことを意味するだけであるのに反し、後者は事物それ自体が（この概念の外に）措定される［Setzung］ことを意味していること、に基づくのである」。

のうちにある。そしてまた逆から見れば、「物自体」としての実存の Setzung［措定］が、自由の実在性［＝現実性］をなしているのであり、そのさい、「物自体」の「自 - 体［即自 en-soi］」とは世界内に - 置くということにすぎない。☆7

　したがって、自由に固有な事実性は、なされてはいないがなされるべきであるものに固有な事実性である。――しかし、そのなされるべきものとは実行に移されるべき企図とか計画といった意味ではなく、その実在自体において、その実在の現前をいまだもたず、実在するためには自らを解放しなければならない――しかも無限に――ものという意味である。実存が実在的に世界にある［属している］というのはこのようにしてである。「なされるべき」ものは、その図式（スキーム）が与えられている作品のように製作（ポイエーシス）の領域に属すのではなく、実践（プラクシス）［＝活動］の領域に属するのだ。実践（プラクシス）［＝行為］は自らの能動者や行為者［＝俳優］のみを「産み出す」のであり、☆8どちらかといえば、自分自身のために行なわれるひとつの図式化の活動なのである。

　自由の事実ないしは実践的な事実は、このように絶対的かつ根本的に「確立されている」のだが、だからといっていかなる確立の手続きもこのような事実を理論的な対象として産出しようと試みることはできない。この事実は、その意味で、なされるべきものの事実、あるいはなされるべきことがあるという事実、もしくはそれをなさねばならぬものがあるという事実、あるいは実存の事件なのである。自由が事実的であるのは、それが実存の事件だからである。自由がひとつの事実なのは、それが獲得された事実ではなく、それが「自然」権などだからでも

☆7　したがって、Setzung は確かに、デリダがそれによってかくあるものの としての有限存在の無限の動き motion を指し示した差異＝遅延のダイナミズムに逐一応えている。遅延はそれゆえ自由を含意している。あるいは含意されている。自由は遅延を解放し、それに対して遅延は自由を差異化する。だからといって遅延が自由を待たせていると言っているのではない。それはつねにすでに――そこであるのだが、それは不意打ちによってである。この点はのちに見よう。

☆8　アリストテレス『ニコマコス倫理学』I。［訳注］ここでは本文よりは、Vrin 版の仏訳の冒頭の部分に付けられた註に差し向けられているように思われる。実践・製作の区別を再検討したのはアレントだが、ナンシーはこの問題系をアレントに即しつつ第七章で改めて取り上げる。

ない。なぜなら自由は、非-本質性の法なき法だからである。人間は脳を備えて生まれてくるような具合に自由に生まれてくるのではない。そうではなくて、人間は、無限に、自由へと向けて生まれるのだ。

それだからこそ、ハイデガーは次のように言うことができた。

> 「いかにして自由は可能なのか」という問いはばかげている。それは、ここに非理性的なものの問題がある程度残るということではない。そうではなくて、自由は理論的把捉の対象ではなく、哲学することの対象なのだから、このことが意味しうるのは、自由は解放のうちにしかないし、そこにしかありえないということのみである。人間における自由との唯一の適切な関係は、人間において自由を自己-解放することである。[☆9]

☆9 「ダーヴォス討論」『カントと形而上学の問題』所収、《Davoser Disputation》, in *Kant und das Problem der Metaphysik*, Frankfurt-am-Main, Klostermann, 4e éd., 1973, p. 257.

第三章　我々は自由について自由に語りうるか

今日では、倫理や法や政治のレベルで自由を要求したり擁護したりすることほどありふれたことはない。——そのために「平等」、「友愛」、「共同体」などが、時には心ならずも、あからさまかつ無理やりに関心や命法の背景に押しやられてしまったり、ついには自由の反意語と見なされてしまう場合があるほどだ——その一方で、「自由」と呼ばれるものほど、その本性と賭金が明確にも、問題にもされていないものもない。倫理＝法＝政治的なものと哲学的なものの間で、事実上の離婚が起こったのである。このような別離は歴史上けっして初めてのものではない。それどころか、おそらく恒常的にあったことである。だが、近代世界においてそれは断絶の頂点に到達した。一方に「自由」という言葉のもとで原理的には普遍的に承認されてきたものがあり、もう一方に、自由の伝統全体を多数のやり方で一から問い直す思考が、自由の名のもとに問いつづけてきたものがある。

実際、ヘーゲルにならって、我々の世界のありふれた自明性として次のようにくり返すこともできよう。

> いかなる理念も自由の理念ほどに無規定で、多義的で、最大の誤解にさらされやすく、そ

れゆえ現に誤解を受けているものはないし、またいかなる理念もこれほどまでにそれと意識されずに流通しているものはない。[☆1]

だからこそ、このような離婚が成立したのである。一方には、その実践的定義において比較的精密な諸規定の全体があり、それが諸自由であり、権利と自由特権の一覧表(コレクション)である。それに関しては我々はその排除が、いや停止でさえもが、耐え［＝赦し］がたきもの［l'intolérable］に直接通じていることを明白に知っている。それは、たんに倫理的な価値の観点からのみ赦しがたいのではなく、肉体のうちまで、実存の流れのうちまでにおいてさえ耐えがたいものである。そしてもう一方に自由の「理念(イデア)」がある。この理念は、諸自由によって呼び求められ約束されているのだが、何を表象しているのか、「人間」の「本質」に関して何を提示するのかはほとんどわかっていない。そして、この理念に関しては探求したり、明確化したり、問うたりしないようにと頼まれることだろうし、特に実現したりしないように頼まれることだろう。さもないと混沌や恐怖が起こることは明白なように見えるからだ。かくして、悪は——そして悪意までも（これについてはのちに論じる必要があるだろう）——我々にとっては、非常にしばしば「民主的」という形容詞に集約される諸自由を脅かしたり損なったりするあらゆるものにおいて受肉化するにいたるが、その一方で、人間の人間的実存がそこにおいて肯定されるであろうような、つまり、露呈され超越されるであろうような自由の本質的な

☆1 『エンチュクロペディー』四八六節。ヘーゲルから現在まで、自らに根拠と厳密性を与えることのできなかった自由という観念の虚しさ、曖昧さ、非恒常性は、道徳家的な言説でも解放の言説でも、反動的でも進歩的でも、抑えがたい自由それ自体の潤沢なトポイと同様にトポスであった。他の仕方で、バタイユは言っている。「自由という語は、子どもじみた熱狂や演説的な熱狂を前提とするが、それは何よりもまず虚偽であり、恐怖を惹きおこすあらゆるものについて語るのと同じくらい大きな誤解すらあるだろう」（全集第二巻、*Œuvres complètes*, vol. II, Paris, Gallimard, 1970, p. 131.）

「善」のほうは、完全に無規定になり、神や英雄やプロメテウスや共同体がもっていたその輝きを剝ぎとられ、悪との関係においてほとんど消極的（ネガティブ）に定義されるのみとなる。

とはいうものの、これとて大いに異論の余地はあるが、恥じらいとは言わぬまでも、一種の慎み深さにとどまっているもうひとつの知によって、我々が知っていることがある。それは「諸自由」が「自由」の賭金を掌握していないということである。諸自由は今日の世界において人間生活の必要条件を定めているのであって、実存そのものを問題にしているわけではない。それらは、共通の概念である「自由」の輪郭を、空虚で真空の空間の縁として描いている。その空白が結局は、適切に捉えうる唯一の線であるようなものなのである。しかし、たとえ自由が実存の本質的事実として明らかになり、したがってその意味自体の事実として明らかになるべきだとしても、この空白は意味の空白以外の何ものでもないだろう。ただたんに、我々の歴史がその形而上学的プログラム全体を使い尽くした実存の意味作用の空白であるのみならず、それがなければ実存は生存（サバイバル）にすぎず、歴史は物事の流れでしかなく、思考は、（もしこの語がまだ発せられる余地があるとしての話だが）、知的なざわめきでしかないようなこの*意味の*自由の空白でもあるのだ。

このような条件下において哲学者は自問する。はたして「自由について語ること」以外のことができるだろうかと。それはこの表現の完全な両義性においてである。つまり、ある意味では、哲学者は自由についてのなんらかの思考（したがって言説）を思考に強制せずにはおれない。そして、それは哲学の構成と使命に本質的な諸根拠によってである（これに関してはすでに触れ、またのちに詳述するとおりだ）。だが、別の意味では、哲学者は「自由について語ること」しかできない。このことが意味するのは、自由そのものというものについて語ることはできず、できるのは、ひとつのモチーフをつけ加えることであって、ひとつの概念や理念を召喚することではないということである。（そうでなければ、断念し、いわく言いがたきもののうちに遁走するかだ……）

そうだとすれば、「自由について語ること」とは、哲学の営為を宙づりにすることである。そして実際これこそ自由に関して「哲学する」ことの可能性なのであるが、この自由はいま二種類の拘束に屈伏しているのである。

第一の種類の拘束は自由の一般的な観念——それはつねに多少とも自由意志の観念である——の自明性のうちにあり、それはこの自由の諸権利を守る必要があるという倫理的な自明性と結びついている。それは自明であるがゆえに、その根拠について問う必要はない。——そして、そんな問いを試みることすらこの自明性を脆弱にしかねない。にもかかわらず、我々が以下のような事態に直面するやいなや、この種の問いかけは不可避になる。つまり、ある種の権利の定義が、たんに何かを自由に行使すること（この場合、その所有や既得の使用権が前提とされている）ではなくなり、それを用いる自由が自由に使用できること（たとえば、労働に対する自由な権利のための仕事）をも意味するようになる場合がそうであるし、ひとつの機構、しばしば国家機構（その論理は自由主義的ではありえないもの）が当然のようにあるものを自由に使用できることをも意味しはじめる場合がそうである。また、公共財産——たとえば空気——の使用に関する万人の権利が、その使用の規制を強いるとき（たとえば公害）などがそうである。ここではもはや諸自由を立てることだけが問題なのではない。それらの諸自由を定立し、定義し、その現実的内実の条件を規制できるような自由というものを考えることができるのでなければならない。いずれにしろ、人々が「第三世界」の資源の搾取へ向かったり、自動化ファイルやデータベースの操作のほうへ向かうとき、自由の諸権利と、その同じ自由の諸義務との関係は今日では際限なく複雑になってゆく。マルクスは「想像上の主権の想像上の構成員」[☆2]であるひとりの人間に与えられた諸自由の形式性を批判したが、多くの点で、その批判を正当なものとし、要請した事態はまるで変わっていない。それでも、「自明性」は頑丈で不動なままなのだが、いまやこの「自明性」とともに残っているものと言えば、たいていの場合は、——諸個人（しかし「個人」の概念自体の自明さとは何であろう）から厳密に独立しており、透明だと見なされる命法を除けば——観念にすぎないのであり、この観念は疲れ、蒼ざめ、自らの行使によって部分的に曇ってしまっているのである。だから、我々もアドルノの次のような考えに同意せずにはおれない。

十七世紀以来、自由はあらゆる偉大な哲学のもっとも固有な関心事であった。自由をくま

☆2 『ユダヤ人問題によせて』*La question juive*, Paris, 10/18, 1970, p. 25［城塚登訳、岩波文庫］

なく基礎づけるというのが、市民（ブルジョワ）階級から哲学へひそかに委託された課題であった。けれども、その関心はおのれのうちに敵対関係を含んでいる。それは［合理性の原理によって］古い抑圧にさからいはしたが、合理性の原理そのものにひそむ新たな抑圧を促進しもしたからである。自由と抑圧に共通なひとつの定式が求められた。自由は一方では合理性に引き渡されて、この合理性から制限を被るが、他方では経験から引き離され、人びとはもはや自由が経験のなかで実現されることなどまったく望まなくなった。（……）自由の教義と抑圧的実践との同盟によって哲学は、生けるものの自由と非－自由への真の洞察［了解］からますます遠ざかった。（……）けれども、自由が実現されることなくすたれて［老いて］しまったことにしても、だからといってそれを運命として受け容れてよいはずはない。抵抗力によってこの運命を解き明かさねばならない。（『否定弁証法』★1）

一方、第二の種類の拘束のほうは、哲学自体のうちに見いだされるものである。事実、哲学においては（アドルノのこのテクストからもまた理解されるように）第二の拘束が第一の拘束の理論的包摂をなしている。しかし、さきに自明性として現われていたものがここでは矛盾（アポリア）として現われる。自由についての哲学的思考は隅から隅まで主体性の存在論の規定に従属していた。主体性の存在論においては存在は表象の基体 subjectum として立てられており、このことから、表象においては、あらゆるものの現われが転換されてしまっている。存在の本質は

★1『否定弁証法』（木田元他訳、作品社）二五九－二六一頁。

「自己に現われ出ること」なので、主体によって支えられているその現象性においてでなければ何も存在しないほどだし、また主体自身が現象性の過程（プロセス）、「精神の現象学」を完遂するほどである。自由は、自己への現われという行為の根本様態としてのみ考えられてきた。――この行為において主体はつねに現実態であると同時に可能態であり、その行為は表象＝再現の力であり、その力は現象性の行為である。この力の現勢化――それはじつは主体を創設する身振りなのだが、――は自らを自由と考える、つまり、自己に現われる力、あるいは表象にしたがって自己規定する力として、そして表象（の主体）として、自らを考える。その論理的帰結として、自由は行為＝現実の可能化であるとされる。ところで、これは、意志をカントのように（さきに我々が理解しようと試みたようにではなく）「その表象によって、これらの同じ表象の実在の原因となる力」として定義するならば、自由な意志として自己規定する自由以外の何ものでもない。主体性の存在論にとっては自由は、（自己の、それゆえ世界の）表象［＝再‐現前］の力としての自己表象（再‐現前）の行為である（それはそれゆえ存在でもある）。それは自由な表象（我れの意志・裁量にしか依存しない）の自由表象（そこでは我れは主権的に自我自身に達する）である。

この観点からすると、自由に関する古典的哲学の主要な語義が、分析のある段階においては、たがいに深く連帯していることは明らかである。デカルトは、善によって教えられ恩寵によって助けられる自由な意志の完全性と無差別の自由とを区別し、ヘーゲルは偶然の満足に身を委ねた自由－意志の悪無限と「普遍的な規定」を目的とする「現実的で自由な意志」とを区別している。[☆3]とはいえ、どの場合でも、主体性の本質は活動していることにある。自由意志＝裁量の自己決定が、必然性をつかみとることにおいて、弁証法的に自らを止揚する、――あるいは、必然の表象が自分自身を裁量するのである。実際、ある時には、「現われ出ること」の「自己」を自らに対して、その点性において、引き出すことが問題となっているのであり――これが懐疑することのデカルト的決意における偶然と必然との独自な混合をなしているものだ――、またある時には、この「自己」が、普遍性とか必然とか真理等々といった賓辞をともなって、存在自体として自らに現われ出ることを示すことが問題となっているのである。

存在の現実態［＝行為］において与えられた無限性や絶対性と、自由の行為があらかじめ与えられているわけではない歴史へと存在を定めるという事実との間に矛盾が提示されるときがある。この場合ヘーゲル的歴史は、生成自体が自己へと現われる存在のこの主体性であるとすることによって、この矛盾を止揚する。しかし、自己へ現われ出るのは、自らにあらかじめ配されたこの主体性以外の何ものでもない。そして、この主体性においてはこのような歴史性は無効となっているのである。結局は、完全に発展した形而上学的自由意志は（ドイツ観念論が望んだのとは異なり、論駁されたわけではなく）、非決定的存在の自由意志となったことであろう。自己分裂しつつ自己決定し、自己分裂しつつ必然の自由において自己に現われるような非決定的存在の自由意志に。いわゆる「ビュリダンの」ロバ[★2]は確かに存在しえたであろう。自、

☆3　デカルト「第四省察」、ヘーゲル『エンチュクロペディー』、四七八、四八一節。つけ加えて説明しておけば、このような装置のいずれも、表象の主体が神のうちに置かれ、人間にとっては自由がより問題的になったとき（やりかたは違うが、ライプニッツやスピノザにおいて）でも、根本的に疑問に付されたことはなかった。とはいえ、実体あるいは本質の必然としての自由の思考（スピノザからドイツ観念論を経てニーチェまで）が、主体の「自己への現われ」に、極限においてはもはや主体が自己に現わさないようなひとつの露呈＝外措定にまでもたらすしかたを、加えるということもまた本当である。それはまたハイデガーがシェリングにおいて摑もうとしたことでもあった（この点についてはのちに触れる）。

★2　ビュリダンのロバと

らを二つに切って（我＝我）、同時的かつ歴史なしに、飲みかつ食らう自己としての表象のうちに自己を再構成することで、自分の問題を解決する主体－動物として……。[☆4]

「要石」としてのカント的自由もまた、理性が自己へと現われ出ることができるし、現われ出るのでなければならないようなものでしかない。そのさい、理性は、理論的な現象性の境界画定にしたがい、――ひとつの歴史の、あるいは少なくとも帰属性＝宛先[★3]の輪郭（アウトライン）として――理性の実践的な現象化であるような道徳的な「第二の自然」の当為－存在を開く。理性の実践的な現象化とは、その所産的本質、その表象［＝（再）現前］された主体性なのである。「要石」は、理性の自己への（批判的）表象［＝再現前］のうちに根拠づけられた構築の諸力が支えあい、保証しうるような平衡点なのである。

実際、主体性の存在論とは、存在――主体としての――が根拠であるような存在論でもある。だが、根拠の思考を限界まで押し進めれば、実存は自ら固有の本質として、すなわち、非－本質的で無－根拠なものとして考えられる必要があることになり、そのような場においては、主体性の哲学が考えたような自由はもはや実践可能ではないのである（しかし、かつてそれ以外の思考が自由に関してありえたのだろうか）。そしてだからこそ、こう言ってよければ、哲学者はひとつの「自由」の原理の自明性と、根拠としてのこの同じ自由の終局的なアポリアとの間で板挟みになっているのである。

は、飢えかつ渇いているロバは干し草と水のどちらも選択できないという寓話。ビュリダン（1300-1358頃）はスコラ哲学者でオッカムの弟子。唯名論を継承発展させた。

☆4　つまり、考えながらということだろうか。「誰も他人のために考えることはできないのであって、それは他人のために飲んだり食べたりできないのと同じである」（ヘーゲル『エンチュクロペディー』二三節）

★3　原語 destination はドイツ語 Hingehören の訳語。本書第十一章、☆9を参照。

したがって、もはやこの自由という名のもとに我々に提示されたり、伝えられてきたものを考えることが我々の使命なのではないのかもしれない。我々がなすべきことは、この自由から自らを解放することであり、したがって自由を自由自身へと退 - 隠させ、あるいは自由自身から自由を退 - 隠させる、あるいは自由自身において自由を退 - 隠させることでさえあるのかもしれない。――だがそれは、絶望的な方向転換をして、なんらかの新たな自由裁量的な権威を発明しようとするためではない（そうしたとしても我々は領域を変えることにはならないだろう。というのも、専制主義と自由は対をなしているからである。専制主義は一個の主体性のうちにおいて自由の存在論を描いているのだが、そのことによって同時に他の個々の主体性から自由の特典を奪ってもいる）。そうではなくて、我々がまだその名も観念ももっていないような別の概念、もしくは別のモチーフに、実存そのものについての不可欠な思考と、たんに否定的でも防衛的でもないような自由の、ひとつの倫理とを、もたらすためである。――このことが少なくとも意味せねばならないことは、存在の主体的構成の固有性としての自由とか、個人的な「主体」の固有性としての自由という思考から自己解放することが、我々の使命だろうということである。

しかし実際我々は、哲学の使命がこのようなものだと決定するわけではない。――たとえ我々がここでそう決心することが必要だとしてもである。それは我々の自由意志に与えられた選択（オプション）ではないし、哲学することとしての哲学することや、そのいかなる「方向づけ」も「思考の自由」へ向けて［＝のため］の自由な選択の問題であったためしはなかった。

　哲学が主体性の存在論の限界に達したとしたら、それは哲学がこの限界に導かれたからである。それは哲学自身の元初的な[★4]決断によってそこに導かれたのである。この決断とは自由の決断だった。そして、おそらく、どんな自由の概念よりも以前にあるこの自由（このような言い方が可能だとすればだが……）の決断であった。——プラトンにとって、「哲学的自然」に属していたのはこのような自由だ——それは自己表象であるよりは寛大［＝贈与的］な柔軟さと態度の自由であった——そしてこの決断はいずれにしろ、あらゆる自由の哲学に必然的に先だった、ある自由の決断だったし、つねにそうなのである。それは——それが我々に絶えず先だち、我々を絶えず不意撃ちするような歴史において——哲学の決断ではなかったし、今もそうではなく、むしろ哲学へ向けて［＝のための］決断なのだ。この決断が哲学をその運命（この運命についてはのちに見なければならないだろう）に引き渡すだろうし、引き渡しているのである。かくして、哲学は、自らにおいて根拠の思考の限界に達するやいなや、あるいは自らこの思考の根拠づけ不可能な限界（ボーダー）に運ばれるやいなや、もはや自由のうちに現われた哲学の主体の、あるいは哲学として現われた自由の主体の根源的統一性としての固有な始源を自らに提示することができなくなる。（ヘーゲルは始源をこのように表象した。すなわち「もっと高次のもの、即ち自由を建前とする哲学と我々の美しく自由な芸術、及びそれらを見る目と愛情とがギリシア的生命に根ざすということを我々は知っている。[☆5]」）

★4　原語 initial はハイデガーの anfänglich を訳すさいに用いられる言葉。ハイデガーにおいては、「元初」は端緒ではなく、ある事柄の初めであるとともに、それに後続するものを初めから支配しているものである。

☆5　『哲学史』上巻（武市建人訳、岩波書店）二〇六頁。

反対に、起源における差異と起源の差異は（デリダが起源の哲学的概念と、哲学の起源についての哲学的思考を同時に検証することによって明らかにしたように[☆6]）、思考に次のことを強いる。すなわち、哲学とその自由は主体的現前においては一致しないし、個々の哲学的決断は（したがって哲学の起源の決断と、この決断の起源も）知らず知らずのうちにすでに思考のうちで取り上げられた何か（そして思考そのもの以外の何ものでもないような何か）によって自らに届けられている。――それはヘーゲルが言ったように、ひとつの「主体〔主観〕が哲学するべく決断しようとする」[☆7]たびごとに、あるいはカントが言ったように哲学が「形而上学の従来の方法を変革し、形而上学の革命を行なおうと試みる」[★5]たびごとにそうなのである。同時に、このような決断が自らを越えて、そのつど、思考のいまだ来たるべき自由（ここでもおそらくそれは思考そのものだ）に属する何かを解放＝伝承することも考える必要がある。換言すれば、哲学へ向けての決断と哲学的決断があるのだが、それは思考が主体において自己自身に現われるのではなく、主体には現前していない自由から（自分を）受け取るからなのである。こうして、言うなれば、哲学において「自由」はひとつのアポリアのまっただなかで我々に引き渡されたのだが、このアポリアは（カントやシェリングやヘーゲルにおいて）作られたとき、すでに乗り越えられてもいたのである。だが、このテーマはその表象＝再－呈示との関係において、我々をひとつの解放に引き渡すのであり、それゆえこの解放の方策はまだ我々の随意にはなっていない。自由の思考が、捉えられ、不意撃ちされ、把捉されるのは、他の場所によっ

☆6 『幾何学の起源』（田島節夫他訳、青土社）を特に参照されたい。

☆7 『エンチュクロペディ』十七節。

★5 カント『純粋理性批判』第二版、序、BXXII。

てのみなのである。自由の思考が思考するというまさにそのことによってそうなるのだ。
もし、何か「自由」のようなものがなかったとしたら、我々はそれについて語ることもないであろう。なぜなら、この語は、たとえ指示対象を欠いているとしても、あるいは与えうるどんな意味内容もなかろうと、それでもやはり、その非決断において、さらにはその意味の袋小路において、ロゴスのこの意味自体をもっているからであり、その意味のうちで哲学は自らを認めるのである。それは意味の自由な空間の開け＝開示性なのである。このように哲学はつねに－すでに、自分がそれを統御することも組み立てる★6こともできないものの思考に委ねられている。そして「自由であること［自由－存在］」ということで解されることもたんにこのことである。したがって、我々は自由のことを考えたり、考えなかったりする自由はない。むしろ、思考（すなわち人）が、自由に向けて自由なのである。それによってあらかじめ超過され、先だたれ、溢れでている何かへと、思考は引き渡され、またその何かへと向けて伝承＝解放されているのだ。しかし、だからこそ結局のところ、もっとも具体的で生き生きとした我々の関係に関して、またもっとも緊急で重要な決断に関して、思考は重要な位置を占めるのである。

★6　原語はarraisonnerであり、この語はGestellの訳語として用いられる。

ハイデガー以降、哲学は自由を主題的には――歴史的研究を除けば、少なくとも主導的主題としては――目指してこなかった。☆1 しかし、このような断絶が起こったのはじつはハイデガー自身においてであった。当初は、スピノザ、カント、シェリング、ヘーゲルが自由に与えたのに少なくとも比肩する場所やレベルにおいて――つまり、「そこにおいてまさに存在の問いが根をもつような、哲学の根本的な問い」☆2として――自由を主題化したのちに、ハイデガーはそうすることをやめた。この断絶の影響を我々も被っている。この断絶は我々に何かを届ける。そして我々を他の何かのために、あるいは他の何かへと引き渡す。

このような主張が無根拠であったり形式的であったりしないために、ハイデガー思想の流れにおける自由とその断絶ないしは退-隠［retrait］の問題を全面的に扱った息の長い仕事をここで始めるべきであろう。☆3 ある意味では、それこそが現在提起されるべき仕事であろう。だが、いくつかの理由から、ここではこのような企てを行なわない。最初の理由は、資格である。実際、筆者はハイデガーの「専門家」と呼ばれるものにはほど遠い。（しかし、ご覧のように、この資格の欠如がではなく、ある種の距離がその不可避な危険（リスク）とともに与える自由を拒否はしない。）第二の理由は警戒心である。ハイデガーの足跡を内的に再構成する仕事が、

☆1　サルトルはこの点でも、他の点においてと同様ハイデガーの考えを移動させ誤解しただけだったようだ。それに関してはのちほど見よう。アドルノに関して言えば、『否定弁証法』において自由がその本質において問われるよりはむしろ固有の運動に委ねられているような思考を残した。また、ベルクソンもまったく異なる仕方ではあるが、自由についての思考の一種の停止点を体現していることを思いおこしておく必要があろう。

☆2　GA 31, S. 300／全集三一巻二九六頁。

☆3　ルーベン・ギレアの著書『存在と自由――後期ハイデガー研究』（*Être et liberté–une étude sur le dernier Heidegger*, Louvain-Paris, 1965）は残念ながらそのタイトルの約束を果たしてはいない。アンリ・ビロー『ハイデガーと思想の経験』

我々の再出発点となるべきはずの中断や断絶へと、我々をただ立ち戻らせる以上のことを可能にするかどうかは確かではない。最後の理由は決意である。少なくとも簡潔な綱領的な試みとして、「自由」という語を今日もう一度取り上げてみよう。ハイデガーによる中断にもかかわらず、というより、実際はその中断ゆえに、そして、それが開いた思考の空間のうちで行なってみようという決意である。

この決意にはいくつかの動機（モチーフ）がある。「自由」という語の意味が未規定のままであり、その哲学的概念が主体性の存在論の囲い［＝完結］のうちに捕らわれているとしても、この語はやはり歴史の負荷と伝統を保っている。つまり、必然性を通して、がむしゃらに絶えず自らを投企してやまない跳躍の伝承や、「アナンケー[★1]を揺り動かす必要がある」とか「運命は自由以外の何ものにも直面しない」と絶えず言いつづける声の伝承を保っており、かくして無視しがたい呼びかけと歓喜の力との伝統を保っている。たとえこの伝統が絶えず濫用され、悪用されてきたとしてもである。ここで問題となっているのは、自由主義的、さらには絶対自由主義的ですらある個人主義が浸っている、自己充足や自己満足へと安易に呼びかけることではない。そうではなくて、実存への呼びかけ、したがってまた、実存がそのうちで超越する有限性への呼びかけが問題となっているのである。――そしてこの有限性ゆえに実存は、自身のうちにおいて、その存在において、呼びかけの[☆4]構造と調性を含んでいる。つまり、自由への自由な呼びかけの構造と調性を含んでいるのである。形而上学的自由は、ごく単純な表現をすれば、主体が

(*Heidegger et l'expérience de la pensée,* Paris, Gallimard, 1978) における自由の分析の断章には、我々は多くの点で賛同するが、ハイデガーにおけるこの主題の中断を扱ってはいない。フレッド・R・ダルマイヤーもこの点は考察してはいないが、ハイデガーの自由に関する思考について非常に示唆的な総合を『ポリスと実践』(*Polis and Praxis,* Massachusetts Institute of Technology, 1984)（第四章「ハイデガーの自由の存在論」）において提示している。ライナー・シュールマンの書『無秩序原理（アナーキー）』*Le principe d'anarchie* (Paris, Seuil, 1982) と我々の仕事は、複雑な討論を始めるべきであろう。R・シュールマンは、彼が想定していたところに含意し、「現前への参入」のテーマによって分節されるべき自由に関して本当には分析し

自己へと絶対的に現前するような無限の超越を意味してきたが、このような自由の歴史やその伝統（この伝統はつねに自由の思考によって賭けられた諸問題の歴史であるとともに、自由の名において行なわれた闘争の歴史でもあるが）もまた、超越の歴史と伝統でもある。そして、この超越は自分自身の限界への露呈として、すなわち実存としての本質の無限分離への有限な露呈として自己を認識するにいたったのである。ここで、いくつかの証言を簡略に思いおこしておこう。これらの証言自身、自由の主体的我有化に対する、自由の解放の伝統とでも呼びうるものについて語っている。

このような自己自身の形式から自らを離脱する［概念の］運動は、自己についての自らの知の最高の自由であり、確実性である。（……）知は自らを知っているだけでなく、自己自身を否定するものを、つまり、限界をも知っている。自らの限界を知ることは、自らを犠牲にすることを知ることである。この犠牲は外化［疎外］であり、そのとき精神は自ら精神になることを自由な偶然なできごとの形で現わす。

その精神において真に自由なものは自分自身の精神に関しても自由に考えるだろうし、その源泉と方向に関しては恐ろしきものがあるということを自分に隠すことはないだろう。

ていない。（この主題も我々にとっては重要なモチーフであり他の分析をそれにあてている。たとえば「笑い、現前」『クリティク』誌四八八-四八九号、一九八八年一-二月号参照。我々にとって彼の「エコノミー」の概念は気詰りなものである。——以上の研究（マルティノの研究［三九頁の☆3参照］およびレヴィナスの『困難な自由』もそこには含まれる）と我々との間になんらかの共通性があるとすれば、それは規定されたひとつの「思考」（ましてや「概念」）のうちにあるのではなく、自由「の」思考であろうとする思考を「解放」することが必要であると認めている点にある。言いかえれば、まず、自由の諸概念や諸体系（しかし、このなかにはスピノザは留保なしには入れない。とはいえそれはまた別の仕事になろう）からの解放であり、その固有な芸術を拡大する？――いいえ、そうではありません。
むしろ、芸術をたずさえて、もっとも緊密に自分のものである道を進め、そして自分を離脱させよ、なのです。[☆5]

ハイデガー自身、「自由」という語のもつ固有な力――つまり、〈自由〉の〈概念〉や〈理念〉に抵抗する力――を無視したことはなく、それどころか、この語を徹底的に使ったのだが、彼はもはや自由の真の概念を保持したり、分節しようとしたりはしなかった。とはいっても、他方で、アドルノの言葉を使えば、自由が「老いて」しまったということも本当であり、そう仮定することもまた正当であろうから、自由が「自由」以外の何かに――ここでもまたより「根源的な」「贈与性」に、と言ってよかろう――場所を譲ることが問題となる。そうだとしたら、このような移行（パッサージュ）を顕在化する必要があるのではなかろうか。だとすれば、自由の場所を最終的に解放するために、「自由」それ自体に主題的に取り組むべきではなかろうか。

ハイデガーにおける自由の問いを体系的な仕方で扱うことなく、その発展の段階の概略を確定することは可能だろう。そして、この思考によって自由なままに残された空間を輪郭づけようと試みてみよう。

実践における思考自身のより規定困難な解放である。

★1 強制、必然、暴力の意。プラトンはこれを不合理なものとして、理性に対立させた。『ティマイオス』参照。

☆4 『存在と時間』における、関心の呼び声は現存在をその自由へと挑発し、召喚している。五七-五八節を参照せよ。呼びかけに関してはまた後に触れる。

☆5 『精神現象学』「絶対知」、『人間的な余りに人間的な』I、II章、パウル・ツェラン『子午線』。

まず『存在と時間』（一九二七年）においては、「自己固有の可能性への」現存在（ダーザイン）の自由の分析がひとつのモチーフを提供するが、このモチーフは反復されながらも、それ自体としてはほとんど展開されない。その後、一九二八年の講義『論理学の形而上学的始源根拠』（全集第二六巻）においてはすでに、「現存在（ダーザイン）の超越と自由とは同一である」という命題の詳細な検討が提言される。[★2] そして一九二九年以来、『根拠の本質について』においては、自由が「根拠への自由」として主題的に考察されることになる。自由はそこでは「根拠の根拠」と性格づけられ、「自由はまさにこの基底＝根拠［Grund］であるから、自由は現存在の深淵＝脱底［Abgrund］なのである」とされた。[☆6] 一九三〇年になると、我々がすでに用いた講義『人間的自由の本質について』において、自由に関するカント的規定が体系的に分析されるが、それは、因果性の存在論的位階を転換することによって、存在論的問い自体の根拠の定立において自由の問題を確立するためであると同時に、因果性の範疇へのカント的な（あるいはむしろ、より普遍的に形而上学的な）従属から自由を解放することが必要であると結論において指摘するためである。

これ以降、作業の青写真は引かれたように見える。つまり、「原（アルシ）－根拠」としての自由の方向が一方にあり、他方で、因果性との関係を自由のうちへと移動すべく定められた自由の哲学の反復を通して、哲学的伝統自体のただなかから「根拠」の源を解放する方向がある。[☆7] シェリングの論文『人間的自由の本質』に当てられた一九三六年の講義は、このような研究の流れの到着点を構成すべきものであった。

★2　QI, p.145/GA 9, S. 165/全集九巻二〇二頁。
☆6　QI, p.157/GA 9, S. 174/全集九巻二一三頁。
☆7　『カント書』（一九二九）がそのモデルを与える身振りによれば、そういうことになろう。いくつかある資料のうちで、ここでは『形而上学入門』（一九三五）の次の文をつけくわえておこう。「人間存在とは、会得と集約との苦境として、知るという仕方で存在を作品－へと－置くという意味でのテクネーを引き受ける自由へと強いられていることである。このようにして歴史がある。」（QI, p.175/GA 9, S. 193/全集九巻二七八頁）。この後に出てくる引用の頁数は、『シェリング』の仏訳と邦訳のものである。

ある意味で、この講義はまるで持続する調和的なある種の音楽作品（コンポジション）といった様相を呈しており、ハイデガー自身の言説が絶えずシェリングの言説への対位法をなしている。だが、事が明示的になされているわけではないし、ハイデガーによるシェリングの明解な解釈が（カントやライプニッツの場合のように）問題となっているわけでもない。そこには、形而上学の問題と存在の思考の問題との間の独自な絡み合いがあると言えようか――もちろんそれらが結局は分離する点までの話である――。この絡み合いはヘーゲルと「経験」に関して起こった問題と似たものとも言えよう。ハイデガーは、哲学的な伝統においてであっても自由を再考したり、その概念を再構築することが可能であると考えたときもあったことだろう――いやそれどころか、他の手続きなど不可能だと彼には思われたのかもしれない。一九三〇年の講義を続けるうちに、ハイデガーはシェリングが自由の事実に固有な事実性を捉えていることに気づき、この事実性からシェリングにおいては中心的なモチーフである人間の本質の必然としての自由へと向かうことになる。自由についてのシェリングのこのような見方を「より根源的なやり方で把握するために」（p. 264、三四三頁）ハイデガーは次のような結論に到達する。すなわち、「自由存在［自由であること］がそれによって、いや、もっと適切にはそれとして規定されている必然性は、自己の本質［固有‐存在］の必然性である」（p. 266、三四六頁）。この固有‐存在は、「決断」および「歴史の真理の開け」への「決意性」における「自己‐把捉であるような自己の超越」としてより正確に規定されることになる。この開けによって人間は「自らがそれであるもの」の必然性を感じる［＝体験する］ことができる（p. 267、三四七頁）。しかしながら、この、最後まで（善と悪とが一緒になる可能性についてのこの後の分析によって完成される反復）ではないにしても、非常に進んだ地点までシェリングにつきあい、シェリングを反復し、そして同時に「より根源的な」思考にまでもたらしたあと、ハイデガーはシェリングを放棄する。この放棄は、必然としての自由と、善悪の相関的な可能性とのもとにある始源的な統一を、シェリングがラディカルに考えるにいたらなかったことに本質的に起因している。シェリングはこの起源を「無」とは考えず、それゆえ「すべての存在の本質は有限性である」（p. 278、三六三頁）とも考えなかった。したがってシェリングは、カントを越えていないし、自由の「了解不可能な」性格も越えていない（p. 279、三六四頁）。このように自由が了解不可能なものにとどまってしまうのは、存在の無限の必然性へと命じるような思考のただなかへと自由が自らの必然性を露呈して、自らの存在が根拠ではないような有限性としては露呈しないからである。（だからといって「より根源的な思考」においては、自由が「了解可能」になるわけではない。ただ、問題はもはやこのような言葉では立てられぬことになる――もちろん、「了解可能性」という問題系を離れるために、「自由」それ自身からも離れるというのならば話は別である。）

この講義の最後の部分に関する我々の解釈が正しければ、それは同時に以下の二つのことを意味している。

1　自由の本質的性格は、人間が自らの本質を「本質と非－本質」（p. 269、三四九頁）に関連した決断として引き受けることの必然性という点において捉えられた。この「本質と非－本質」は、「歴史」（同前）において実現される場合は、善と悪への決断となる。ところで、運命とはまさに人間が自らの必然性へと露呈されているということに存するのだから、この歴史には、「ある運命に直面する」（p. 280、三六五頁）ことも含まれる。

2　しかし、このようなシェリングの思考は、この必然性の起源の「無」にまではいまだ踏み込んでいなかった。それゆえ、それは自由の本質における本質自身の（実存の）本質的な有限性を考えなかった。――自由はそれゆえ、その決断とその耐久性において、本質性（最後で、ハイデガーがシェリングの「擬人観」とは一線を画して述べる人間の本質性）の必然性へとは向かわず、この箇所でハイデガーが用いる言葉と調子を凝縮すれば〈無の歴史性の苦悩〉とでも呼びうるものの方へと、つまり、そこにおいて有限な自由が英雄的に立っているものの方へと向かうのである。

したがってこの点までは、だが、まさにこの点を除けば、さらに一九四一年から四三年までの演習においても、ハイデガーにとってシェリングは自由に関する本質的な参照項（レフェランス）としてカントを引き継ぐものでありえただろうし、用語のうえでも『カント書』のカントに平行する役割を演じえたであろう。自由に関する彼の理論において、自由の「形而上学の根拠の反復」がほとんど行なわれえたであろう。しかし、平行線はそこまでである。なぜなら、カントという源泉が意図的に反復の源泉として現われ、また、たとえもはや同じ反復が問題になっているのではないにしろ（この点は、必要な変更を加えれば、ヘーゲルという源泉にもあてはまるが）、他のありかたでハイデガーにおいては回帰すべく定められているのとは対照的に（もっとずっとあとでも、たとえば一九六三年の『存在についてのカントのテーゼ』）、シェリングの自由に関する、より本来的な起源にしたがった同伴や再創造のあらゆる企図は、ある時期から永遠に放棄される。そして、この放棄自体に関してもほとんど説明がなされていない。一九四三年の演習のノートは、シェリングが参照項（レフェランス）として見られる文脈で、次のように明言している。

自由。

形而上学的に解された場合、それは自ら進んで始める力（自発性、因果性）の名称である。自由が形而上学的に中心に（本義においての形而上学に）達するやいなや、それは自己のうちに原因（Ur-sache）の規定と自己性（自己への、また対自の土台としての根拠の）の、換言すれば主体性の規定を結びつける。そのことによって結局は、不可抗力なものへの決意（「時」の肯定！）としての自由、本質的な自己幻想としての自由が出てくる。

より元初的な思考、存在の歴史の思考においては、「自由」は自らが担っていたこの役割を失う。

なぜなら存在は、存在者性や主体性よりも根源的だからである。[☆8]

☆8　前掲書、p. 330。ちなみに、1936-1943という日付はそれ自体非常に雄弁であり、そこには紛うことなく、一九三三年の「学長就任演説」のエコーである「運命」への「決意」の調子が見いだされる。ハイデガーにおける政治の問題は当然自由の主題に関する彼の討論の問題と、さらには、自由の観念と絡みあっている。ラクー＝ラバルトの「超越は政治的なものにおいて終わる」（前掲書）、およびジェラール・グラネル「なぜ我々はそれを発表したのか」《Pourquoi nous avons publié cela》（『大学について』*De l'Université*, Mauvezin, T. E. R., 1985所収）から出発して、この問題を考察する必要があろう。

このノート（これについてはこれからも直接また間接に何度か新たに注釈することになろう）において、主要な論点は明白である。すなわち、形而上学的な自由は、自己による自己の原因である能力を示している。ところで、因果性は存在者の性格に属しているのであって、実存に属しているのではない。同様に根拠の対自である限りの主体性もそうである。これら二つの概念は、存在でありかつ原因である根拠という観念において結びついている。しかし、存在はいかなるありかたでも存在者ではない。存在が根拠であるとしても、それはこのような自由の様態においてではない。だからといって、他の自由を提案しているわけではない。自由という概念と言葉は「本義における形而上学」に委ねられ［＝放棄され］るのである（たとえ、シェリング読解が、「反復」を構成しているかに見えながら、シェリングにおいて主体性が担っている役割を無視したわけではなかったとしてもである）。したがって、一九三六年には自由の「より根源的な思考」でありえたものが、六年後には、このモチーフの放棄となったと結論しなければならない。もし、ハイデガーが非「元初的な」思考において自由を同じくらい厳しく値引きしたとすれば、それはあらゆる点で形而上学が存在の存在者性の囲い［＝完結］を決定的にハイデガーに提示したからである（この囲いは意志の主体的な囲いの当然の結果であり、彼は同じ頃、すでに指摘したように、まったく別の仕方で自由意志というモチーフを使いつくしたあとに、意志の主体的囲い［＝完結］を認めたのだった）。（しかし、この点では

『存在と時間』以来なにも目新しい点はない。）この囲い［＝完結］において、自由はもはや至高な存在者（あるいは主体的な存在者の、と言っても同じことだが）の〈自己オヨビ世界ノ原因〉としてしか現われることができない。以降、その至高な存在者は諸存在者のすべてを「不可避なもの」のうちに鎖で縛り、自由を「自己幻想」のうちに縛りつけることになる。

そうだとすれば、ハイデガーは、ヘーゲルの『法哲学』の二七節のうちに、自らの一九三〇年の講義とシェリング読解の内容を認めなかっただろうか。

自由な精神の絶対的な規定、あるいは絶対的な衝動といってもよいが、――それは、精神が対自的に、すなわち理念として、意志の即自的にあるところのものになるために、自分の自由を自分の対象にするということである。すなわち、それは精神が、自分の自由が自分自身の理性的な体系としてあるという意味においても、この体系が直接の現実であるという意味においても、自分の自由を客観的なものにするということである。意志の理念の抽象的な概念は総じて、自由な意志を欲するところの自由な意志である。

そのとき、自分のうちに、あるいは自分自身との関係において、ハイデガーは自由の形而上学と別離しようというつもりだったのであろう。しかし、かつて彼が行なった反復の身振りがおそらく彼自身にはほとんど明確には分節されぬままになっていたのに比べると、この別離の身振りはあまりに単純に裁断されてしまったのではなかろうか。この問いというか疑問が、少なくとも、ハイデガー以降の自由の主題の反復の試みの最初のモチーフを形成することになる。だが、今は、一九四三年のノートが明白に示しているところによれば、この「自由」（ハイデガー自身が入念に括弧でくくっている）の放棄が、他のより本来的な「自由」の名のもとに行なわれている、という指摘をつけ加えるだけにしておこう。つまり、人間の自由、主体の自由は、存在の自由のために放棄されたのである。おそらく、存在の自由はもはや自由とは名づけられるべきではなかろうが、それでもこの名称を別の仕方で解する――必然性ではないとしても――可能性はとどめているのである。

これ以降最晩年にいたるまで、ハイデガーは自由の本質を主題的に探求することをやめてしまう。この言葉はもはや挿話的なかたちでしか使われなくなり、偶然的なものとしてしか現われず（少なくともそれが現われる直接の文脈においてはしばしば）、特有な問題系を欠いている。[☆9] とはいえ、それは「自由な開けた空間」（das Freie）のモチーフと、我々がのちほどもう一度述べる「自由な空間」のモチーフの使用に受けつがれることになる。（ここで受けつぐということを言いうるとすればだが、――しかし、どんな意味でだろうか――その分析は非常に長くかつ微妙なものになることであろう。）

したがって、状況はやや奇妙である。つまり、ひとつの概念が捨てられ、ひとつの語がそれまで包蔵していたように思われた問いかけの特権を失い、それでいながら意味論的な根は保た

☆9　たとえば『講演と論文』*Essais et conférences*, Paris, Gallimard, 1958 の pp. 44, 175, 312, 334 や『言葉への途上』*Acheminement vers la parole*, Paris, Gallimard, 1976 の p. 202 などを参照せよ。

れ、もしこう言ってよければ、凝縮され、のちに見るように、新たに思考の本質的な目的となった目的のために使用されているのである。ある仕方で、「自由」の何かは存在の思考の核心に絶えずありつづけることになる。しかし、この核心において、この「何か」は厳密な同一性を免れており、明確に定立されても解意されてもいない変容に服しているのである。

しかしながら、一九四三年のノートと同時代のテクストである『真理の本質について』（しかしその初稿はすでに三〇年に書かれている）が、少なくともこの変容の大筋を呈示している。ハイデガーはそこでまず真理——言表との一致として解された真理——を自由およびその本質へと関係づけている。自由はそこでは、それによって存在者が自らがそれであるところのものであるがままにさせる開在性[★4]を指し示している。この資格で、自由は「自由意志の気まぐれでも、必然性（そしてそれゆえなんらかの存在者）を受けいれる用意ができていることでもない」[★5]。したがって、シェリングによって（そして超越論的観念論も含む観念論一般によって）自由意志の外へと、本質の必然のほうへと踏み越えられたこの一歩は、たとえそれがこのテクストの趣旨でないとしても、端的に存在者的な射程を与えられている。反対に、自由はこれ以降、その性格ないしはその存在論的な賭金を「存在者の露現への放任」と呼ばれるもののうちに明らかにすることになる。真理の言表を可能にするものとしての存在者が自身を捧げるのは、この放任、開けた場所への開けのこの可能性なのである。

しかし、一度序列が立てられると、今度はそれが転倒される。なぜなら、自由は「それ自身

★4　ここでナンシーがaspéritéと表記しているものは、『真理の本質について』の仏訳の中に見られるapéritéつまり、ハイデガーのOffenständigkeit（開在性）のことと思われる。Cf. *Questions I*, p. 171 n.

★5　『真理の本質について』（QI, p. 177/GA 9, S. 189/全集九巻一八九頁）

の本質を、唯一的に本質的な真理のいっそう根源的な本質から、受け取る」[☆10]からである。したがって最終的には存在論的優位は真理に帰する。なぜかといえば、真理はその本質において、そしてこの本質として隠匿と彷徨を含んでいるからである。実際、存在者の隠匿――「秘密」[★6]――はあらゆる露現への放任に先だっている。なぜなら、存在者をして開示させるがままにすることは、このような存在者のより根源的な隠匿や秘密を指示し、保持することだからである。この秘密に相関的である彷徨は、「活動の空間」であり、そこで実-存は構成的に放任されているのだが、それはまた彷徨の可能性を根拠づけてもいる。したがって真理の本質の問いは、それ自体「本質の真理の」問いとして現われる。もし、本質が事実存在を指し示すのであれば、存在の「意味」は、存在者の存在の隠匿の秘密への、実存の彷徨的な露呈として認められるがままになる。こうして、その「隠匿された唯一のもの」から歴史は生起するのである。

したがって、自由と真理との間の存在論的優先権の転倒は同時に、存在として、現前と意味のあらゆる存在する必然を免れていることが明らかになった存在自体の中に、自由をより深く埋め匿すことに帰する。存在はあらゆる露現にともなう現前と意味の退-隠の「自由」である。いやより正確には、隠蔽と彷徨との原理的な関係においてこのような露現を可能にする現前と意味の退-隠の「自由」なのである。このように解釈すれば、ハイデガーの存在論は結局、そして根源的に「自由学」にとどまっているのだと解することもできるかもしれない。だが、ハイデガー自身はそのように解させようとしているわけではない。彼の言わんとしている

☆10 QI, p. 175/GA 9, S. 193/全集九巻二二九頁。

★6 〈秘密〉の原語 mystère はハイデガーの用語 Geheimnis に対するフランスにおける訳語。日本語では〈密令〉とも訳される。個々の存在者が現前する際に、全体としての存在者が覆蔵されていること。その意味で非-真理性 Un-Wahrheit は虚偽性 Falschheit ではなく、秘密であるとされる。ハイデガー『真理の本質について』GA 9, S. 194 を参照。

のはむしろ、〈自由は存在の退－隠である〉が、それだからこそ〈存在は自由の退－隠である〉、つまり、自由を真理へと返すために、つまり、存在の（非）－顕現の条件へと返すために、存在は自由自身の手前で、決断と開けという資格において自由を退－隠させる、ということなのだ。

このことは、結局のところ、強調点の違いにすぎない。しかし、この強調点の違いはどこまで一種の「理論的な」ものの「実践的な」ものへの後退として、あるいはより正確に言えば自由と真理の間の区別（なんらかの対立でないとすれば）の堅持として、了解されうるであろうか。あるいは、了解されねばならぬのだろうか。この区別をテクストは壊そうとしているのだが、それにもかかわらず抗いがたく再構成され、あたかもそれとともに少なくとも「実践的」なものに対する「理論的」なものの伝統哲学的な優位の一部を再構成しているかのようである（しかしながら、この優位は単純に哲学の伝統のあらゆる点に認めうるわけではない。たとえばアリストテレス、スピノザ、カント、ヘーゲルにおいてでさえも認めえない。）どの点まで、自由に特有な事実性はこのように見失われて（それは抹消されたことを意味しない）しまう危険性がないのだろうか。これが我々が立てるべく導かれてきた問いである。あるいは、ハイデガー思想の方向性のうちの少なくともひとつにより深く忠実であろうとするなら、存在の退－隠と自由の特異な事実性とを<u>ともに</u>、そして決定的に<u>その根源性そのものにおいて</u>保持し、露呈させ［＝呈示し］ようと試みるべきではなかろうか。これはもちろん簡単な問いではないし、見てのとおり、ハイデガー自身から出発せずには立てられない問いでもある。しかし、我々にとって重要なことは、この問いが立てられねばならぬように思われるということである。そして、この条件において、この問いは、ここでハイデガーの思想との間に続けられる対話の関係を調整する指標を与えてくれるに違いない。

一九五六年の『根拠律』——当時のハイデガーのもっとも重要な著作のひとつ——が自由に対して新たな活動空間を開いたために、この問いはよりいっそう複雑になる。『根拠律』の検討は実際「跳躍」のほうへ思考を導く。この跳躍は根底や理性＝根拠（Grund）としての存在への問いを、その活動のうちで「底のなさ」のうちの「理由＝根拠なき」存在の思考へと移行させるに違いない跳躍だからである。

跳躍は思考の自由な可能性にとどまる。そしてそれは非常にはっきりとしたありかたであるので、自由の本質がそこに住まう領域が開くのが見られるのは、この跳躍の場所に到着したときのみである。[☆11]

おそらく、自由の領域を感知する状態に自らを置くためには、存在のいわば「理論的」な考察における思考の跳躍であるような跳躍が必要である。しかし、跳躍は理論的な考察が自らの外へ、あるいは彼方へと行なう跳躍以外のものではない。この跳躍は根拠Grundとしての

☆11　『根拠律』PR, p. 205/GA 10, S. 139. このテーマの状況は、のちに触れる「技術の問題」への移行によって準備された。

「理性=根拠（レゾン）」の検討における理論的な理性=根拠の超越であり侵犯である。したがって、跳躍は理論的な「ヴィジョン」一般の外へと、あるいはそれから離れて「跳躍した」からこそ、自由の「ヴィジョン」に到達するに違いなかろう。——しかし、まさに以上のことこそ明確に展開されなかったことであった。

いずれにしろ、ここで問題となっている「領域」が示すのは一九四六年の『「ヒューマニズム」についての書簡』において「自由がその本質を貯えている自由な次元」[☆12]として、示されたもの以外のものではない。ただそのさい、この次元は明確には展開されなかった。「自由な次元」や「自由な開けた場所」に関しては、他のテクストの考察に譲ることにしよう。ここではただ、もはや固有性としての、あるいはどんな形であれ力としての自由が問題になっているのではなく、「自由な開けた場所」という特有な境位（エレメント）が問題になっているのだということだけを指摘しておこう。この「自由な開けた場所」が、「次元」という基体に属するひとつの性質として現われるのは、ただ言語上の月並な制約[★7]によってのみであって、それは実際には、この「次元」そのものと一体なのだ。『時間と存在』においては「時間の自由な空間」となるこの次元は、もはやたんに名ざされるのみとなる自由の本質を貯える固有な空間性によって規定される。この空間に固有な性格、その「自由性（リベルタス）」は、他のやりかた、特に自由の観念の新たな分析によっては、規定されないであろう。したがって、我々は以下のように結論すべきであろう。すなわちハイデガー自身もまた「自由」という語の意味論的核あるいはインデックスを保ちな

☆12 Q III, p. 122/GA 9, S. 344/全集九巻四三五頁。
★7 *Questions IV* 所収。

がら、自由のためにひとつの空間を準備しようとしたのだが、そのさい、従来の哲学的規定における「自由」は、開けや自由な空気の導入ではなく、閉塞させ埋め匿すようなものとハイデガーには思われたものだった、と。

自由のために自由な空間を守ること。それは、真理が保持していると我々には思われるものを、解放するのだろうか。そしてどのようにそれはなされるのだろうか。それはその固有な力で自由のこの呼びかけを到来させるがままにするだろうか。いずれにせよ、存在の思考や、それに続く諸思考が、自由のこの呼びかけを拒むことができないことは明白である。

自由のために自由な空間を守ること、それは自由を了解しようとすることを警戒することに帰着するだろう。それは、了解においては規定を避けることはできないが、規定のうちで自由を捉え破壊してしまうのを警戒するためである。このように、自由の不了解の思考は、あるいは、その思考不可能性の思考は、思考の力の限界の制限にしたがうばかりでなく、自由の自由な領域への尊敬とその保護にも、積極的にしたがうことができるように思われる。このような考慮が不可欠となるのは、おそらく自由に関する形而上学の内部自体からであるが、それはこの形而上学がしばしば自由をこっそりと——いわば、それに触れる前に——「了解」してしまっている危険に曝されているからである。こうして形而上学は知において、また特に主観的に規定された自由の自己知において、自由に対して居住地の指定をしてしまう。

おそらくルソーの『社会契約論』は、自由に関するこのような配置のもっとも明瞭な母型（マトリックス）を提供してくれる。それによれば、自由は契約において自己を意識し（そして実際、自己の意識となり）、同時に主権において自己の客観的な知を自ら作るのであり、こうしてその自らの自由の絶対的な了解においてと同時に、自己自身と主権総体の各構成員への絶対的な強制（「自由であることを彼に強制するだろう……」）において主権者の主権を構成する。カントにおいては、この母型が超越論的に変換され、自由と法が同一視される。あるいは、より正確には、自由と理性の立法とが同一視される。この立法はもちろん、自由の立法以外のものではない。しかしそれが意味するのは、自由は、物理的本性の適法性がそれ自体で必然的であるのと同様に、それ自身で必然的な道徳本性の適法性として、自分自身を企図［＝投企］し、自分自身に提案しなければならないということである。

　したがって、自由はただその結果の産出における因果性の特殊な種類として了解されるのみならず、物理的な因果性と同じく、法にかなった連鎖として了解される。自由による因果性の特有な様態は了解不可能なものにとどまる――あるいは、それは了解不可能なものそのものである――（そしてだからこそ道徳律の「図式」はありえず、ただ「類型（タイプ）」つまり、類似的な図式しかなく、その「類型」はその現象の適法性において本性によって与えられる）、けれども反対に、自由によって統御される「本性」、あるいは「第二の本性」の適法性という概念は完全に了解可能なのだ。そして、それはまさに物理的な様態における必然ないしは適法な必然化の一般モデルを提供する類型の助けを借りてなのである。ところで、もしこの概念がよく了解されるとするならば（道徳性によって統制された世界の理念的な性格にもかかわらず）、それはこの概念が結局は次のような術語（カントはむろんこのような術語を承諾しないだろうが、その論理は彼において特に創造者としての神の概念の文脈のうちにかいま見られる）において分析することを許すからである。すなわち、結局は、〈因果性の秘密を封じこめているのは自由である。なぜなら自由はそれ自身、因果の固有な力として了解されている（いない）からである）。実際、自由は、理論的な因果性には欠けている現実化の力を保持し、（少なくとも理念として）提示しているという意味において、因果性の特殊な一種類である。理論的な因果性の原理は実際、このようなものが、我々の悟性にとっての現象の継起の法則なのであると述べるが、それはこれらの継起する連鎖にそって一方が他方を産出する力がどのようなものなのかは提示できない。自由は因果性の秘密を保持しているが、それは自由がそれ自身で原因である力［＝可能性］として、あるいは絶対的に原因である力として定義されているからである。つまるところ、自由は自己の知にいたった因果性なのである。この点で、「了解不可能性」はそのうちに、主体としての存在自身の自己了解を封じこめている。

自由による世界は、自己自身に対して透明な因果性の世界であろう。秘密は意志の定式、つまり「自らの表象によって、これらの同じ表象の実在の原因であることの力」のうちに含まれている。それは実在を（あらかじめ）形成する理念の力である。自由に関する哲学的了解は、理念の自己産出的な自己知の「了解不可能な」自己了解において頂点に達する。いまや、法とは理念の必然性の表象となる。ところで、理念とはそれ自体によって必然の表象（再－現前化）なのである。自由の法は必然の必然を表象［＝代行］する。

カントからヘーゲルまで、たぶんニーチェまで、そしておそらく「自己本来の当為の意志としての意志の意志」を言うハイデガーにいたるまで、自由の思考が抗いがたいかのように、そして少なくともその一側面によって最後に辿りつくのは必然の必然の了解のうちであった。そこでは了解不可能性という点は、必然が自己必然化することを捉える了解における最終点であった。この事実から、人間の自由はつねにこの主観的な構造の反復および我有化として了解されることができたのである。自由であることとは、必然を受けいれることとされた。「必然の受諾」「法による解放」、また外的強制を「引き受け」る「内的自由」といったものが、非可逆的な過程や重力や、さらにはありとあらゆる種類の強制を担ったものとして自らを把握する世界の表現となった。（そして、当然のことながら、この主観的受諾の自由と対称的なもう一方の対として、絶対自由主義的な純粋無秩序の要求やよき快楽のうちに逃げこんだ自由がある）。こういった表現が表象［＝代表］しているのは、理念と主体性の哲学という観点から捉えられた自由の主要な哲学的イデオロギーと呼びうるものである。☆1 しかし、これらの表現はどれも理論的にも実践的にも無力であることの告白でもあり、このような自由の了解は、ハイデガーが「解決不可能なもの」の幻想的な「解決」として示した諦めと同義であることも明らかである。（この意味で、ハイデガーによる自由の主題の放棄はまずこの諦めの拒否を意味している。）

それゆえ、次のように言うこともできよう。すなわち、もし、自由の理念が――それゆえその必然の規定も（なぜなら、理念という観念は原則的に必然と自己必然化を含んでいるから）――自由に先だっており、結局はまえもって自らの知解のうちに自由を包んでいるならば、こ

☆1 これもまた、ルソー、カント以前に遡る（とはいえ、スピノザの市民法との関係はこのモデルからは外れている。特に、エティエンヌ・バリバールの「正義＝平和＝法」『スピノザ研究』第1号、Etienne Balibar, 《Jus-Pactum-Lex》 in *Studia spinozana,* vol. 1., 1985 所収を参照のこと）。

の知解は自由な必然の「本性」に関しては消極的なものにとどまるであろうし、自由のほうは間違いなく取り逃がされてしまう。自由が取り逃がされてしまうのは、存在を必然性として、さらには自己必然の因果性として根本的に考えるような思考に、自由が原理上したがっているためである。このような思考は自己自身をさえ自由なものとしては考えない。というのも、それは自らをこの存在の自己-（不）了解として考えるからである。自由は、この思考においてはまえもって確実となって（根拠づけられ、保証され、自己に確信をもって）いるから、取り逃がされてしまうのである。というのも「自分自身を絶対に確信し、自分自身のなかに安らうことで、自らの自由を獲得するのは理念自身だからである」[☆2]。

もし、自由の事実性が、我々がすでに述べたように、「いまだ事実となっていないものの事実性であるとすれば、次のこともまた、いや、特に次のことこそ理解する必要がある。すなわち、自由の事実性は、それに関しては理念がありえない事実性、「了解不可能な」とか「表象不可能な」と規定される理念すらありえない何かの事実性である。いずれにしろ、このことが意味するのは、もし、この事実性がまず（もっぱらではないとしても）自由ないしは思考の解放のほうへと向かうかわりに、「自由の思考」のほうへ向かうのであれば、この事実性は哲学からは逃れてしまうし、「思考」という言葉をどのような意味で用いるにせよ、思考からも逃れてしまうであろうということだ。こうして我々は、ダヴォスにおけるハイデガーのようにもっとも厳しい認識に到達する。ハイデガーは自由を「哲学すること」の実践のうちへとふた

☆2　ヘーゲル『大論理学』「絶対的理念」。

たび置くために、「理論」の管轄から退-隠させた。そしてそのさい、「哲学する」こと自体は「解放」あるいは、少なくとも自由の解放に連関したものとして示した。しかし、だからといって、この「哲学すること」（これをハイデガーはずっとのちに「思考［思索］すること」に置きかえるのだが）の本性と正確な賭金を問うことを免除されるわけではない。いやそれどころか、事態はまったく逆なのである。

実際、このような「哲学すること」を、脱構築的洞察として提示することもできよう。それは形而上学的観念論のただなかで、理念が自由を鎖につないでいる地点に触れ、この同じ点において何か違うものが「暴発する＝鎖から解き放たれること」をも示そうとする。この何かとは、たとえば（これはハイデガーのテクストでは隠れているのだが）、理論に還元することのできない実践的な事実性である。それはたとえばまた理性の管轄が文字どおり、自分固有の場（ケース）において、失墜する＝生じることを強制する構造である。理性の管轄はつまり法の設定や宣言において、また同様に、一般の「ケース」の論理とは逆に法をかならず逃れてしまうものにおいて、生じ＝失墜するのである。こうして管轄の本質が「権利なしに権利をもつものの権利」を言うことであることが明らかになる。同じく、命法においては、「法は事実として、自らを空間化する［＝自らに間を置く］のだ」[☆3]と述べることもできよう。このようにいろいろな仕方で、「必然の必然」の様態ではないような、まさに解放の様態であるべき様態で、自由についてカントが述べた概念的把握が不可能であることへと、またハイデガーによるその注釈へと立ち戻

☆3　拙著『定言命法』p. 58 および p. 134。ここで引用したテクストは「暴発＝解き放ち」の点を中心に編まれた思考のネットワークと連帯している。つまり、ブランショによる法＝掟、デリダによる（非）決断、レヴィナスによる責任といったものである。――レヴィナスの責任のみが、主題的に自由に先だち、自由に対して「支配的」なものとして提示されている。（『全体性と無限』p. 59、合田正人訳、国文社）したがって、それに関して一言。レヴィナスにとっては、自由は、それ自身によって、「自我的な我れ」の「独断」と一体となっており、またその「本質」は「〈同一〉の帝国主義」のうちにある。責任は、「他者の現前」によって「自由を任命」しながら「独断から自由を解放する」（強調は引用者）。この定式はそれ自体、自由が自らに

ることができるだろう。

我々が了解できることは、自由が了解不可能だということだけである。自由が了解不可能であるのは、自由が了解に抵抗するからである。自由‐であること［＝自由‐存在］が我々を参入させるのは、存在の遂行のうちにであって、存在を表象する［前に立てる］働きのうちにではないのだ。☆4

しかし、「了解不可能であることを了解する」とは何を意味するのか。したがって、このように自ら自身の可能性の究極の縁に達し、この指示によって、了解していないものをまさにそこで示し、解放しようとする、「哲学すること」――あるいはそれを何と呼んでもかまわないが――とは何を意味するのか。あるいは、そしてたぶん、より正確に言えば、「理論的」でも「実践的」でもなく、形而上学の限界としてこの二つの概念の区分を明らかにする――そうして真に自由な空間を自由のために守ろうとする――この身振りあるいは活動は何を表象しているのか。

何かが了解不可能であることを了解することは、了解が自らの限界のひとつを発見してその場所にとどまることだけを意味するのではありえない。なぜならこの限界は、そのようなものとして認められたとき、それが障碍あるいは遮蔽幕をなすものとして「了解され」ているだけ

先だつことができないこと、またそれを把捉するための、あるいはあらゆる把捉さらには自己自身による把捉からそれを解放するための試みにも先だつことができないことに関して証言している。レヴィナス自身、彼の自由の概念はしたがって自由意志［＝独断］の概念に厳密に限定されているのだが（少なくとも、この著作においてはそうである。というのも、のちの作品では「自由」という語はより広い使われかたをしているから）、それでも「そこにおいては自由が自らを疑問に付し、したがって自らに先だつことができるような批判」（同書）を求めている。

☆4 『シェリング』p. 279／三六四頁。文脈はこの箇所にまことに曖昧な射程を与える。それはカント的な限界を示すと同時に（それにはシェリングが結局はその限界を越えていないことを示す目的がある）、

ではないからだ。実際、ある障碍物との純粋な出会いは、それを障碍の知（あるいは、それは死、かもしれない）以外の知はありえないという意味で解するならば、不可能だからである。そうではなくて、障碍は——ハイデガーがそれに対して大きな注意を払った提示の法則によれば——それ自身とともに、そしてそれ自身をとおして、それが障碍物となっている自由な通路（パッサージュ）をも当然提示する。このようなものが、一般に限界の論理なのである。つまり、限界は二つの縁をもっていて、その双性は分離しがたいのと同様に解消しがたく、内縁に触れることが外縁（「内部の」外縁と補足することもできよう——こうすると無限で眩暈的な操作の記述となるだろう）に触れることでもあるようなものなのである。何かが了解不可能であることを了解するとは、もちろん、了解不可能なものそのものを了解することではないが、こう言ってよければ、ただたんにそれに関して何も了解しないことでもない。我々が了解不可能なものがあることを了解するのは、この今の場合では、「存在の遂行」がその「表象」を逃れてしまう（この定式は「理論（テオリア）／実践（プラクシス）」という対立項のようなものへと我々を戻らせるのではないだろうか）ことを我々が了解することである。したがって我々は了解不可能なものに関して、それが了解不‐可能であることを了解するのである。この欠如を示す「不 in」において、了解不‐可能なもの、つまり、自由が、我々の了解の能力の厳密な意味での「彼方」にあるのではなく、むしろたんに我々の能力に属していないことを了解するのである。正確には、自由は了解範囲の外にはない。——そしてたとえば、自由は知性の階梯においてより高くにあり、我々と

ハイデガー自身による積極的な肯定をも示している。そのために、自由は無規定的に、了解不可能なものとして、そしてその形而上学の超出の無言の約束によって、存在の思考にとっては了解可能なものとなってしまっている。このことは結局、この講義の恒常的な両義性であり、自由の主題に関するハイデガーのしたがった「道のり」全体の両義性である。

は異なる知性にとっては到達可能な段階に、位置するわけではない。ましてやそれは了解することと対立しているわけでもない。そうではなくて、それは了解の限界上で、了解には属さないものとして、自らを了解させる。「存在の遂行」（あるいは実践）は、対象性や主題性に対する自らの独立において、自分以外には対象や主題をもたない。かくして了解不可能な自由は、非常に厳密な意味での限界において、悟性の了解の独立的な自己了解として、自らを了解せしめるのである。限界の上で、我々が了解するのは、遂行を遂行的に了解するこの自律的な了解があるということである。我々は遂行がその独自の様態において自らを了解するということを了解する。（たとえ遂行が自らをわからず、我々がそれをわからないとしても）しかし、この独自な様態は「理性」や「思考」や「理論」等々の自己了解――そして自己‐遂行――の様態に奇妙にも似ていることが看取されるであろう。

したがって、ここで我々の了解はけっして無意味なわけではない。それどころか実際、哲学的了解の最高峰のひとつをなしてさえいるのだ。というのも、哲学的了解が自らを、哲学の実現に（つまり存在の遂行に）おいて、哲学が超越することの哲学的必然として捉えるということが、それも偶然にではなく、おこったからである。その表現のひとつはヘーゲルによって与えられたが、その意味を移動し変形すれば、それはハイデガー自身においてまで有効であろう。

> 倫理とは自由の理念である。生きている善は、おのれの知と意志の働きを自己意識においてもち、自己意識の行動をとおしておのれの現実性をもつが、他方、自己意識もまた、倫理的存在をおのれのもの、即自かつ対自的に存在している基礎とし、おのれを動かす目的としている。倫理とは、現存世界となるとともに自己意識の本性となった自由の概念である。[☆5]

この倫理の最終的な遂行は次のようなものだ。

> 国家は倫理的理念の現実性である。——すなわち、はっきりと姿を表わして、おのれ自身にとっておのれの真実の姿が見紛うべくもなく明らかとなった実体的意志としての倫理的精神である。

特に、理論的な限界の超越とこの限界の裏面での実践的自己了解の成熟に関する、この哲学的了解の力を過小評価してはならない。また、ヘーゲルの外面的で凡庸な了解にとどまって、ここで哲学は自ら造りあげ、そこから出ることのない実践の概念を完璧に了解しているのだ、などと言ってはならない。なぜなら、ヘーゲル的精神の要請とはまさに、精神をそのたんなる即自存在から解放する現実性において現実化することの要請であり、ヘーゲルにとっては精神

☆5 『法哲学』一四二節、(強調は引用者)、次の引用は二五七節。

が自由において自由として自らを了解しうるのは、ただ実践的にかつ自己の外においてだからである。言説が了解する（しない）ことは――これが思考する思弁における述語的判断の弁証法的止揚のテーマ全体だが――実践的現実性が、本来的な自己了解の境域に入りこむことはできないまま言説的な了解が了解するものの実在的（物質的、歴史的等々）自己遂行と自己了解を構成している、ということである。だからこそまたヘーゲルにおいては、自らを現実化する限界に到達した哲学はもはや了解せず、観想するのである。――たとえば、国家の現実性が身体と精神の個体性に集中した王国の君主を観想する。この観想は、最終的に展開した自らの自由の行為において、自らを乗り越え、止揚する了解である。

だとすればやはり、（不）了解は実際に、自己遂行としての自己了解の知へと達する了解の最高段階である、と結論づけなければなるまい。了解はたんに、その限界上で、もっとも固有な真理においてと同じく、自分自身の外で自己を捉えるのみならず、より深く自己の外へと張り出した会得のうちで、行為への自ら固有の移行として自己を捉える。つまり、自分固有の実践 - 生成として自分を了解する。了解は、このようなありかたが自分の真実であることを知っており、さらにその限界上ですでに実現しているものとして、それが現実的であるまえに、自らは厳密には理解しかねるこの自由な行為を自分自身感じている。したがって、了解ができないことの了解性に関する自己了解がある。この自己了解において、「理論」は「実践」を自らの真理として了解する。そして、自らを実践として了解する。つまり、自己了解において実践は、自分自身を、理論の了解された（されていない）自由の実現として理論的に了解する。したがって自由は、結局は、自らを了解したわけだ。しかし、またもや自分を自由として了解したのは必然性であり、またもや自由な必然と定められたのだ。この種の発想は、ルソーやカントの熱狂から、マルクスによる弁証法の転倒の転倒にいたるまで[☆6]、そしてハイデガーによって「思考［思索］」という言葉に与えられた負荷まであらゆる形式をとるであろう（思考はそれ自体「行動」することとして考えられている）。つねに、自由は自らの実践的な自己了解の必然において捉えなおされることになるのだ。

おそらく、それだけではないだろう。以上のことがこれら一連の哲学的身振りやテクストにおいて解読すべきことのすべてではない。しかし、以上のような分析を通過することを避けることはできない。さもないとすでに必然によって——たとえそれがこの保護の必然であっても——閉じられたものとして現われる危険をもつなんらかの空間を自由に対して保つことになってしまうだろう。それが何であろうと自由のために保っておく必要があるだろうか。その空間を自由に保護［preserver］する必要があるだろうか。——むしろ、それが可能ですらあるかを、問うべきなのだ。自らの固有な空間を保つことができるのはただ自由自身のみではなかろうか。

じつは、自由とともに問題となっているのは、了解（不）可能性のあらゆる弁証法とはっき

☆6 このことは、マルクスにおいて他の方策があることを排除するものではないが、これについては別に述べる必要があろう。

り一線を画した論理にしたがえば、いずれにしろ自由は、自由を了解することができたりできなかったりする思考に先だっているということではなかろうか。自由が思考に先だっているのは、思考が自由から出てくるからであり、思考を与える［＝考えさせる］のが自由だからである。

> その思想が計算しないのみならず、存在者の他者から絶対的に規定されている思考を、本質的な思考と呼ぼう。それは、存在者を考量して存在者を当てにして計算するかわりに、それ自身を、存在の真理のために存在のうちで濫費する。この思考は、次のような仕方で存在の要求［＝呼び求め］に応答する、すなわちその仕方とは、人間が彼の歴史的な本質を唯一的な必然性という単純なものに引き渡すという仕方であり、その唯一な必然性は、強制するという仕方で強要するのではなくて、困窮を創りだすのであり、その困窮は犠牲の自由ということのうちで充実されるのである。（……）犠牲とは、自由の深淵から立ちあがってくるがゆえにすべての強制から免れた仕方で人間本質を濫費することであり、しかも、存在者のために真理を守ることのうちへと人間本質を濫費することである。（『形而上学とは何か』）★1

たぶん、この宣言はある意味では、見た目ほど斬新なものではない。この宣言はおそらく多

★1 『形而上学とは何か』QI, p. 81/GA 9, S. 309-310/全集九巻三九一頁。

少とも明瞭に伝統全体を貫く何ものかをもまた集約している。つまり、哲学がつねに自由を由来として、境位（エレメント）として、さらには思考の最終的な内容として考えてきたということである。「哲学は内在的で同時代的で現在的な思考である。それは諸主体のうちに自由の現前を含んでいる。考えられ、承認されたものは人間的自由に属している。[☆7]」

しかし、ハイデガーの言葉を借りれば、思考が「自由の深淵から立ちあがり」、かくして「犠牲」を拘束（アンガジェ）し、「人間の本質の犠牲」として自らをも拘束するとき、自由と思考との共-属性はどのように規定されるだろうか。この問題の供儀的含意は、ハイデガー哲学をそれ自体として考察した場合には、その全体の視点と無縁ではないのだが、ここではその問題には触れない。（真理の祭壇の上で行なわれるこの供犠。そこにバタイユ流の、いかなる本質も失われていないシミュラークルの喜劇と、弁証法的悲劇のモデルを認めるのはたやすい。この悲劇においては人間が消失するのだが、それは、観想者の立場、真理の享受者の立場、つまり理論家としての哲学者の立場に格上げされて再登場するためでしかない）。いずれにしても、供犠の別な挙措がある（だが、この挙措によってそれは、いかなる意味でもおそらくはもはや「供犠」ではなくなってしまう）。それが濫費[★2]である。思考は、「計算」から離れて、自分が思考するものを濫費する。そして、思考する主体やその言説の経済へともたらされる利益がたとえどれほどのものであろうと、真に思考されるものは濫費されるものだけなのだ（言いかえれば、それは「思考」がその「経験」である何か、あるいは「経験」する何かであって、それに関して概

☆7　ヘーゲル『哲学史』*Leçon sur l'Histoire de la philosophie,* Introduction, trad. franç., Paris, Vrin, 1954, p. 179.

★2　原語は prodigalité。日本語としては〈惜しみなく費やすこと〉とでも訳すべきだろうが、若干長くなるため、〈濫費〉とした。

念や理論を作りあげる何かではない)。しかし、思考が濫費するのは、思考が「自由の深淵」から到来するためである。自由がなによりも濫費するのである。自由とは、費やし(デパンス)、分配する(ディスパンス)――それも底なしに――濫費的な気前の良さ(リベラリテ)[＝自由性]でまずあるのだ。そして自由は、まず濫費として思考を分配する。こうして、自由は与える。――勘定せずに(あるいはその勘定の尺度は贈り物としてのそれ自身以外のものではない。これについてはまたのちほど見よう)――自由は思考を与える、自由が思考させる[＝思考を与える]★3。しかし自由は同時にあらゆる思考において思考させる[＝思考を自ら自身に与える]のだ。

このことが意味するのは、「思考がないことも可能であったことだろう」ということである。つまり、人間がないことも可能であったことだろうということである。つまり、実存がないことも可能だっただろうということである。――そして実存が識別されるのはまさにその点、つまり、その特異性が与えられることも与えられないことも可能であるということ、その物-自体が定立されることもされないことも可能であるということにおいてなのである。諸現象は必然的であるが、物の実存自体は自由である。実存(人間、そして思考)があるということ、つまり自らの本質であるものがあるということは、本質の必然からは生じない。それはただ与えられる。そして自由なありかたで与えられる(これは同語反復(トートロジー)だが)のみである。その逆にまた、もし実存がなければ、(だが、これは同時に無意味な仮定である。ここでは「実存」について話しているのであり、「何かについて話す」という事実そのものが実存を含意しているか

★3 donner à には二重の意味がある。ひとつは〈与えるものを与える〉、もうひとつは〈…させる〉。ナンシーはここで二つの意味をもたせているように思われる。

らである。しかし、この仮定が完全に排除されるわけではない。実存、実存者、言葉、思考も、また自らを断念し、本質となってしまうこともつねに可能だから……）もし実存がなければ、無はないであろうし、それでいながら、「なんらかの物」もないだろう。というのも、「なんらかの」ということは世界における現前、ないしは世界の現前としてのあらゆる可能な特異性を受けとめる無規定性なのだが、この無規定性と「物」とは、言ってみれば、すでにひとつの思考のプログラム全体をなしているからである。もし「なんらかの物」があるとすれば、それは「物」や「なんらかの」を眼前に把捉することが可能だからである。もし、それが必然的であったとしたなら、「ある」も「なんらかの」も「物」もないであろう。ありうるだろうことは——「ある」ではない——つねにすでに、全体でありながらなんらかの物ではありえないものの、一般的で内在的な存在の遂行され自らにこもった満腹状態であろう。そのさいには、我々の手にあるのはただ、「それは……である c'est」であり、思考ではないであろう。もし、「何かがある」ということがそれとして（思考として、実存として）出現することが可能であるとすれば、それはこの出現が自由の贈り物、あるいは自らを与える自由だからである。

　したがって、あらゆる思考は、自由によって考えると同時に、自由のうちにおいて考える、自由の思考である。ここではもはや正確には、了解可能なものと了解不可能なものの間における限界が問題なのではない。というより、ここで起こっているものは、思考の自由な出現において、この限界上でまさに、この限界の固有な活動ないしは操作として起こっている。思考することはつねに限界の上で思考することである。了解することの限界は思考することを定義する。かくして、思考することはつねに了解不可能なものについて——あらゆる了解にその固有な限界として「属している」この了解不可能なものについて考えることである。☆8 しかし、それは、思考することが一種の「超‐了解」であるということを意味しないし（いろいろな仕方で物事をひねくりまわすとしても、神秘主義者——そこにはハイデガーにおける神秘主義の残存も含まれる——の袋小路を構成するものはつねにこのように表わされる）、それがひとつの狂信 Schwärmerei であることも意味しない（カントにおいては、この狂信という概念の完全に理性的な境界画定が、神秘主義者たちの袋小路と対称的な袋小路を産みだす）。思考は悟性が理解するものの彼方へ悟性を押し進めはしないし、託宣を与えもしない。思考は限界を考える。つまり、もし思考の限界にまで赴かないなら、思考などない。「了解」する限りで、思考は自ら固有の限界を了解しないし、自分が了解しないものについては何も了解しない。つまり、「了解不可能性の了解」においても自らを媒介しない。しかし、もはやここで問題なのは、了解可能性でも了解不可能性でもない。それらはどちらも必然性に属しているが、思考は自由に引き渡されているのである。思考は了解とその対立物に服従していない。思考が必然に服従していると言わなければならないとしても、自由の必然が必然の自由であるわけではなかろう。必然の自由はヘーゲル的な概念（コンセプト）において、概念が自己遂行する限りで、自己遂行する。一方、自由の必然が「必然的」であるのは、それがその深淵において、その深淵から暴発する

☆8　この点を強調する必要があるだろうか。我々が行なうのは、『存在と時間』における意味での現存在の「了解」から『思索とは何の謂いか』における思考へといたるハイデガーの「思索の道」を辿りなおすことにすぎない。ただそのさい、我々はアクセントの置きかたを自由に変え、そこで提唱されているものを解放しようと試みている。我々が実践していることが、それ自体他の反復の反復を含むようなひとつの反復であることは理解してもらえたことと思う。我々は、随所で我々がはっきりと引用する人々——そのうちの幾人かは彼ら自身、ハイデガーの反復のうちで仕事をしたのだが——だけでなく、同じハイデガーの何かを意に反しつつも反復する人々（その筆頭がアドルノ）のことも言っているのだ。引用が、反復のすべてなわけではない。じつは、それは時代

［＝鎖から解き放たれる］という意味でのみなのだ。
ところで「深淵［＝脱‐底］」（この語によってハイデガー本人が言わんとしていたものが何であれ）は、なんらかの必然の効果のもとに、何かを与えるために、あるいは引き渡すために、「開かれ」るわけではない。深淵は、思考へと到来するものが、なんらかの手続きや抽出や誘発の必然によって、そこから産出されるような本質的な貯蔵庫（レゼルブ）ではない。（自由の）「深淵」は、何ものかがあるということであるのであって、それ以外のものではない。したがって、深淵は、深淵である限り、たんに「そこから」出てくる暴発［＝解き放ち］[★4]なのである、いやより正確に言えば、深淵には基体性や内部性がないから、「深淵」そのものは――この言葉は深さを喚起しすぎるが――何ものかの世界‐内‐存在の暴発［＝解き放ち］であり、濫費であり、贈与性以外ではないのだ。思考がこの贈与性に引き渡された‐存在以外の何ものでもないという意味において、それは思考を与えるものである。自由は、了解の前に開かれ、かつ隠匿された深淵の眩暈的な底なのではない。自由は、無から出現する。それは思考とともに、世界の「ある il y a」に引き渡された実存である思考として出現する。自由はそれ自体一挙に思考の限界である。――それは限界としての思考であり、ひとつの了解の限界ではなく、限界の論理によれば、存在の濫費の無‐限界である。思考が直接に「ある」のこの無‐限界であり、暴発した［＝解き放たれた］自由である。この自由によってそれは与えられ、生じるのだ。だからこそ、思考は、了解すべき、あるいは了解を断念すべき何かとして自由をもつので

そっくりそのままなのだ。この時代は反復のうちに発明され、反復の差異を、つまり、哲学において問題となっているものの再‐依頼（repetitio）としての「哲学の終焉＝目的」の事後的な差異を発明したのである。しかし、すでに思考されたものの反復（であって批判でも止揚でもない）である限りでの思考を創設したのはハイデガーその人である。反復すること。つまり思考が「形而上学」のうちに囲い込まれていることを経験すること。――そして、この囲い［＝完結］が有限の思惟の可能性と要請を解放するということを経験すること、つまり、有限性の経験としてのそのあらゆる経験をふたたび取りあげ、もう一度行なう思考を経験すること。反復の自由、反復における解放。『道標』（一九六七）の前書きにおいてハイデガーは「自分自身を理解していると思っていた

はない。そうではなくて、自由は思考のあらゆる対象や思考のあらゆる能力よりもさらに親密でさらに始源的なものとして、思考のうちで自らをさしだすのである。

じつを言えば、ここではもはや「自由」など、定義された基体としてはないのだ。こう言ってよければ、あるのは、それによってものが与えられ、思考へと自らを与える［＝考えさせる］、「自由に」とか「贈与的に［＝気前よく］」といったありかたなのである。おそらく、「自由」は「自ら」で「自分」を鎖から解き放つ［＝暴発する］。その意味は、自由がこの行為の主体であるということと同時に、自由が濫費するのが自ら固有の基体であるということである。しかし、自ら鎖を解き放つ［＝暴発する］ものは、そのまえに、基体的な統合のうちで結ばれていたわけではない。逆に、主体は自由を継承するにすぎない。あるいは、主体は自由において生まれるのである。濫費されるものは、この囲い込みのうちにあらかじめ貯められていたのでもなければ、深淵がそうするように、自らのうちに含まれていたのでもない。贈与性はあらゆる所有の可能性にも先だっている。この贈与性の秘密は、もっているものを与えることがここで問題になっているわけではなく、（人は何ももっていないし、自由は固有なものを何ももっていない）、自らを与える点にある。そしてこの贈与性の秘密はさらに、この再帰的な「自己」が贈与性でしかない、あるいは贈与性の贈与的なもの★5でしかない点にあるのだ。贈与性の贈与的なものは、その主体でも本質でもない。それはむしろその特異性なのだ☆9。つまり、それは同時に、その出来事であり（なぜなら、贈与性は生じ、与え、与えながら自らを与え、

のとは別のように後になって理解されるという必然性」を指摘している。だが「この必然性は、歴史的伝承にその伝承が呼びもとめる要求にとって開け開かれた活動空間がなお授けられているという可能性に、基づいている」のだ。思考とその伝統はそれ自身、その自由な反復の可能性を解放する。――そしてそこにこそ〈思考〉があるのだ。

★4 原語は déchaînement。

★5 原文 généreux は普通は気前がよい、鷹揚であるという意味だが、ここでは générosité と関連させるためにあえてこのように訳した。

☆9 「特異性」はここではドゥルーズが「理想的な出来事」や「本質的に前‐個体的で、非人称的で、非‐概念的な」点であること（『意味の論理学』岡田・宇波訳、法政大学出版局、六七頁）とした意味とともに、

つねに特異で、けっして自己固有の性質の一般性において受けとめられるのではないからだ)、また「場所をもつ［＝生起する］」ことがないという特異なありかたである（というのも、それはたんなる定立でしかないことはなく、つねに自らに継起しながら、自らに先だつからだ）。それは自らを解き放つのだが、「何かによって解き放たれるのではなく」、そうされる前に、しかしまたその後でも、すでに投げ出され、贈られ、遮蔽されている。それは自らが「贈与的」であると知る時間ももたず、このような性格の時間に従属することもない。贈与的なものは、「自分のもの」ではない贈与性へと身を委ね、自分の行為の結果を所有することも制御することもない。それはいわば思いつき［coup de tête］（思いつきのような思考……）のようであり、計算することも、計算されうることもないのみならず、贈与性という観念さえなく、引き渡され、放棄され［＝委ねられ］てしまっているのである。それは無意識状態ではない。その反対で、――もしこう言ってよければ――もっとも純粋かつ単純な意識、遮蔽された実存の意識である。このように自らを与える思考はもっとも単純な思考、つまり、存在の自由の思考、「ある」の可能性の思考、つまり、思考そのもの、あるいは思考の思考である。それは「了解する」ことも、「自らを」了解することも――了解しないことも――必要としない。それは自分自身に対して惜しみなく与えられている。実存において、実存者の実‐存として、その固有な非本質的な本質として、あらゆる知解とあらゆる（再）現前＝表象の条件や操作のずっと手前で。それは何かを了解したりしなかったりすることもできる自由自体として、遮蔽されてい

また我々がのちほど自由の時間との関係において（本書第十一章）分析する「驚愕＝不意撃ち」の価値にしたがって解されねばならない。このように、何よりも特異であるのはここにおいて我々にとっての実存なのである。実存は特異に生起する［場所をもつ］。そして特異にしか生起し［場所をもた］ない。実存者において、彼にとって、まず特異なものは自らの実存である。このことが意味するのは、実存は実存者にとってはけっして「固有」ではなく、その「実存すること」はその個別性（これもまたひとつの特異性であるが）自体に「おいて」無限定回数、生起するということである。この特異性が実存者を主体から区別するのである。というのも、主体は本質的に、その固有な近接性とその固有な法によって、自己を固有化するものであるからだ。しかし、ひとつ

る。この自由は思考にとって問いでも問題でもない。この自由は思考における固有な開けなのだ。

「自由」はここで、自分自身の贈与性のみを指標とする統一において、諸価値を混同せざるをえない。衝動、偶然、運、不測のもの、決断したもの、戯れ、発見、結論、眩しさ、中約＝失神（シンコペート）、勇気、反省、断絶、戦慄、縫合、放棄＝放任、期待、気まぐれ、厳密さ、恣意性といった諸価値を混同せざるをえない。[☆10] そしてさらに、笑い、泣き、叫び、言葉、喜び、衝撃、動揺、活力、優しさといったものをも……。自由はここでもまた野性の自由であり、無差別の自由であり、選択の自由であり、随意であり、自由な遊戯であり、態度の自由、空気の自由であり、愛の自由、また時がそこで再開する自由な時間の自由である。自由はこれらの可能性、自由の諸自由と同じ数だけの自由のこのようなあらゆる概念を解放する――そして自らをそれらから解放する。

実際これは弁証法的モンタージュなどではなく――ましてや折衷的要約でもなく――情態や概念やモチーフや感情の不均質な散種である。それらが、いわば唯一の自由の無限の形象や様式を構成しうるのだが、実際は炸裂する輝きの濫費として身を捧げる。この炸裂の「自由」は共通の実体ではなく……炸裂である。自由はまたこれらのものの超越的条件でもない。――そして、これらのものもまた自由にとって超越論的なものではない。これらの炸裂する輝きは結

の主体性の出来はそれ自体特異性である。

☆10 もし、ヴュイユマンが提唱するのにしたがってその根源的な形式において解するならば、自由意志ですら再評価する必要がでてくるだろう。ヴュイユマンは次のように言ったのだった。「デモクリトスの体系は、理論を実践に従属させ、自由の形而上学的概念を哲学に導入したエピクロスの体系によって伝えられたことによって被害をこうむったと言われる。実際、マルクス・アウレリウスが嘆賞し、エピクロス哲学の要石をなしているのは、この無差別の、ないしは公平の自由、恣意の自由なのである。ところが、この自由はまず意見の懇願を拒否する自由なのであって、たとえば、現在しか受けつけないために未来の悪の表象、つまり虚偽の現実的な運動から切り離された感覚を拒否する自由なのである」

局のところ、あらゆる規定からの退‐隠において自由が自らを濫費する限りにおいて、自由のあらゆる可能な規定者なのである。おそらく、それらの各々について、あるいはそれから作りうる形象について、現象学的に記述することができよう。しかし、何よりもこれらの多くの、未完の、完成しえないリストは、自由に固有な増殖を意味しているのである（そこに人類学的なブリコラージュを見るという勘違いをしてはならない）。そしてこの増殖のほうは、自由が本質的に炸裂することを、最終的に意味している。だからといって、それがつねに「全ての構成員［＝体全体］が陶酔するバッカス祭」だと言うのではない。ただ、なんらかの陶酔のないような、あるいはどんなに軽いものであろうとも眩暈のないような自由はないのである。

であるから、それは、自由が自らに属さないという意味で自由の「深淵」である。かくして、存在の自由は、ひとつの本質としてまず立てられるような根本的な固有な性質ではなく、それ自体が直接的に自由における存在、あるいは存在の自由‐存在であり、そこにおいてその存在は自らを濫費するのである。それは、もし生という言葉を始源的な自己‐触発と取るなら、その生そのものである。しかし、存在は生きているものではないし、その自由によって「触発され」ているのでもない。存在が存在であるのは、自由において、かつ自由として、存在の炸裂の存在がそれを実在に引き渡す限りにおいてなのである。

このようにあるものはけっして、まず行動の秩序にあるのでも、意欲の秩序にあるのでも、表象の秩序にあるのでもない。それは実存の炸裂する輝き、あるいは特異性、つまり、実存そ

（『必然と偶然——ディオドロスのアポリアと哲学体系』*Nécessité ou contingence—l'aporie de Diodore et les systèmes philosophiques,* Paris, Minuit, 1984, p. 205）。運命への恭順（それこそエピクロスの望んだものだった）ではない現在の受けいれこそ、のちに見るように我々の自由を特徴づけるものである（本書第十一章）。これは新しいエピキュリスムを提唱したり、エピクロス主義を偏向することを提唱することではない。ただ、自由に関して、哲学的伝統の核心において、「現在の唯物論」とでも呼びうるものがあることをたんに確認しようというのである。この「現在の唯物論」は——我有化された現在としてではなく、実存の特異性として理解されたものとであり——因果論的な連鎖の不変の現前として解される時間性の観念論と、親密な

のものである。そしてこの実在とは本質を欠き、このような非本質性に、また、自分自身の驚きや決意に、また自分自身の非決定や贈与性に引き渡されている。しかし、自由のこの「自分自身の」はなんら主体的なものではない。それは我有化されることのない炸裂する輝きであり、そこから主体の実存そのものが主体へとやって来る。だが、それのうちには支持体はないし、それとの関係すらもない。それは、いかなる自己性よりも特異なありかたで「それ」なのであって、「それが実存する」ということの炸裂する輝きにおける「それ」なのであり、何ものにも根拠づけられず、何ものにも必然化されない。ただ到来し不意撃ちもする。眩暈的であって、それはその眩暈の「深淵」を指定することが問題にならないほどである。というのもそれ自身がこの眩暈であり、その実存と思考は、濫費のこの眩暈であるからだ。この濫費はそれをいかなる本質も与えずに実存させ、したがってそれ自身ひとつの本質ではなく、存在の自由な炸裂する輝きなのである。

したがって、実存者における自由はその内在性（いまや不適当になった語法を用いれば、その偶然や偶然性の必然とかその気まぐれの妥当性とかとも言えたであろう）と同様にその超越性をも非媒介的に形成する。実存者が超越するということの意味することは、それによって彼が実存する自由そのものにおいて彼が内在性をもっていないということである。しかし、本質のいかなる他の固有性よりも内密なものである彼の自由は、この内密さにおいてでさえその実存

討議関係にあるものである。

の「一撃 coup」あるいは「切断 coupe」にすぎない。純粋存在の原‐根源的な炸裂である。したがってこの超越はまず「への開け」としても「外への移行＝通路（パッサージュ）」としても了解されるべきものですらない。――ある意味では、それは脱‐存〔外‐存〕的 ek-statique ではないのであり、実存する自由は実‐存的 ek-istante ではなく、この炸裂する輝きの執存［＝内‐存 insis-tance］なのである。超越は即座に、いまここで、この一撃の、飛躍の、実存のうちでのそして実存の自由な跳躍の特異な現前であるようなひとつの現前として、生起する［＝場所をもつ］。

このようにして、自由が決定的に「跳躍する」。いや、むしろ、自由とは「跳躍」なのである。ハイデガーが望んだのとは異なり、跳躍によって自由の領域へと接近するのではない。したがって、跳躍は思考の自由な決断でもない。それは自由であり、自由が思考を与える。というのも、思考とは跳躍において「形成される」ものだからである。自由は実存のうちへの跳躍であり、そこにおいて実存は実存としての自分を発見する。この発見＝開示が思考なのである。したがって、「自由の思考」である以前から、「自由の思考」であろうとする以前から、思考は自由のうちにある。思考はこの跳躍のうちにある。パスカルが言った「思想を与えそれを奪う偶然」から、もはや思考が思想（観念、概念、表象）をもつことすらできないあのもうひとつの極限においてまで。その理由は思考が（表）象［＝（再）現前化］といういまひとつのより強力な力との関係で限界づけられているかもしれないからではない。そうではなくて、思考が、自らの自由そのものであるこの限界に、自ら、自らにおいて、触れているためである。この限界上において思考はもはや了解も非了解もしない。それは何にもぶつからないし、カント的な鳩の空虚な空間のなかにも身をおどらせはしない。それは無のなかに、そして無の上を跳躍する。思考は、はっとして思わず飛びあがる跳躍でしかない。つまり、実存の炸裂する輝き、その実存の上で実存者の戦慄のみを暴発させる暴発［＝鎖から解き放つ解き放ち］なのだ。思考は自由のゆえに震える。つねに自由において、自由へと与えられていないような思考などないということの恐れと焦り、幸運、経験。考えはじめるやいなや、思考は思考としての自分が自由であることを知っている。それは、たんに――そしてかならずしも――観念や表象を選択したり発案したりする可能性としてのみではない。思考が自分が自由だと知るのは、思考である限り、自分がすでに自由の経験であることを知っているからである。それはたんに、「考えること」が、〈なんらかの本質や根拠や原因による必然ではないこと〉を意味するためである。あるいは、たとえ必然を意味するとしても、それは、必然としてのこの必然（つまり「思考された」必然）にすぐさま関係づけられるためである。思考は、自分が思考であることを知らなくしては思考することはできないし、自らがこのようなものであると知ったならば、自分が自由であることを知らずにはいられない。――たとえそれが、この、あらゆる必然の境界上のごく微細で、無限の慄えのようなものでしかないとしても、さらには「在る‐存在が」[★6]ということの前における実存者のこの微細で無限な驚きのようなものでしかないとしてもである。

★6　原文は《il y a - de l'être》。

しかし、自由のこの経験とは（それは「思考における」経験ではなく、経験としての思考であり、思考することである）、次のようなことを知ることなのだ。すなわち、あらゆる思考において、いまひとつの他なる思考がある。それはもはや思考によって思考されるのではなく、思考自身を思考する（思考を与え、濫費し、量る――「思考すること」が意味するのはそれだ[★7]）ひとつの「思考」である。悟性とは異なる、理性とは異なる、知とは異なる、観想とは異なる、哲学とは異なる、ようするに思考そのものと異なる、ひとつの思考。あらゆる思考の他なる思考――思考の他者でもなく、他者の思考でもなく、それによって思考が思考するもの――それが自由の炸裂する輝きである。

★7　思考する penser が語源的に言えば、量る peser に由来することを言っているのだろう。

この他なる思考を担うのは誰か。なんぴともその操者（オペレーター）でも官吏でも「専門家」でもない。この他なる思考は、あらゆる思考において考え——また、この思考を考える。つまりそれを量り、験し、それを自由の試練にかける。それは「あらゆる思考において」考えると言ったが、このことはつまり、数学や政治や技術や日常生活等々の思考においてもそれが問題となりうるということである。たとえば、誰かについて考えるとき、「何も考えない」とき、決断するのに悩んだり、苦痛に胸を締めつけられたり、また必然性の辛さや味気なさのうちにいるとき、また構想したり、熟考したり、言説を組み立てたりするときにも、そうなのである。すでに述べたように、他なる思考は、あらゆる思考を思考として解放するものであるが、これは思考のいかなる規定された形式のうちにもない——それはおそらくあらゆる思考の非‐形式であろう——がゆえに、「哲学」と呼ばれるもののうちにもない。さらに言うとすれば、ある意味で、哲学が自由によってその必然性の帝国を捉え、そのことによって他なる思考や思考における自由を避けてしまったからこそ、我々は「哲学」と縁を切ったのである。こうして哲学は自由を問題として構成してしまったのだが、自由はけっして「問題」にはなりえないのだ。思考において思考へと訴えかけ、思考を自らに訴えかけさせるものは「問題」などを構成することはできない。そうではなくて、それは「事実」であり、「贈り物」であり、「使命」なのである。

なぜ哲学——あるいはそれを何と呼んでもかまわないが——なのだろうか。（ハイデガーはこの言葉を「思考〔思索〕」に置きかえた——それはまさにここで我々の言説を導いている重要な理由のためだった——のだが、それでも我々にとって彼は、哲学から出発してこのような置換の必然と賭金を規定した哲学者なのである。したがって「哲学」は我々にとってはあいかわらず、思考のもっとも扱いがたい自由を、そして思考としての自由を、問題とする可能性を検討するさいの、少なくとも技術的、実践的、ないしは制度的な参照項（レフェランス）なのである）。自由の哲学が必要なのだろうか。しかし、それはすでにあった、と言ったし、それはあらゆる哲学のうちに、そしてあらゆる哲学としてあった。あるいは、こう言ってもよかろう。「自由」は哲学において現われ、その囲い［＝完結］のうちに、その固有な理念性に閉じこもった理念そのものとして囚われの身となったままである——このことには哲学が自己超出あるいは自己実現しようとすることも含まれる——。だから、哲学が放棄されなかったとき、哲学において自由が放棄されたのだ。それは、こうして今日、自由に関する哲学的言説を企てることが何か滑稽で不謹慎になってしまったほどなのである。

実際、「哲学」が自由と何の関係もないとしたら、「哲学」などまったく重要ではない。というよりむしろ、それが自由の事実の刻印なのではなく、自由の理念の（不）了解にすぎないのだとしたら、「哲学」など重要ではない。自由、「それ」こそが我々にとって重要なのである。

それは自由が、我々がそれを享受することに対して欲望と権利をもつような〈善＝財(ビヤン)〉だからではなく、我々が、つねに自由において定義され、自由へと定められてきたからである。これまでつねに、つまり西洋の創設から、しかし、それはつまり哲学の創設からということでもある。

我々の哲学－西洋の創(フォンダション)設は、自由における我々の創設でもある。――たとえそれが、自由の根拠づけ＝［＝基礎(フォンドゥマン)］であり、哲学が捉えることのできない根拠づけとしての自由であるとしても（そしておそらくまさにそれゆえ）である。

ところで、哲学はつねに「哲学」以上の他の何かを意味してきた――あるいは、少なくとも指してきた。ここで哲学とは、言いかえれば、諸概念の純粋な学であり、それ自体、根拠づけ全般の学であるような学である（「存在の思考」という肩書がまず、概念の研究の開始と、根拠づけに対するその関係についての組織的な問いかけを示している）。実際、諸概念の純粋な学などといったものの観念があるのは、概念の秩序それ自身が自由の境位に、起源的かつ本質的に属しているということの先行的な了解が――哲学が必然的に自らに先だち自らを越えてしまうような哲学の一種の絶対的な予備考察によって――あるときのみである。概念それ自身は表象的な抽象として現われることもあろう。しかし、概念の概念といったものは、こう言ってよければ、それによって表象そのものへの接近が生起する自由以外のものではない――それはまた根拠の表象や、また表象の根拠への接近をも生起させるものだ――。つまり、それは実存にしたがった、あるいは、思考にしたがった存在の様態であるが、ここで思考とは、ひとつの世界をもつ自由な可能性としての、ないしは、世界（それが哲学においてはありがちなように、表象の世界であろうとも）への随意性としての思考のことである。自由の事実性とは、思考の事実でもある。したがって、それは我々が「人間」を思考によって定義するという事実――この事実が哲学を開始させ、それゆえ、哲学に先だってもいる――においても現前している。すなわち、我々は人間を森羅万象［＝普遍的秩序］の一部として定義するのでも、神の被造物とか、人間という血統の相続人や後継者として定義するのでもなく、理性（ロゴス）をもつ動物[zôon logon ekon]として定義するのである。[★1] 思考はロゴスとして特徴づけられるが、ロゴスが指し示すのは、諸概念の組合せとか表象の根拠などであるまえに、本質的には――それへとロゴスの対話性や弁証法が定められている「概念の概念」とか「根拠の根拠」のこの秩序における――〈自ら固有の本質への接近（アクセス）の自由〉なのだ。ロゴスはまず「理性」の生産や受容や指定ではなく、何よりもまず自由なのであり、そこにおいてあらゆる「理性」の「理性＝根拠」が自らを呈示する、あるいは、それによって「理性＝根拠」が与えられるのである。というのも、自由はロゴスにしか基づかないからだ。そしてそのロゴスのほうは、いかなる「理性（レゾン）の秩序」にも基づくことはなく、「物質＝質料（マティエール）の秩序」に基づくのだが、これらの物質＝質料（マティエール）の最初のものこそ自由、あるいは、世界へ向けての思考の解放にほかならない。このことなくしては、ロゴスは概念としての概念や、根拠としての根拠や、表象としての表象に関するいか

★1　たとえば『存在と時間』SZ 25, 165参照。

なる問いも（ロゴスとしてのロゴスに関する問いも）立てないであろう。このようにロゴスは、あらゆる「論理」以前に、だが自分自身の論理の創設そのものにおいて、自ら固有の本質へと自由に接近する（たとえそれがいかなる本質にも固有には接近しない様態においてであるとしてもだ）。この通路＝接近は、その由来をも作るのだが、ロゴスがなんらかの「論理」において「自由」を制御しようとするときや、ロゴスがこの自由のどんな「理性」を指定することも断念するときに、絶えず問題とされるのである。

しかし、（自らを）制御しようが、（自らを）断念しようが、ロゴスはあらかじめ自由によって捉えられている。自由はロゴス自体においてその制御やその権利放棄を解体してしまう。言いかえれば、哲学において自由は、自らをロゴスの概念ないしは根拠として構想する「哲学」の彼方へと思考をつねに捧げ、投げるのである。だからこそ、まさに「哲学」そのものをではないとしても、少なくとも、あらゆる哲学よりもつねに古くかつ若いものである哲学的な自由を、新たに要請し挑発しないような哲学的遂行や完結［＝囲い］はない。したがって、哲学はその自由において思考であると言うのではなく、我々は次のように言おう。すなわち、「自由」の観念が不可避的にそれに属している西洋のあらゆる伝統にとって、それを自由が根拠づけているがゆえに（あるいは自由が自らをその根拠として（不）了解しているがゆえに）、思考の実存的開けにのみ応える自由の論理は、ただ哲学へとじかに（教義、思考の身体や概念の構築として哲学においてでないとしても）伝わるのである、と。思考と自由は、哲学において相関的に規定され方向づけられている。たとえ我々がこの規定から自らを解放しなければならないとしても、そのことはもちろん哲学のたんなる「外部」においてなされるわけではない（これは、哲学の「外」には思考も自由もないということを意味しているのではない。そうではなくて、実際にロゴスにおけるそれらの相互規定という意味では、両者とも存在しないということである）。

したがって、諸概念の純粋な学など存在しない。検証不可能な観念の学だとか、客観性と実践の制約を免れて自由に産出される「偉大な観念」の学だとか、自由市場が我々の知の貧困地区を占拠するような「世界観」の学がありうるかもしれないという意味あいでは、存在しないのである——しばしば哲学と哲学的自由（「自由」の観念はそれ自体、この哲学的自由交流において流通している第一製品のひとつであるのだが）はこのようなものと考えられている——。しかし、「真理」や「客観性」や「知」一般が、自由において「根拠づけられ」ている（いない）のは、それらがロゴスにおいて「根拠づけられ」ている（いない）からである。つまり、哲学は諸概念の学問をこの根拠づけの経験に導く思考であるか、あるいは、自ら自身の構築の忘却ないしは消印にすぎないかのどちらかなのである。

哲学は根拠づけをする学問などではまったくない（そのようなものはまさにありえない）。そうではなくて、哲学は自己固有の本質へと接近しながらロゴスを定義する自由の、言説における、固有な折り返しなのである。哲学＝思考がその本質において、ひとつの世界へと向けての実存の解放であること、そして〈この解放の自由が「思考の対象」として我有化されず、ただ思考の実施を消しがたい折り目によって痕跡づける〉ということ。この折り目によって、思考は自らに触れ、自分自身を感じ、自由の経験によって固有な本質に達する。この経験がなければ思考は「思考」ではなかろうし、ましてや自らの固有な本質に自由に接近するものとしてのロゴスでもありえないだろう。

かくして、哲学はいかなる「自由」をも産出せず、構築せず、保証せず、このようなものとしていかなる自由も擁護しえない（それが現実的な闘争において、他のあらゆる学と同様に、担いうる媒介的な役割がどのようなものであるにせよ）。そうではなくて、哲学は、自らの歴史とあらゆる化身を通してロゴスの本質への通路を開いたままに維持する。このようにして哲学は今後、この開かれた通路（アクセス）――自由――を、自由の哲学的ないしは形而上学的完結［＝囲い］を越えて維持せねばならない。哲学は絶えず自らの彼方――哲学が「哲学」の概念自体に関する問いかけのうちで今やそれについての主題的な知をもっているもの――である。それは哲学が知の不死鳥だからではなく、「哲学する」ことがロゴスの本質への眩暈的な通路（アクセス）を開いておくことに存するからであり、このロゴスなくしては我々は（言説的、説話的、数学的、形而上学的、等々）ほんのわずかな「論理」の観念すらもちえないからである。しかし、この維持は力による作業でも保存の作業でもない。それは、思考それ自身を分節する自由のこの折り目を、思考において感じる（言語において刻印する）こと（つまり、言語を分節しそれをけっして我有化しない自由を言語において刻印すること）に存するからである。

したがって、哲学が真となるのは、「そうした知のうちで、哲学によって探求されたその根における——つまり自由における——全実存が捉えられるところである」[☆1]とか、哲学は「存在の厳密な概念的な知であるが、それはこの構想［＝概念形成］すること［Begreifen］がそれ自体において、真理における現存在の哲学的把捉［Ergreifen］である」[★2]と言われるが、このことは、哲学的概念がその自由のうちに実存を了解［内包］しているということではなく、むしろ、自由がその「構想すること」において概念自身を把捉している、ということである。それは「実存の概念化」ではないし、ましてや、そんなものが可能だとしても「自由の概念化」ではない。そうではなくて、概念の自由の行使における実存なのであり、実存が世界‐内‐存在の自由に向けての思考であるときにのみ、あらゆるものに関する思考としての実存なのである。結局のところ、ロゴスが「把捉する」のは、ロゴスの実践（あるいは「実践理性」）なのだが、だからといってそれはロゴスをその限界上に、実存自体の限界上にもたらすような「理論的実践」なのではない。そして、この把捉は、ロゴスが実践を吸収することによって、あるいは包摂することによってではなく、逆に実存の自由こそがロゴスという自分の本質を与える——そしてそれを隠す——という事実をロゴスが引き受けることによってなされるのである。

哲学は思考一般の自由な領域ではないし、自由の道徳的・政治的・美的実践の「理論的な」中継地でもないし、魂の独立によって自由の物質＝質量的な欠如を代補するのでもない。むし

☆1　GA 26, S 22. 次の引用は S. 23（『論理学の形而上学的始源根拠』、一九二八年の講義）

★2　ナンシーは「真理における en vérité」としているが、ハイデガーのドイツ語原文は「自由における in Freiheit」となっている。ちなみに、英訳者はドイツ語原文に忠実に訳している。

ろ、哲学において、自由の論理は、それを開始する実践的公理と絶えず関係を結びなおすのだ。なぜなら、思考は、実存の自由から自らを受けとるからである。

第七章　自由の分有。平等、友愛、正義

自由は、あらゆる障碍から離れて完全な独立のうちで発展する自己自身と自己の決断の主人である主体性の自律として提示されはしない。このような独立が意味するのは、どんな関係に入ることも、それゆえどんな自由を行使することも、原則的に不可能であるということだけだ。関係の連鎖や絡み合いは、自由に先行しているのではなく、自由と同時的かつ同延長的なのである。同様に、共 - 通 - 存在は特異な実存と同時的であり、その固有な空間性と同延長的である。特異な存在は関係のうちにある、あるいは関係にしたがってあるのだが、それは特異な存在の特異性があらゆる関係の例外であり、関係を断ち切る点に存しうる（そしてつねに、ある意味では存している）限りにおいてである。特異性は「ただ一度、この時のみ」という点に存し、ただそう言表することが——それは生まれ出る子どもの叫びにも似ており、実際そのつど誕生が問題となっているのだが——関係を樹立すると同時に、言表点の周囲に「共通」であるとされている時空間を無限に穿つのである。この点において、そのつど自由が特異に誕生する。（そして誕生が解放する。）

存在論は形相的には（だがそれは質料的でもある。というのは、つねに体が問題となっているのだから）、二つの可能性しかもたない。つまり、〈存在〉Êtreが特異であること（それし

かなく、それは唯一であり、そのうちに諸存在者の存在性のあらゆる共通な実体を吸収している――しかし、その場合、明らかに、それは特異ではあらぬ。というのも、もし一度しかないのであれば、「一度」などけっしてないからだ）、――あるいは、特異性という存在 être の仕方だけがあること。このどちらかである。後者の場合は、そのつどその時だけであり、「そのつどその時だけ」であること以外に何ひとつ一般的でも共通でもあるものはない。ハイデガーの Jemeinigkeit［各自性＝そのつどの私性］、現存在の「そのつど私のものとして」はこのように解されるのが適当であろう。それは「私の自己への」基体的現前の主体性を定義するのではなく（それゆえ、それはカント的「我れ」が「空虚な形式」によって表象にともなうのとは比較しえない）、反対に「そのつど」から発して「私のものであること」を定義するのである。一「度」の特異性があるごとに、フランス的「我れ」をかくも奇妙に模倣するドイツ的〈我れ〉のうちに、実存の一撃ごとに、自由のないしは自由における跳躍ごとに、「世界－への－誕生」ごとに、「私のものであること」がある。そしてそれが含意するのは、「私」の基体的な恒常性や同一性や自立性ではない。むしろ、あらゆる基体の退－隠が含意されているのであって、そこにおいて「私のものである」が「君のものである」や「彼のものである」との非同一性を同一的に意味するような関係の無限がぽっかりと穿たれるのである。「そのつど」は間の構造であり、空間と時間の空間化を定義する。そのつどの間には何もない。というのも、存在はそこでは退－隠しているからである。実際、存在は諸存在者の存在する連続体ではない。それだからこそ、まさに厳密に、それはあらぬのだし、それが存在様式をもつのは特異性の慎み深さにおいてのみなのだ。

連続体とは関係の不在であろう。あるいは基体の連続性における融合した関係であろう。特異性は、反対に、関係において、つまり「そのつどただその時だけ」の慎み深さにおいて、非媒介［＝直接］的にある。というのもそのつど、それはすべてから切り離される。だが、つどとしてそのつど（実存の一撃かつ切れ目）それは、連続する関係がそれから引き離されてしまう限りにおいて、他のつどへの関係として開くのである。こうして、Mitsein、共存在は現存在と厳密に同時的であり、そのうちに刻印されている。というのも、現存在の本質は「私のもの」として「そのつどその時だけ」実存することだからである。あるいは、「私のもの」の特異性は、特異であるがゆえに複数的なものなのだ、と言うこともできよう。このようなそのつどは他のひとつのつどである。つまり、同時に、「私のもの性」の他の場合とは他なるものであり（それゆえ、関係は、「私の」時間および「私の」空間における、「私」の「私」に対する慎み深い関係となる）、諸「私のもの」とは異なる他の「私のもの性」とも他なるものである。特異性は——以上のことから、個体性とは区別されるのだが——、「つど」のこの二重の他性にしたがって生起する［＝場所をもつ］。そしてこの他性が、自己同一性の退 - 隠としての関係と、共同体との交感［communion］の退 - 隠としてのコミュニケーションとを創設するのである。諸特異性は共 - 存在をもたないが、そのつど、それらの共 - 存在の退 - 隠の前で共に、そして、この退－隠のあらゆる無限性によって間を開けられて、共に－現われる。——この意味で、いかなる関係ももたず、まさにそれゆえ関係のうちに投げいれられているのである。☆1

実存者の実存は、特異性のこの分有において、特異にのみ生起する［＝場所をもつ］。そして、そのつど自由が問題となって［＝賭けられて］いる。というのも、自由はそれ自身「そのつど」の賭金だからである。もし、そのつどの誕生がなければ、予測も指定もできない出現がなければ、つまり、実存の自由の不意撃ちがなければ、「そのつど」はないであろう。他方、実際、根源的な関係づけは自由と同時的であり、それと同延長的である。というのも、自由は間隔（インターバル）の慎み深い戯れ［＝活動］をなしているのであり、結局のところ、「そのつど」が起こる活動［＝戯れ］の空間を提供しているからである。ひとつの還元不可能な特異性が不意に到来する可能性は、それが自律の力を与えられているという意味での自由ではない（それゆえ、可能性はすぐさま同時に、関係の他律のうちにもある——あるいはそれが起こるのは、自律と他律の手前においてである）。そうではなくて、それがまず自由であるということの意味は、この可能性が自由な空間へと、そして、そこにおいてのみ特異なつどが可能であるような時間の自由な空間のうちへと不意に到来するということである。しかし、他方で、そして以上のことから、自由は特異性そのものに先だっている。もちろん、だからといって自由が特異性を根拠づけるわけではないし、特異性を保持しているわけでもない（特異性は根拠づけられること

☆1 この分析は『無為の共同体』（西谷修訳、朝日出版社）において行なわれた。特異な実存の関係については、フランシス・ヴォルフ（ハイデガーの術語を用いて行なったエピクロスとルクレチウスの分析を以下のように結論づけた）とともに次のようにまとめることができよう。「他のいかなる存在とも関係づけることのできない存在は、それゆえ実－存しない。なぜなら、それらの実－存の可能性を規定するのは他との関係の実存だからである」（『要素の論理－クリナーメン』*Logique de l'élément—Clinamen*, Paris, Minuit, 1981, p. 256)

も保持されることも不可能である)。自由が空間化し特異化する——あるいは自らを特異化する——のである。なぜなら、それはその退-隠における存在の自由だからである。自由は、存在があらゆる誕生の前に実存に身を任せている、つまり存在が退-隠しているという意味で、「先だっている」。自由は存在の退-隠である。だが存在の退-隠は、自由の存在であるこの存在を無にする。だから、自由はあるのではなく、存在を解放し、存在から解放するのである。このことを次のように書きかえることもできよう。自由は存在を退-隠させ、関係を与える、と。

このことは私の自由が他者との関係で計測されることを意味しない。あたかも、二つの行為や正統性の円が相互に侵害しないためには、その半径がすれすれで触れ合わねばならぬといった意味あいではそうではない。(すでに述べたように、諸特異性の空間化は無限であり、いかなる接線も含まない——このことは同時に無限に親密であることを妨げるものではない。)そうではなくて、そのことが言わんとしているのは、自由が関係であること、あるいは少なくとも関係のうちに、あるいは関係としてあるということである。自由は、実存の自由な空間における私の実存の特異な一歩、私たちの共-現である私の共-現の一歩である、あるいは、一歩を踏み出す。自由は、私の実存にとって根源的なものとして、私の実存における他者たちの慎み深く執在的な実存様態を固有になしている。[☆2] しかし、それは同時に私の自己同一性における他の執在的な実存様態でもあり、同一性をこの同一性として構成する(あるいは脱構成する)。

☆2 似た仕方でメルロ＝ポンティは自由から出発し他者を捉えようと試みた。「他人は、もはや格別、宿命・運命として外部から見られた自由であったり、一個の主体と競いあうもう一個の主体といったものではない、そうではなくて、彼は我々と同様、彼を世界へとむすびつける回路のうちに入れられており、またこの事実によって、彼を我々へとむすびつける回路の中に捉え込まれているのである——そして、この世界は我々にとって共通であり、相互世界である——そして類属性を通じての推移性が存する——そして自由でさえもその類属性をもち、類属性として理解される、すなわち能動性は、もはや受動性の反対ではないのだ。(……)他人は私と同様、一個の起伏であり、絶対的・垂直的実存ではない」『見えるものと見えないもの』(滝浦・木田訳、みすなぜなら、関係はまた、すでに述べたように、「私」との関係であり、この「私」との関係においてまた、「我れ」は自由である、あるいは我れは自由「である」のだ。それが意味するのはまた対称的に、関係が自由であるということを意味するのである。なぜなら、関係は、私を他者と私自身に必然的に結びつけ交流させるものの退 - 隠においてしか、実存の存在の連続の退 - 隠においてしか生起し［＝場所をもち］えないからである。このような退 - 隠がなければ、特異性はありえず、存在の自らへの内在があるだけであろう。（しかしそうなれば、内在が「ある」とすら言うことはできなくなるだろうし、それを言うことができないということを言うものすらいなくなるであろう……存在は直接的にそれ自身にとって自らの思考、言語、自由となってしまうだろう。それ自身にとって、自らの他者、実存の本質であるような純粋な本質となるだろうが、そのためにまさにいかなるありかたでも実存しなくなってしまうだろう。）

　共 - 通 - 存在が意味するのは次のことである。すなわち、確かに我々が存在するのだとしても、存在とは我々が共通な固有性としてもちうるようなものではありえない。あるいは、存在は分有されるというありかたでのみ我々に共通なのである。共通で一般的なひとつの基体が我々に分配されているのではなく、存在は実存者相互の間で、そして諸実存者において分有されているだけなのだ（あるいは、存在者一般のあいだで、諸存在者において――一三〇頁☆2を参照――しかし、存在が存在として問題とされるのはつねに、かくあるものとしての実存によってである）。したがって、一方で、諸実存者の間に存在はないのだし、――諸実存の空間

ず書房）四四七―四四八頁。おそらく、たんに他人――他の実存者だけでなく、他の存在者――物、動物、道具――をも捉えようとする必要があろう。露現する実存を実存させる自由はまた、そして同じ一撃によって世界の開けとその自由な空隙をも作る。「現存在」の自由、存在者一般の自由が、一方が他方のうちに、一方が他方によって、あるべきであろう。しかし、つねに、結局のところ、実存としての実存こそが、自由を、またそこにおいて存在者が自己に現前する開けを問題にするのである。しかしながら、この現前への到来において、存在者一般もまたなんらかのありかたで、そして特異に、実存する。次のように言ってもよかろう。すなわち、世界へと実存はあるのだから、かくあるものとしての世界もまた実存するし、自己外にある実存の固有な実存も実存す

とは諸実存による空間化なのであって、空間をみんなに属しながらも誰にも属さない、ひとつの生地とか支持体ととらえ、それゆえそれ自身に固有なものであると考えてはならない——他方、各実存の存在とは、つまり、各実存に分有されてあるもので、それによって実存が存在するものとは、「もの」ではなくて、この分有そのもののことなのである。

このように、我々を分有するものが我々に分有されている。つまり、それは自己の固有性の退-隠であり、実存としての実存の開けであるような、存在の退-隠である。だからこそ、ある意味で、孤独が全面的なものであるということが、我々の伝統がくり返してきたように真実だとしても、そしてまたある意味で、自由がすべてから解放されたひとつの特異な存在の気まぐれで扱いがたい独立であることが真実だとしても、孤独においてそして独我論においてでさえも——独我論を少なくとも特異性の単独ナ自己 sola ipsa として解するならば、——自己性はそれ自身、分有によって、分有として構成されているということもまた真実であり、還元不可能なありかたで真実なのである。言いかえれば、特異性の自己性は存在の自存性の退-隠を本質としてもっている。それゆえ、その「自己」の存在は、何ものも自己へと戻らないときに、「自己」として残るものである。[☆3]

実存が超越するのは、実存が分有-されること［＝分有-存在］の自己の-外-に存在することであるのは、実存が自己の外において自分であるからだ。言いかえれば、実存はその本質を、自らがそれであるような本質的に非-本質的な実存のうちにもっているということであ

る。つまり、この樹はその特異性において、またそこにおいてこの樹が散開し、特異に身をよじる自由な空間において実存する。主観主義が問題になっているのではない。樹が私にこのように現われるというのではない。有限な実存者の世界内存在の物質的現実が問題となっているのである。この有限な実存者の有限性が実存それ自体の特異として世界の現実的実存を含んでいるのである。

☆3 「炸裂する愛」『アレア』誌7号《L'amour en éclats》in *Aléa*, n. 7, Paris, 1985参照。

る。この根本的な構造（あるいは基礎を失ったこの開け……）は、非媒介化的な媒介の弁証法（それは、その否定の彼方において本質を回収する）にも、再我有化において昇華する「脱-自=忘-我（エクスターズ）」にも符合しない。自己の外、それは自由であり、固有な性質=所有物（プロープルテ）ではない。それは、表象や意志や所有された物［=憑かれた物］の固有な性質=所有物ではない。〈自己-の-外-にあること［=自己-外-存在］〉の「自己」としての自由は自らに立ち戻らないし、自らに属さない。一般的に、自由はいかなるありかたでも、ひとつの固有な性質=所有物を形成しない。というのも、自由からのみ、なんらかのものの——そして、（こんなことに意味があるとしての話だが）、「自己-自身」の——我有化は可能だからである。

自由はまさにここでは、あらゆる弁証法に（そして、たったいま示唆された意味において解されるべき、あらゆる「脱自論」に）代替されねばならぬものである。というのは、自由は主体の承認と自己制御との過程ではないからである。自由は、その誕生から死——死は特異性の最後の誕生である——にいたるまで、主体を存在の分有の空間へと投げ出すものである。自由は、存在のそのつど特異な空間化における、自己の外での自己への接近（アクセス）=通路の特有な論理である。自由は、そのロゴス、すなわち「理性［=根拠］」、「言葉」、「分有」である。自由はロゴスである。非論理的なロゴスなのではなく、ロゴス自身の、分有されてあること［分有存在］のただなかで開かれたロゴスなのだ。存在論的分有あるいは存在の特異性は空間を開く。それは、自由のみが「満たす」のではなく、まさに空間化（エスパセ）［=間隔をあけること］できるものだ。

「空間を空間化する」ということが意味するのは、諸特異性の分有を無規定的に分有するために、空間を空間として、存在の分有として守るということである。

　それだからこそまた、分有のこのロゴスとして、自由は直接的に平等とも結びついている。より正確に言えば自由は直接、平等に等しいのである。平等は、なんらかの計測単位によって諸主体が通約可能であるということではない。それは自由の通約不可能なもののうちにおける特異性の平等なのである（このことは、逆に平等の技術的尺度が必要であることを妨げるものではないし、それゆえ通約不可能なものへの接近をある条件下において現実的に可能とする正義の尺度もまた必要であることを妨げるものではない）。この通約不可能性のほうも、各自がその意志を行使する無制限な権利をもっていることを意味しない。（それに「各自」が個人を指し示すとしたら、それによって個人自身が分割され、また実存するような諸特異性との関係で、どのようにこのような権利を構成しうるのだろうか。まず、我々は「各自」を「そのつど」特異なものの集列（セリー）あるいは網（ネットワーク）の目から考えることを学ばねばならぬ。）この通約不可能性はまた、自由がそれ自身の尺度でしか測られえぬということを意味しない。それでは、あたかも「それ自身」が、ひとつの尺度、つまり自由の原器を提供しうるかのようではないか。そうではなくて、それが意味するのは、自由が何ものによっても測られない、つまり、自由は、実存が無において、かつ「無へと向けて」超越することによって「測られる」ということである。自由、それは無によって測られることである。

　無によって測られることは、深淵に英雄的に立ち向かうことや、それと脱自的に対決することを意味しない。実際、この場合、深淵は虚無の充実として捉えられ、英雄主義（ヒロイズム）や脱自の主体を飲み込んで閉じてしまっている。そうではなくて、無によって測られることは、絶対的に測られること、あるいは「測られる」ことの「尺度」そのものによって測られることである。つまりその実存の尺度を測る状態へと、「自己」を置くことである。それはおそらく、いや確かに、ひとつの無尺度［＝度を越すこと］である。いかなるありかたでも、また分析のいかなる語用法においても、自由の無尺度を避けることはできないであろう――英雄主義や脱－自＝忘－我が、このような無尺度の形象であり名称であることは事実だが、だからといって、平安や恩寵や許しや言語の驚愕などといったものもまた無尺度の形象や名称であることを忘れてはならない。

　しかし、本質的に、この自由の無尺度は、実存の尺度自体として、共通である。なぜなら、共通であることがひとつの尺度の――したがって無尺度の――本質であるからだ。共同体は自由の無尺度を分有する。そして、この無尺度は、何もの（リヤン）によっても測られないという、虚無（リヤン）によって測られるという事実あるいは身振りのうち以外には存さないのであるから、共同体の分有はそれ自体、自由の共通な（無）尺度である。このように、自由の尺度は共通であるが、だからといって、それをひとつの所与の尺度であり、すべてがそれを参照すると考えてはならない。自由の尺度が共通であるのは、実存の分有の無尺度というありかたでなのだ。それは平等の本質であり、関係の本質である。それはまた友愛［＝兄弟愛］でもある。もっとも、この場合の友愛［＝兄弟愛］とはあらゆる感情的共示（コノテーション）以前のものであって（しかし、それが秘めている情念のさまざまな可能性、つまり、憎悪から、名誉、愛、卓抜さへの競争などを経て、栄光にいたるまでの可能性の以前ではないが）、同じ家族であることがその構成員を結びつけるといった関係のことではなく、父なり共通の基体なりの消滅によって、自分たちの自由とこの自由の平等性へと引き渡された者たちの関係を示している。それは、フロイトにおける部族の非-人間的な父の息子たちに、[★1] つまり、ばらばらにされた身体の分有において兄弟となったものたちに似ている。友愛［＝兄弟愛］は通約不可能なものを分有することにおける平等なのである。

我々が、「我々」の各自が固有にもっているものは（しかし、ここでもまた「我々」と言いうる唯一／多数の特異な声の「そのつど一度かぎり」における「我々」しかありえない）、我々が共通にもっているもの、つまり存在の分有である。存在の分有がそのようなものとして与えられるのは、「我々」と言うことの可能性のうちにおいて、つまり、特異性の複数性や、それ自身多数である複数のものの特異性を言表することの可能性のうちにおいてである。「我々」が「我れ」に先だっているとすれば、それは最初の主体としてではなく、「我れ」を刻印することを可能にするような分有ないしは分割としてである。デカルトが我れあり ego sum と言いえたのは、我々が皆が、そして我々各自が実存している――各自として――とい

★1　フロイト『トーテムとタブー』参照。

うことを知っている、と言うことができたからである。（だからといって、「我々」がこの次元において、言表する主体上での言表されたものの「転位語」としてのみ機能している、ということではない。「我々」は自ら遠ざけられ、閉鎖された転位語を機能させる。だれが「我々」と言表しているのかを言うことはできない。むしろ次のように言うべきだろう。「ひと」は実存していることを明証的に知っており[☆4]、こうして我々は実存し、そのつどそれを私が言う可能性を分有しているのである）

存在が、分有であり、我々の分有であるならば、「存在する」（実存する）とは分有することである。それは関係である。つまり、この関係は偏向した関係ではないし、その再‐統一（このような再‐統一は関係ではなく、欲望ないしは意志によって媒介された自己‐への‐現前であろう）へと向けて方向づけられた断片の欲求とか欲動ではなく、共‐存在の通約不可能性へと引き渡された実存である。通約不可能性によって測られるもの、それが自由である。あるいはさらにいえば、関係においてあること、それは分有として存在によって測られることである。つまり、誕生によって、このような（本質的に自らを解‐放するものとしての）実存の解‐放によって測られることである。そしてそのうちに我々はすでに自由を認めたのであった。

自由がこのような仕方で人間の「本質」に属していることが本当であるなら、それは人間のこの本質がそれ自身、共‐通‐存在に属している限りにおいてである。ところで、共‐通‐存在

☆4　この「ひと」onは、ブランショのそれに、あるいは、それに平行した〈彼ら〉ilsにさしむける。この〈彼ら〉は、凡庸性の無名性を指示するのではなく「私と言う力を脱‐把持することによってしか、把持することが」できないものの出来事に対応している（『終わりなき対話』*L'entretien infini*, Paris, Gallimard, 1969, p. 557）。このモチーフを再検討し、この点に関するブランショへの参照を行なっているドゥルーズ＝ガタリの『千のプラトー』（宇野邦一他訳、河出書房新社）三〇五頁、五九九頁を参照されたい。

は分有に属し、この分有は存在の分割である。分有の原－根源的なレベルは、特異性の「そのつど」のレベルでもあるが、そのレベルにおいては「人間」はない。つまり、関係は人間の人間に対する関係ではない。主体としてすでに構成されている二つの主体が二次的にこの関係を「結ぶ」ようにして打ち立てられた関係として語るようなものではないのである。関係においては、「人間」は与えられていない——しかし関係のみがその「人間性」を与えることができる。ところで、存在を退－隠することによってこの関係を与えるのは、自由である。したがって人間性を与えるのは自由なのであって、その逆ではない。しかし自由が与える贈り物はおそらく、自由の贈り物として、「人間性（フマニタス）」の種（ジャンル）の性質や特性や本質といったものではけっしてない。たとえ、近代において自由がそうしたように、自由がその贈り物をひとつの「人間性」の形相のもとに与えるとしても、実際は自由が与えるのはひとつの超越である。つまり、贈り物である限り、超越する贈り物、贈与ではあるが、それは贈与として生じるのではなく、何よりも贈り物として、自由の贈り物として自らを与えるのである。そして自由の贈り物とは存在の退－隠のうちで本質的に与え、自らを与えるのである。だからこそ「人間」もまた、周知のように、消え去る可能性のあるこの形象なのだ。自由が与えるのは——自由だ。自由が「人間の本質」に属するのは、この本質を自分自身から取り去ることによってのみである。実存において［そうすることによってのみなのである］。そして、実存において自由は、「神性（ディタス）」や「動物性（アニマリタス）」や「人間性（フマニタス）」やさらには「物性（レイタス）」の実存者のための可能性として自らを与えるのである。しかし、何よりも、あらゆる本質規定（これもやはりそこで自由が問題となっている決断に属するのだが、この点については後述する）に先だって、自由は関係にしたがって実存を分有するのであり、実存において自らを分有する。というのも、自由が自由であるのは（したがってこの意味ではひとつの「自由性」以外の何ものかなのだが）、諸特異性の特異／共通の不意の到来においてのみだからである。

したがって、それが個的なり集合的なりという仕方で存在する前に、自由は特異／共同なのである。このようにして、関係による実存は、ハンナ・アレントが私的ないしは内的自由に対する公共的自由の先行性として表象することができると信じたものの存在論的規定となるであろう。この先行性とは彼女にとっては自由の観念そのものの真の起源と本性を考えさせるものだった。☆5

自由は思考の属性や意志の性質になる前に、自由人の状態、つまり、人びとに移動を可能にさせ、（中略）行ないや言葉において他者と出会うのを可能にさせる状態として理解された。

このような古代都市国家の表象が歴史的に正しいかどうかはここでは重要ではない。都市国家の自由な公共空間の自発的意味は後代の歴史においては堕落し失われてしまうのだ

☆5 「自由とは何か」『過去と未来の間』所収（引田・齋藤訳、みすず書房）二〇〇頁。

が、ここでは、我々はただ我々の伝統の内部において、自由の始源的な形態を移動と接触の自由空間として表象することが可能であるのみならず、おそらく必然でさえあるという点だけを押さえておこう。つまり、自由は内的随意であるより以前に、軌跡や挙動といった外的な構成要素だったのである。おそらく個的な自律といったものは両者に同一のありかたで含意されているように見えるであろう。しかしながら、前者の場合の「自動性 automobilité」は後者の自己律法をかならずしも指示しない。前者の「自律」はある空間の開けによっているのであり、この空間においてのみ後者の閉鎖は生起し［場所をもち］えたり、えなかったりするのである。ところで、自由な空間は定義上いかなる主体的な自由によっても開かれることはできない。自由な空間が開かれ、自由にされているのは、その空間が、軌跡や挙動によって空間として構成され樹立されているという事実そのものによってである。そして、この軌跡や挙動は、実存へと投げいれられた特異性の軌跡や挙動である。移動のために予め供された空間があるのではなく（アゴラやフォーラムはこのように誤解される危険があるが）、むしろ起源の分有、分割があるのである。その分有によって、諸特異性は自らを空間化し、彼らの共‐通‐存在（さまざまな「そのつど」の点やベクトル、衝突と接触、絆のないあらゆる絆、関連を解くあらゆる絆、機織も機織工もない織物――プラトンの考えたのとは逆のありかたで）を空間化する。自由はここでは共同体の内的な規則としてや、押しつけられた外的な条件として現われるのではなく、まさに共同体の内的外部性として現われる。それが、存在の分有としての実存である。

その概念を留保つきで受けいれ、あるいは再分節を行ないつつ、ハンナ・アレントにならって、この空間を公共空間あるいは政治空間と呼ぶことにしよう。もっとも、ここで彼女の観点に正確にしたがうわけではない。政治空間が自由の根源的な空間であるということは政治的なものがまず「自由」や「諸自由」を保証するためのものであるということではなく（この件に関しては、空間ではなく、機構のみについて語らねばならぬだろう）、政治的なものが自由の（それ自体、時空間的な）「空間性 spasiosité」であることを意味する。政治的なものは「分有によって測られること」と呼ばれたものに対して場所と時を与える。それは、あらゆる形態のもとでのこの「測られること」の尺度の獲得に対して場所と時を与える。この「測られること」は原－政治的なものであって、それによって政治的なものを考えることが可能になるとともに、政治的な秩序と他の実存の秩序とを区別することも可能になるのである。

ここで当然、正義が問われるべきであるが――というのも分有と尺度が問題となっているのだから――、その正義とは所与の尺度を前提とするような中庸の正義ではなく、通約不可能なものの公正な尺度への気遣いである。だからこそ、――中庸へと向けて期待と理性的な予期によって進められるべきなんらかの折衝も同時に必要かもしれないが――正義は通約不可能なものの名において既得ないしは現に支配的な「公正な尺度」の妥当性を否認するという、くり返される決断のうちにしかないのだ。政治的空間、あるいは空間化としての政治的なものは最初から通約不可能なあるものの共通な尺度（の不在）の形式において与えられる——この形式がつねに逆説的で決定的であるのは、政治的でも共同体でもなく、社会の管理である何かにとってである。このようなものが自由の最初の噴出なのだ、と言えよう。

相違点や争点はさておき、ラクー＝ラバルトの次のような命題はこの意味において解釈されえよう。

政治的なものの輪郭は、その本質が、政治的なものにおいて、また政治的なものからどれだけ退‐隠しているかという尺度によってのみ描かれ、辿られる。[☆6]

あるいはリオタールの命題も

政治は、ひとつの文が出現するたびごとに、そして、言説のジャンルの間で抗争が生まれるたびごとに開かれる虚無を証言する。[☆7]

あるいはバディウーの命題も

出来事は、（中略）その遮断の力によって、すでに容認可能なものは価値をもつことをやめ

☆6　フィリップ・ラクー＝ラバルト『近代人の模倣』前掲書、p. 188（この一節は、次の他の一節へと関連づけられて理解されねばならない。「なぜ同一化のすべての問題は結局のところ、政治的なものの問題それ自身に一般的になるのだろうか」（同書 p. 173）

☆7　ジャン＝フランソワ・リオタール『文の抗争』（陸井四郎他訳、法政大学出版局）二九二頁。

たと結局は想定させることになる。容認不可能性が政治の名に値する政治の主要な参照項なのである。☆8

とはいえ、これらの命題は、——私が一種の共通項としてこれらに自由に割り当てた「通約不可能なものの公正なる尺度」という形式と同様——いまひとつの命題へと、当然のこととして道を開くように思われる。それを少なくとも今のところ代表するのは、ヴァイウーの次のような命題である。

革命的な政治は、もしこのような形容詞を保持するとすればだが、本質的に無際限である。

——だが一方で、これらの命題が指示していない、あるいは少なくとも明示的に指示していないことがある。それは、「革命的政治」（この呼称は、政治的なものとそれに固有な空間化との関係、つまり、政治的なものの空間そのものの開始と再開とにあてられる）において固有に「無際限な」ものは何なのかということである。ここで、統制的な理念として立てられた正確さと正義との照準〔目標〕の無限な調整が無際限なのではない。このような観点はヘーゲル的な意味での「悪無限」のものであろう（そして、それがカントに端を発して以来どのような現実

☆8 『政治を考えることは可能か』*Peut-on penser la politique?*, Paris, Seuil, 1984, p. 113.

的な役割を果たしたにせよ、今日でもまた、左翼思想に関して知られる諦めや、もはや「左翼」や「右翼」がいったい何を意味するのかもわからないという諦めにまでも同伴しうるのである）。このような統制的無限において悪いことは、事実における自由が――これこそ分有の空間を構成する現実であり、我々がここで政治的なものとして指定するものだが――、そして自由だけでなく、当然のことながら平等（友愛のことは措くとしても）が、そこではあらかじめ理念のうちに保証されてしまい、それと同時に、表象（あるいは表象の不可能性の表象）の無限な距離へと引き渡されてしまうことである。そして、この表象の境位において、まさに定義からして、これらの諸理念の権利は成立するのだ。歴史の既得物をこの権利の名において際限なく失効させることによって、ひとは同じ割り合いで、意志と、意志の絶望とを混ぜている。――こうして、主体性の意志を、さらには自由を、「自己幻想［auto-illusion］」と定義してしまいかねないのであり、それにはその不可避的な反面である幻滅［désillusion］がつきまとう……。

しかし自由は事実問題であって、権利問題でない。あるいは、事実と権利が混じりあっている次元の問題である。つまり、自由は自らの固有な本質としての実存なのである。だとすれば、理解の仕方をすっかり変える必要があろう。無際限なものは終りではなく、始まりだということを理解する必要がある。別言すれば、自由の政治的な行為は、行為における自由（平等、友愛、正義）であるのであって、自由の統制的理想の目標［照準］ではない。このような目標が政治的言説のしかじかの語用論に属すことができ、また属すべきだということは（それが、諸理念の言説に対する、実際的に望ましく、かつ有効な媒介や交渉であるかどうかは、ますます不確かになっているとはいえ）政治的行為――またこの種の言説を保持すべきだと決断するような行為も同様――が、それ自体まず自由の特異な出現あるいは再出現――あるいは暴発［＝鎖からの解き放ち］――であることを妨げはしない。

おそらく政治的なものは、自由がそれを予期していない何か（自由が万が一どこかで予期しているとしてのことだが……）によって測られるべきでさえあるかもしれない。自由はそこでは元初であり、自由であるためには自由は元初的でなければならないのである。カントは次のように書いた。

私は、ある種の民族（法的自由を確立しようとしているところの）が自由になるまでに成熟していないとか、土地所有者の農奴はまだ自由になるまでに成熟していないとか、そしてまた、人間一般はまだ信仰の自由にいたるまでに成熟していない、といった、賢明なひとびとですら用いる表現に、どうも順応できないことを告白する。こうした前提にしたがえば、自由はけっして導入されないであろう。なぜなら、ひとはあらかじめ自由のうちに置かれていなかったならば、自由へと成熟することはできないからである（ひとは自分の力を自由において合目的に使用しうるためには、自由でなければならない）[☆9]。

☆9　『単なる理性の限界内における宗教』カント全集（理想社）第九巻、二五八頁。

自由は、成熟度だとか、自由を受けるためにあらかじめ決められたなんらかの資格授与の規準などに応じて、授与されたり、授けられたり、譲渡されたりするものではない。自由は、獲得できるのみなのだ。これこそが革命の伝統が表わしていることである。しかし、自由を獲得することは、自由が自らを獲得［＝自覚］することを意味し、つまり、自由がすでに自分自身を、自分自身から受けとっていることを意味する。何ものも、自由になかりはじめたりはしない。むしろ自由とは開始であり、終わりなき開始である。

（歴史の元初としての元初は、自由のあるところ、すなわち人間形態［＝人間集団］が決定的な仕方で存在者とその真理に関わりあうところ、そこにのみある。☆10）

政治的なものの規定に関してこれ以上述べることはできないが、少なくとも次のことは言っておくことができよう。つまり、政治的なものとは、まずは権力の構成（コンポジション）や力学などではなく、ひとつの空間の開けに存するのだということである（近代においては政治的なものは権力の構成（コンポジション）や力学などと同一視され、そのようなものとしての権力にとってでさえ異質であるような力の純粋な機構（メカニック）だとか、フーコーの表現を用いれば「政治的技術論」☆11といったものにまで横滑りしてしまった）。この空間、それを開くのは自由――元初の、創設の、出現の自由

☆10 「根本諸概念」GA 51, S. 16/全集五一巻一七頁。

☆11 「全体と単一」『デバ』第41号所収、パリ、一九八六年、七ページ。政治的なものを定義するにさいして、ふたつの選択肢がある。ひとつは「政治的動物」というアリストテレス的定義で、正義や善や悪などを問題とする限りでのロゴスを備え、「善く生きる」eu zeinという非功利的な目的性をもっている。もうひとつは、権力の技術論である。おそらく、「政治」という言葉はこの二つのうちの一方に保留すべきであろうし、それらをいっしょに考察すべきであろう。いずれにしろ、自由がそれぞれの極にとって本質的であるということは注目すべきである（そしてそのことが両者を一緒に考察することを要求する）。実際フーコーはこのテクストに以下のように書くことができた。

——であり、また行為としてそこに現前するのは自由である。自由はそこに何かを産出しにくるのではなく、自らを産出しにのみくるのだ（自由は製作(ポイエーシス)ではなく、実践(プラクシス)である）。それは俳優［＝行為者］が、俳優であるために、舞台の上で自らを産出するのと同様である[☆12]。かくして、自由（平等、友愛、正義）は関係にしたがって実存として自らを産出する。この舞台の開け［＝場面の開幕］は（そしてこの関係の弛緩［dis-tension］）は不法侵入を前提としており、また一撃を、ひとつの決断を前提としている。政治的なものとしてもまた、自由は跳躍であるのだ。自由は、一撃、切断、決断、舞台のうちへの跳躍（しかし舞台を開くのはこの跳躍そのものなのだ）を前提とするのだが、そこへと跳躍するのは、よそからもらうことも、なんらかのモデルによって複製されることもないものである。というのも、このような事態はつねに「そのつど」始まるからである。

　より正確に言えば、それがなんらかのモデル——いずれにしろそれは製作のモデルではない——を複製しているとしたら、それは開始、元初性の唯一のモデルである。開始は起源ではない。我々がこの言葉をここまで用いてきた広い用法をここで訂正し、次のように言おう。起源とは、製作の起源である。あるいはいずれにせよ、製作(ポイエーシス)のプラトン的意味では、起源とは何かが存在へと到来することの原理である。権力には起源があるが、自由はひとつの開始である。開始は存在へと到来させるのではない、開始は存在の元初性なのである。自由は元初的にあるもの、あるいは（特異に）自らを元初化する存在である。自由はこのような実存者の実存

「権力の弁別特徴、それはある人々が多少とも全面的に他の人々の行動——しかしけっして網羅的にでも強制的にでもないが——を規定することができるということである。鎖につながれ打たれる人は彼に行使される力に屈している。だが、権力にではない。しかし、死を選んだときの彼の最後の手段が沈黙を守ることにだけにあるのに、もし彼に喋らせるようにしむけるなら、他のありかたで彼を行動するように追い込んだのである。彼の自由は権力に隷属した。彼は政府に屈した。もし個人が自由であることにとどまることができるのならば彼の自由がいかに限定されていようとも、権力は彼を政府に隷属させることができる。潜在的な拒否や反逆のない権力など存在しないのだ」（同前、p. 34）

☆12　H・アレント前掲書を参照。だとすれば、自

である。つまり、自由はその「措定」の元初性なのである。☆13 自由は分有にしたがって、関係の空間のうちに、実存を「置く」。自由とは、特異性の共-通-存在としての実存の出来事であり出来である。個人と共同体の内部への同時的な不法侵入が、元初性に特有な時空間を開く。
今日の民主主義の哲学に欠けており、これまでもずっと欠けていたのは、既得（本性によるにせよ、権利によるにせよ）と見なされてきた諸自由の擁護の手前ないしは彼方にある、このような元初性の思考である。このため、将来「民主主義」の表現を用いて思考することができなくなることだってありうるし、そのことが、我々がここで暫定的にその名を喚起した「政治的なもの」一般の更迭を意味するということもありうる。それは、たぶん政治的なもの自身の解放であろう。とにかく、欠けているのは、すでに得られたものとしてではなく、自らの開始とその再-開の行為において自分自身を獲得する〔＝自覚する〕ような自由の思考である。このことが思考されるべきであり、おそらく我々のあらゆる政治的伝統の彼方で思考されるべきである。――しかしそれでも革命的伝統の少なくとも一部は、なんらかの仕方でこの要請の方向のうちで思考してきた。少なくとも一面では革命の思考は、権力関係の転覆によりはむしろ、あらゆる権力がそれを取り戻すとはいえ、いかなる権力もそれを損なうことのない自由の出現につねに権利を与えた――もちろんそれには危険がともなっていたことは心得ておく必要があるが――。マルクスにおける自由のラディカルな要請もまたこの方向性において了解されねばならないだろう。それは政治的・宗教的等々の自由の保証というよりは、これらの自由に対する

由の模倣があるのだろうか。それとも、自由は反対にあらゆる模倣を拒絶するのだろうか。この問題は、この数行先でも新たに触れられるが、ここで論じることはできない。我々はただその原則を示すにとどめる。二四九頁の☆9を参照されたい。

☆13 本書第二章を参照。

創始的な［inaugurale］解放としての自由であった。というのも、これらの自由は、閉じた、あらかじめ強制された空間の内部における選択の自由以外の何ものでもないからである。

その原則と目的がそれ自体既得のものである「解放」（これがマルクスにあてはまるかどうかは確かではないが）の強制権を、既得権の枠組みに代替することが問題ではない。我々はこれが何を意味するのかを知っている。それはあらゆる自由の物質的粉砕である。そうではなくて、枠組みの再開を、あらゆる既得の解放やその氾濫を、自由のそのつど還元不可能な（再）開始において、自由によって可能とすることが問題なのである——そしてそれは、自由の解放としての、つまり開始する分有の空間の（再）‐開けとしての、政治の使命なのだ。

革命の伝統において、我々がその素朴さと危険を知っており、にもかかわらずおそらくまだ考えるべき何かが残っている（政治的なもの自身がまだ思考の対象であるとして）ひとつの開始のほうへと、さらに遡るために、サン＝ジュストをここで引用しよう。「フランスは裁判官や軍隊を設立しながらも、民衆が正義感をもち勇敢であるようにした[☆14]」。このことが言わんとしているのは、フランスは、自らの自由‐存在のためには、すでに創設された諸自由を保持するだけではなく、自己解放せねばならなかったということである。

しかし、「そうなるようにする」というのが、ひとつの操作であってはならないし、「民衆」が作品であってはならないし、その「正義」と「勇気」が産物であってはならない。元初的自由の政治は——それがなお政治であるなら——自由を開始させ、立ち上がらせ、この意味で自

☆14 『革命の精神』 *L'esprit de la révolution*, Paris, 10/18, 1969, p. 79.

己実現させるがままにする政治である。——というのも、それは出現と不法侵入のうちで自己実現するからだ——それは、自己完成することはできない。分有と同様、自由は完成などされないのだ。

> 無の最高形式をそれだけ単独に取り出して言えば、それは自由だと言えるであろう。しかしこの自由は否定性であり、それも自己を最高度に自己自身のなかへと深化し、それ自身同時に肯定であり、しかも絶対的な肯定である、という限りにおける否定性である。☆1

　このようにヘーゲル自身においても、少なくともこのテクストを文字どおりに受け取れば、自由は元来は否定性を弁証法的に反転させ、それを、ある存在の肯定性において止揚することではない。むしろ、それはいわば前－弁証法的な炸裂する輝き★1において、肯定までにいたる否定性の深化や強化である。自由＝深化する虚無。

　このようにある開けの開始、出現、侵入がありうる。それ以前には何もないだけでなく、自由の瞬間にすら何もない。自由が依存しているもの、自由を条件づけ、自由を可能にするもの——あるいは必然とするもの——そんなものは何もないのである。しかし、「自由そのもの」があるわけでもない。自由は、自由からすら自由である。このように、自由は、自由へと向けて自由なのだ（その条件法によって——☆1を参照——ヘーゲルのテクストはいわば自由以前

☆1　ヘーゲル『エンチュクロペディ』八七節。初版で用いられていた直説法 est が、条件法 serait に置きかえられたことは、確かに、自由の規定に関しての若干の後退を示している。あたかもヘーゲルが「自由は虚無の最高の形式でありえたであろう、もし、虚無それ自身がそこにおいて虚無化されていなかったならば」と言ったかのように。とはいうものの、弁証法的転換はこのようなものとして形式的に同定されるのではなく、むしろ、「強化」のうちに吸収されるのである。

★1　仏原語は éclat だが、この語には、閃光と炸裂の両方の意味があるのみならず、ドイツ語 Blide の訳語でもある。Cf. *Questions* III, p. 82.（渡辺二郎訳『「ヒューマニズム」について』ちくま文庫、一三九頁）のちに出る éclatement には炸裂、éclair に

は閃光の訳語をそれぞれ当てた。

の自由を、あるいは自由の誕生そのものを表象している）。自由によって、弁証法的連鎖が断たれる。あるいは、連鎖はいまだ生起していないのだ。——たとえその可能性がすでに完全に与えられていようとも——。否定性のうちに保持されていたなんらかの同一性が、そこから出てきて肯定されるのではない。（それは当然で、虚無とはまさにここでは、元初的抽象状態にあるこのような存在の虚無だからである。）そして、自由自体は自らの過程のうちで否定されないからそうなるのである（のちの奴隷の弁証法の用語法の場合は否定されてしまうことになるのだが）。しかし、自由はそれ自体虚無であり、この虚無は厳密な意味では自己を否定せず、否定の否定の前‐弁証法的ないしは準弁証法的な形象において自らを強化しながら肯定する。

虚無の強化はその虚無性を否定しない。なぜなら強化は虚無性を濃縮し、虚無の張力（テンション）を虚無として累積するからである（深淵のイメージを保とうとするなら、強化は虚無の深淵を深めると言ってもよかろう）。そして強化は肯定の炸裂する輝きを獲得する白熱にまでそれをもたらす。それは、炸裂する輝き——閃光［＝稲妻］と炸裂、閃光の破裂——とともに、一度の一撃、実存の実存する闖入である。この黒い電光のうちで、自由は何ものからも自由でありはしないし、そう思ってもいない。自由はまた規定されたいかなるものに向けて［＝のために］も自由ではないし、そう思ってもいない。自由はただあらゆる自由（あれやこれやの関係、たとえば必然性との関係において規定された自由）から自由なのであり、あらゆる自由に向けて［＝のために］自由なのだ。このように、自由は非‐依存［＝独立］のうちにも必然のうちにもないし、自発でも命令されたものでもない。自由は習得されるものではなく、獲得されるものであり、このことは自由がつねに自分自身への不意撃ちであることを意味する。自由＝自分の電光によって不意撃ちされた虚無。たとえ予見されたときであっても、予見を超えて、自由な行為は自分自身を不意撃ちする。というのも、予見が関知できるのは内容のみであって、その様態ではないからである。だからこそまた、意志は予見するが——意志がするのはそれだけだ——自分自身を予見しはしない（意志を自らの主体としてしまうのはこの二つを混同することによってである）。自由は、表象と同様、意図に挑戦する。自由は自由のいかなる概念にも応えない——同様に自由はいかなる直観においても自らを表象しない（したがって、自由は「自由」という言葉のもとにも、自由と関連しうるいかなるイメージや感情においてもない）。なぜなら、自由はそれ自身が開始であると同時にそれ自身の開始だからである。つまり、虚無の最大限の強度なのであって、いかなる起源でもない。——ある詩人が書いているように、「開始の観念などありはしないのだ」[☆2]。

ハイデガーは（ヘーゲルのこのテクストそのものを解釈したのではないとしても）自由の虚無を次のように解釈した。

> 自由は根拠の根拠である。（中略）基づける超越のうちで深淵が破開［＝開花］することはむしろ、自由が我々自身において遂行する原運動である[☆3]。

☆2 キース・ワルドロップ『現代アメリカ詩人21＋1集』所収 *21+1 poètes américains d'aujoud'hui*, Montpellier, Delta, 1986, p. 253.

☆3 『根拠の本質について』QI, p. 156-157/GA 9, S. 174/全集九巻二二三―二二四頁。

自由を実現する超越は有限性の超越である。有限性の本質が、自己のうちに自分の本質を含有することではなく、それゆえ「その本質において」ないしはその非-本質において、実存の実存することである限りにおいてそうなのである。「根拠の根拠」は有限な自由なのだ。このことが意味するのは、この自由が限定された自由であって、なんらかの境界あるいは国境のうちにしかその活動空間をもたないといったことではけっしてない(自由の倫理・政治的さらには審美的なあらゆる概念構想において、有限的な自由はつねにほぼこのように了解されてきたのだが)。有限な自由は、反対に、自由そのもの、あるいはその本質が本質的にそこから退-隠する存在の絶対的な自由、つまり実存の絶対的な自由を指し示す。かくして、自由はここで根拠を特徴づけに到来するのだが、その根拠たるや、自分自身によっては自らを根拠(原因、理由、原理、起源、権威)としては保証せず、むしろ本質によって(あるいは本質の退-隠によって)自己自身の根拠へと差し向けられるようなものなのである。この最後の根拠はあらゆる根拠の保証でありえよう——が、それはまさにいかなる他の根拠の様態においても根拠ではありえない。というのも、いかなる他の根拠も根拠としては、根本的には自らを保証しないからである。したがって、根拠の根拠が根拠としてあるのは次のような様態のうえにおいてである。すなわち、ひとつの無-保証の根拠でもあるが、また明瞭に自らの本質の退-隠へといまや導かれ、自らの固有な非依存の決定的な非-依存とでも呼べるようなものへと導かれる様態のうえにおいてである。したがって根拠の根拠は、ハイデガーの言葉で言えば、「深淵（アビーム）」の様態のうえに根拠としてあるのだ。ここで「深淵」とは、Abgrund［脱底＝脱根拠］、つまり他のすべての Grund［根拠］の根拠であり、それはもちろんまず Abgründlichkeit［脱底性］としての自己自身の Gründlichkeit［根拠性］である。

深淵は「虚－無 né-ant」（非－本質 Un-wesen）であるが、この虚-無をここで、虚無のヘーゲル的「強化」として了解することはおそらく不法ではなかろう（しかし、どこまで、そして、どんな意味でここでは合法化する必要があるのだろうか。どこまで、尊大でも不遜でもなく、自由の思考を再－開始し、それを反復する自由へと我々は引き渡されていないのか。このことは、まさに小論の目的にほかならない根本［＝根拠］的なある種の非－合法性を問いなおすことをも意味しよう)。深淵という語はこの強化を言うには大げさであると同時に十分ではない。なんといっても形象的すぎるし（深淵の輪郭）、強度が足りない。しかし、深淵と強化の真理は、虚－無の真理である限り、経験と言うことができよう。（だからといって、我々は固有にそう呼ぼうとしているわけではない。他のいかなる術語とでも非固有性のゲームを演じることはできるだろう。しかし、我々はまさにこの非固有性の経験を自由の固有な根拠となそうと試みてみようと思うのである。非固有性が思考や言語に実験させる何か、つまり思考や言語の無限な自由の有限性と、それらの有限な自由の無限性を試みてみようと思うのである。)

自由がそれであるところの根拠の根拠とは、根拠づけの経験そのものである。そして根拠づけの経験とは経験一般の本質以外の何ものでもない。実際、根拠づけの行為とは、優れて*experiri*［試練＝実験］の行為であり、境界へと赴き、この境界上に留まろうとする試みの行為なのである。創設＝根拠づけ（フォンダシオン）のモデルは、境界を引くことによってなされた古代の都市の創設ではなかろうか（そしてこの事実によって、それはまた政治的創設［＝根拠づけ］のモデルである。ただ、すでに見たように、輪郭線［＝図面］はあらかじめ存在する囲いとしてではなく、軌跡や挙動の網の目（ネットワーク）として了解されねばならない）。それは、その上に建物を立てるための土台の掘削や設置といった建築的な意味における創設＝根拠づけ（フォンダシオン）ではない。建築的創設を行なうことができるためには、創設の空間を画定（デリミテ）するという地理的、地籍的意味で（あるいは土地台帳というもの自体の根拠づけという意味で）まず創設が行なわれている必要がある。この画定は、それ自身、何ものでもなく、生産的作業の虚無なのである。画定はこの意味で何もしないし（したがって製作（ポイエーシス）ではない）、何もない、つまり、所与であったりあらかじめ設定されたりした何ものもない（都市や建物の図面の観念すらない）。あるのは、無規定な場（コーラ）（限定されていない場所ではなく、場所の可能性、あるいは場所への純粋な質料）だけであり、そこにおいてこそ、創設が生起する［＝場所をもつ］。したがって、創設とはむしろ、この無それ自体、この捉えがたいコーラであり、このような無なりコーラがひとつの決断の白熱した強度へともたらされているのである。何もないここで、いま、どこでもよく、いつでもよいここでいま、実存が決断される。たとえば、ひとつの都市（ポリス）の実存が決断される。それはこの都市を産出することではない。そうではなくて、それなくしては都市を作るための図面も作業もありえないものである。それが、境界へと赴きながら境界を描きだすのだが、この境界は自らの実存をこの根拠づけの身振りにのみ負っているのである。

したがって、それでもやはり、今度は「存在へと到来させる［＝存在させるようにする］」ものという意味でのポイエシスが問題となっているのだとすれば、このポイエシスは、本質の存在（たとえば、図面）なり、基体の存在（石やモルタル）を存在させるようにするのではなく、ただ実存を存在させるのである。ここでは、ポイエシスは、それ自体においてプラクシスであると考える必要がある。根拠づけられたものは、自由な決断によって、即自から、抽象の夜から、内在性の厚みから出た限りにおいて、実存するのであるが、それは抽出されうるような何かという意味で出てきたのではない。なぜなら、それは即自の表面への創始的な切開をも同時にもたらす自由な決断という意味においてのみ出たのであり、――こうして即自が退-隠するのである。それは経験そのものである。なぜなら、それは何ものも集めも産み出しもしないからである。それは、ひとつの境界を決め、したがって同時に、一度に自らの法とその侵犯を決め、ようするに、法を措定し終えるまえにそれを侵犯し、本質なしに実存させ、超越される内在なしに超越する。

（概念と諸言語によって、我々は「経験」を「海賊行為」へと結びつけた。しかし創設にはつねに何か海賊行為的なものがあり、少なくともあるコーラの非-固有性と非-形相性を私掠するのである。――そして海賊行為にはつねに何か創設的なものがある。それは権利なしに諸権利を意のままにし、海の〈場〉（コーラ）の上に消すことのできない境界を描く。――自由の経験を思考するためには、絶えずこの二つの概念を、相互に感染させ、一方を他方によって解放し、創設を私掠し、私掠行為を創設することができるのでなければならないであろう。これは面白いゲームなどでは全然なく、このような行ないの可能性、さらには必然性は思考自体によって、またその自由によって与えられている）

創設＝根拠づけの経験は境界の上にある。創設されたものは実存し（それはただ企投されたのではなく、創設された限りにおいて、実存のうちに一挙に投げいれられたのである）、境界の実存の様態にしたがって実存する。つまり、自己の踏破［*franchissement*］（踏破と隷属からの解放［affranchissement］、解放の身振り）という様態にしたがって実存するのだが、それこそ境界に固有な構造をなしている。創設は有限な超越の経験である。有限性は、このようなものとして、そして自らの非‐本質性から逃れえないがために、実存へと向けて決断する、あるいは実存を選択するのである。――そしてこの決断がすでにその実存であり、同時にその創設でもある。ここで経験をなすものは極限上に赴くことであり、この極限においては、創設の決断によって以外には、また、この決断として以外には何ものも存在しないのである。決断こそが、創設者（自由）と創設されるもの（実存）の両者を同じように産み出す、と言ってもよいだろう。だからといって、この創設の身振り、境界の経験は、創設する主体に属すわけではないし、創設された客体を支えるわけでもない。創設の身振りは、同時に先行しつつ、また、後続しつつ自分が描く境界の輪郭線へと、輪郭へと、軌跡へと、特異性の挙動へと、自分自身を赴かせるのである。そして、その特異性から、この身振りは同時に自由と実存とを、つまり、実存の自由と自由の実存とを出現させる。それは与えられたいかなるものも、創設されたいかなるものももたない経験、経験のいかなる資本ももたない経験、経験そのものの創設的経験である。

「根拠の根拠」は自らをひとりで支えるのであって、自らを支えるいかなるものをも、「自己」さえももたない。というのも、「自己」が現われるのは、あるいは、「自己」が世界に到来するのは、創設［＝根拠づけ］的身振りのうちにおいてであり、「根拠の根拠」はただ自己の実存で自らを支えるのであり、この実存は自らの自由によってのみ自らを支える。そして、この自由は自由－存在の自由な決断によってのみ立つのであり、この決断は存在の有限な退－隠と、実存としての、つまり自己固有の本質――ないしは非－本質としての実存の肯定にまでいたる虚無の虚無化する強化によってのみ立つのである。ここで（そして、いま）、実存は自らを試す（experiri）。自己自身の手前あるいは彼方で、実存は〈世界－へ－と投げられた－自らの存在〉の境界を描き、かつ、それを越え、実存するためのあらゆるチャンスを試す。というのも、実存は自らを根拠づけると同時に、私掠するからである。つまりは、実存は自己自身を自己固有のチャンスとし、同時にそれへと自らを委ねるままにするからである。だからこそ、「根拠の根拠」は経験そのものなのである。実存は何ものの経験でもない。実存は自分がその証拠を作る実在として、かつそこで自分が解放する幸運としての無を経験する。この経験なしには、自由はないし、自由のどんな些細な行為もありえない。たとえ、自由意志の可能性や、意志の力や、強制したり自由にしたりする物理的なり社会的な法則に関して、いかなる計算をしようとしても、また、することができたとしてもである。

したがって、自由の経験は、自由が経験であるということの経験である。それは経験の経験である。しかし、経験の経験とは、経験それ自体以外の何ものでもない。それは、自己の境界における自己の試し（エッセー）であり、境界の直接的な験し［épreuve］であり（それはまた境界による直接性の亀裂のうちに存する）、境界の通過である。しかし、この通過（パッサージュ）は、何かを通り過ぎたり、自らを乗り超えることではなく、ただ同時に二つの意味で、自らを通過する。つまり「それが起こる」という意味と、「人間は無限に人間を超える」という意味で、自己通過する。経験は、経験それ自体のうちにおける経験の差異の経験である。あるいはむしろ、経験とは経験の差異であり、横断されてしまった境界の〈危険＝脅威（ペリル）〉であって、この境界とはまさに、本質（したがって実存）の境界、分有された存在の特異な輪郭線である。したがって経験はまたそれ固有の差延＝差異でもある。経験は自らに属すのではないし、「諸経験」の我有化（実験によって得られた知という意味で）を構成するのでもなく、経験は自らがそれでないものへと渡されている。——そして、経験に溝を掘るこの懸隔こそ経験の運動そのものなのだ。存在がそこに退-隠する懸隔、自己への現前の懸隔ないしは退-隠、自己の知の懸隔あるいは退-隠。

自由は「把握不可能」なのではない。なぜなら、自らを把握しないのは自由自身なのだし、そこにこそ自由が自由である所以があるからである。あらゆる明証性を超えたその明証性、つまりいかなる事実の事実性よりも否定しがたい事実性は、いかなる意識、いかなる無意識よりも隠されかつ露呈された自己の非-知によっている。デカルトにとっては、自由に関して言いうるすべては「それが、むしろ、各人が自らのうちで出会い経験せねばならないもの」☆4ということであった。ego sum［我アリ］のように、魂と身体の合一の unum quid［アル一ツノモノ］のように、――そしておそらく、これら二つの別の審級と密接に結びついて（これに関しては示す必要があろうが）――自由は自らを験す［＝経験する s'éprouvant］ことによって、証明される［se prouve］のである。このことは、どんな内観とも内的感情とも関係はない。むしろあらゆる経験的な確実性に先だっており、厳密な意味では超越的階層にも属さない。あるいは、――そして、これが困難さと同時に、哲学的言説に対してこの思考がもつあらゆる解放の力と要請とを構成してもいるのだが――自由とは、ひとつの超越論的な経験、ないしは経験がそれである経験の超越論的なものなのだ。「私が私自身によって経験する」ものは、私が保持しているような力なり、私において到達されうるような能力などではけっしてない。そうではなくて、私があるということを私は私自身の経験において――根拠づけられた（ていない）虚-無

☆4 『省察』第五答弁。『デカルト著作集』（白水社）第二巻、四五三頁。

の強度として――経験し、本質の退‐隠が私の実存の肯定であることを経験し、そしてまた、私の諸表象の主体として私を知ることができ、世界の特異な存在として私を肉体たらしめることの肯定の「根拠」のうえにのみそれがあることを経験するのである。

自由に関して考えねばならぬことのすべては、自由の経験のこの肯定＝言明である。ところで、肯定は、否定の否定によって単純に考えることは一般にはできない。肯定は肯定の強度によってのみ思考可能となるのである。この肯定の肯定的な思考は、弁証法の産物でも主体性の恣意的な託宣でもないのであって、自由の経験の論理が自らに提案すべきものなのである。

ある意味では、ヘーゲルが「意識の経験の学」で述べているのはこれ以外のことではない。というのも、そこでは、経験の概念は自ら固有の主体であるという経験への必然性になっていくからである。そしてこの過程の各瞬間において、主体への構成は、自分自身の経験へと引き渡され、自分の境界へともたらされる。しかし、ハイデガーの言う現存在の「被投」もまたそれ以外のことを意味するわけではない。そこでは自ら固有の主体であるという経験へのこの必然性は、主体がその「(無‐) 根拠」において、経験へと、つまり実存することの自由へと委ねられ［＝放棄されて］いることの必然性になっていくからである。この実存することの自由は、ひとつの主体が行なう選択なのではない。そうではなくて、それは、実存が実存として、つまり自己の外で分有された存在として自らを決めることなのであり、この自由は、この分有においてその本質を新たにもつのではなく（弁証法的論理）、自己固有の（非）本質としての実存をこそもつのである。

　ハイデガーはそこでは「経験」の名を保持しなかった。とはいえ、『精神現象学』の表題においてこの語が堅持された事実が根本的に含意していたものからヘーゲルが「後退」してしまった、とハイデガーは判断した[★2]。この含意ないしは「響き」をハイデガー自身、すでに次のように指摘していた。すなわち、ハイデガーにとっては「意識の経験」と解されるところの「自己のもとにおけるそれ自身の現前へと現われ出ること」[☆5]よりもいっそう深く、経験はこの自己への現前化の正確な裏側へと開かれねばならない（反対ではない――そしてより「深く」、したがって、深さなしに、根拠の根拠……）。換言すれば、そこにおいて「自己」が立つこの同じ境界の他の縁へと開かれねばならないのである。すなわち「物事自身に、それに関して真実においてはどうなっているのかを、言いかえればそれ自身の正しさを示させる、すなわち、物事自身に自己をその真実のありかたにおいて示させること」[☆6]。経験、それは物を存在させるがままにすること、物の存在‐放任、そして物そのもの、それが、すでに言ったように、実存なのである（それらの相互的な共通の開けにおける、現存在の実存と存在者一般の実存）。我々がなす経験、それこそが実存である。――実存の経験をなすというのではない。物そのものの経験と物そのものとしての経験、物の同性 [mêmeté]、同一の物性 [choséité]。実存の物を真実へ、自らの真実へと引き渡すがままにすること――このことがまず自由なのであり、この自由によってそのつど、それは実存する。我々がなし、自由の事実をなしているこの経験

★2　『ヘーゲルの経験概念』Ch, p. 219/全集五巻二二五頁以下参照。

☆5　『ヘーゲルの経験概念』Ch, p. 174/全集五巻二〇九頁。

☆6　『ヘーゲル「精神現象学」』PEH, p. 53/GA 32, S. 28/全集三二巻三七頁。また「何かについて経験するということは、それが物であろうと、人間であろうと、神であろうと、それを我々へと到来させるがままにすること、それが我々に達し、我々の上に落ち、我々を転倒させ、我々を他のものにすることを意味します」（『言葉への途上』*Acheminement vers la parole*, trad. fraç., Paris, Gallimard, 1976, p. 143/全集十二巻一八九頁）

を、我々は（ポイエシスの意味で）「なす」わけではない。我々は、それが「我々をなす」とも言わないだろう。むしろこう言おう。「経験の主体なき自己――経験がそれを特異化するのだが――が、自らの自由によって、真正面から襲われているのだ」と。

　この経験は、主体が数えることのできるような経験ではないにもかかわらず、経験主義の経験ではない。この経験は古典的な経験主義の経験でも、レヴィナスが援用した「実証性なき経験主義」[☆7]の経験ですらない。というのは、この経験がすでに述べた意味における経験の経験だからであり、したがってつねに思考の経験だからである。しかし、この事実そのものによって、ここで経験の思考もまた問題になっているのだとしても、「思考における経験」が問題になっているわけではまったくない。実際、そんなものは、想像的な経験以外の何ものも示さないだろう。ここで問題となっているのは経験としての思考なのであり、この経験は超越論的であると同時に経験的でもある。というよりむしろ、ここでは超越論的なものが、経験的なものなのである。思考自体のこの経験性こそが思考を「生産の諸条件」に結びつける。生産のこれらの諸条件とは、たとえば、歴史や社会や制度であるが、また言語、身体、そしてそのつどの幸運（チャンス）や危険（リスク）や「思考」の「一撃」といったものでもある。自己自身の可能性の条件を自由として明らかにする検証において、思考はこの可能性の条件自体に同時に物質的に触れることなしには、「思考する」ことはできない（概念の構築という意味であれ、反省という意味であれ）。この物質性は、たんなる身体的外部性のそれではない（それはひとつの松果腺ではない）

☆7　デリダによる分析「暴力と形而上学」『エクリチュールと差異』（若桑毅他訳、法政大学出版局所収）を参照せよ。

とはいえ、それでも思考の身体ないしは肉体なのである。それもある種の事後性によって「受肉した」思考ではなく、デカルト自身が、「実体的合一」[☆8]と名づける決意をしなければならなかったものの襞［＝内省 pli et repli］のうちにおいて、より元初的に自分自身へと引き渡された思考である。もし、自由が――たんに思考すべき何かを与える以上に――思考に思考を与えるのだとすれば、それはひとつの口の物質的に超越論的な経験においてである。その口の開けは、基体でも形象でもなく、叫びの創始的な強度をもって、思考が思考へと達し、運を試し、思考する危険を冒す（*experiri*）境界上での非‐場所である。

このような論理は、苦労して自己へ‐の‐現前から脱出しながら、結局は絶えずそこに戻り、それを肯定しているにすぎない、と言う人もいることだろう。なぜなら、結局のところ、自由が経験するのは、いずれにしても、自己についてなのであり、自由はもっとも純粋な自己性の経験をしているということを肯定することすらできるからである。実際、「根拠の根拠」とは、自己自身以外のものにおいては厳密には根拠づけられていない根拠以外の何ものでもない。それゆえ、次のような指摘が正当にもされることだろう。すなわち、デカルトの言葉を借りれば、コギトの確実性において、必然と自由とはどちらも同じくらい強く、さらには一方は他方に変換する、と。そうして、次のように結論づけようとするだろう。すなわち、自由は自己自身の必然性を認める以外のことはしないし、かくして、必然性は自らを、絶対的に固有

☆8 「或る一ツノモノ」『エゴ・スム』所収、《Unum quid》in *Ego sum*, Paris, 1979 参照。

で、自己に現前するものの自由として認める、と。

たしかにそれは不正確ではないし、「自由は自分自身を解放する」という表明にすべては要約されることができるだろう。哲学はおそらく、それ以外のことを述べたことはなかった。しかしそれは、〈自由が、自らを解放しながら、自分自身に現われ出る〉、ということを意味しない。自らをなしながら、自らに現われ出ないもの（したがって、自らの形相（エイドス）を産出する様態において自らを「なさ」ないもの）は、主体性の固有性をもってはいない。とはいえ、「自らに現われ出ること」は、主体においては「自らをなすこと」に後から付加されるような特殊な属性であるが、ただ、自由の場合にはそうはならないのだなどと理解してはならない。この二つのこと〔「自らに現れ出ること」と「自らをなすこと」〕とは分かちがたいのであり、結論的に言えば、事実、自由は確実に主体の構造を所有している。というのも、ある意味では、自由は自らをなしながら自らに現われ出るのであり、自らに現われ出ながら自らをなすのであり、自由はその自己‐根源性の絶対的な統一性における自己自身‐への‐現前なのである。しかし、自由へと現われ出るもの（自由自身）は、自由が自らなすのではないということであり、自由がなすもの（自由自身）は、自由が自らに現われ出ないということである。別言すれば、自由は脱‐把持という様態において自己を把持するのである。それは旋回ではない——また弁証法でもない。自由は脱‐把持されたものとして自らを把持する。つまり自由とは、このような身振りのただなかで把持の脱‐把持なのである。自由は、自己統御の統御の虚‐無である。なぜなら、もし、自由なものが、確実性と現前の地点（それを自由な行為が問題としないような）から、自分自身に命じているのだとしたら、自由な物や人などというものはなくなってしまうからである。

かくして、自由は主体の否定的なものではない。事態は逆なのであって、それは限界まで押し進められた——あるいは、白熱の強度へと元初的にもたらされた——極限にまで押し進められた自己‐への‐現前の肯定である。この極限においては、一方で、自己は自己‐への‐関係（同時に、他者への無限の関係）をもつことなく、純粋な現前へと消えると同時に、他方で、現前性のほうは自己へと（特異性の分有へと）純粋に引き渡された自己のうちへと解消する。これらの「純粋な」本質のどれひとつとして、そのようなものとしては呈示可能ではない。というのも、そのいずれも、存在の呈示不可能なものが隠れているいかなる境圏においても、そのようなものとしては存続しないからである。しかし、それらの絶対的混淆と、無限の膨張が、「一撃」、中約（シンコペート）＝失神、鼓動＝羽撃き［battement］を作り、その鼓動＝羽撃きのうちで、自由は自ら決断し、つねに自己を決断してしまっているのである。それは、いかなる自由な主体も現われる以前、つまり、結局はいかなる「自由」もそのようなものとして自己に現前する以前にそうなのである。自由はあらゆる現前の外で自己を自己に引き渡すのだ。

これは古代における自由人の条件——少なくとも、我々がそのように捉えると考え、哲学がそのようにそれを（そして、それとともに、政治的なもののあらゆる根源性を）表象する必要があったもの——に似ている。つまり、「誕生によって」自由であるとは、誕生以前から、自由な存在の存在がある以前から自由であることを意味しているが、そのことが意味するのは、しかじかの家系なり、しかじかの都市国家において到来すべき新しい個人にとっての可能な場所が、自由人の場所——つまり自由人のための自由な場所——であるということである。この自由人は、受胎されるにいたるや、その条件を受けとるのだが、それは奴隷の息子が奴隷の条件を受けるのと同様で、かならずそうなるのである。（また、同様の仕方で、戦争や解放の決断といった偶然も各人を突然、逆の条件へと引き渡す、そしてこの可能性もまた装置全体の一部をなしている。）自由の主題に関する思考の使命があるとすれば、それはただ、主体によって保持された所有物［＝固有な本質］といった自由の意味を逆転させること、つまり、自由の意味を、そこにおいてのみ「主体」のような何かが生まれるにいたることも可能であり、また自由へと生まれ（あるいは死ぬ）ことも可能であるような条件や空間であるとすることだけであろう（ある意味で、自由に関するスピノザの思想の努力はすでにそのようなものではなかったか）。しかし、この使命が哲学的言説の使命として完結するのを困難にし、おそらく不可能にするものは、このように要求されている存在論的条件が古代の自由人の場合（彼らはあらかじめ自分の自由の所有者であった）とは異なって、ひとつの状態［＝身分］ではなく、存在の脱-把持のうちに存するということである。我々は**自由なものとして生まれる**のであるが、それは自然法や、都市国家（ポリス）の法が我々に自由の享受をあらかじめ保証しているということではなく、それぞれの誕生が、特異性あるいは特異性の軌道へと委ねられた存在の脱－把持ということである。ところで、存在は、自らを脱－把持しながら各実存者へと割り当てるような固有な本質としての自由などもっていない。――そして存在はまた、実存の運動をとおしてのその承認がそれ自身を自由として産出するような必然性でもない。そうではなくて、自由は、存在が本質的に委ねられ＝放棄されている――あるいは実存する――ということに存する根拠なのである。

自由は、その実存が自らを根拠づける存在の退-隠である。この「根拠」はひとつの露呈以外の何ものでもない。自由は実存を露呈する、あるいは、自由とは実存が露呈されているという事実なのである。

自由としての真実のうちに根ざしている実－存は、存在者としての存在者が露現されていることへの露呈である。[☆9]

露呈は「自由としての真理」に先だつ。というのも、真理は、検証可能な言表の一致である前に、このような一致の可能性自身のうちに（あるいはこの根拠の根拠のうちに）存するからである。この一致は、ひとつの到来、－の現前－への－到来があることを前提としている。現前－への－到来は単純で純粋な現前ではない。それは所与ではなく、所与の贈物である。贈物、現前－への－到来、あるいはこう言ってよければ、呈示（現前化）は自己のうちに没入し

☆9 『真理の本質について』QI, p. 177/GA 9, S. 181/全集九巻二三二頁。

ている（それもあらゆる否定存在論なり否定神学なり否定自由学の至高の現前がつねに行なうように、不在へと転向することしかできないほど没入している）現前の厚みから、現前それ自身を引き剝がす。弁証法的思考がその不在のただなかで現前を止揚するために否定的なものの力を操作させるのは、この点においてなのであり（このことは主体性を前提とするが、それは主体性が、否定を穿ち、かつ、否定に虚無の強度ではなく、回心の力を与えるものである限りにおいてである。主体はいつもすでに現前の不在を支えてきたし、その必然性のうちに自由をいつもすでに基礎づけてきた）、また存在の退 - 隠の思考が、操作などなく、解放があるのみだと考えることを要求するのもまたこの点においてなのである。

換言すれば、その現象において存在の生成として、かつ現象の（自己 - ）知において、自らに現われ出る精神のあらゆる過程（プロセス）に先だって、存在としての存在が、このジャンルないし他のひとつのジャンルののちのあらゆる過程のために、自らを随意にするのであり、存在はこの「自らを随意にすること」である。しかし、「自らを随意にすること」は自らに現われない。というのも、それは表象も、客体化もされないし、産出されも、自己に現前したりもしないからである。[☆10]（我々がなんらかの仕方でこのことを考えたり、言ったりできるのは、このような「非 - 現前化」の概念を我々が随意に用いているからではなく、逆に思考や言うことの方がこの随意にすること自体によって、それ自体で与えられ、随意にされているからである。それらがその経験であり、経験をなすのだ。）同様に、「自らを随意にすること」は自己を媒介するよ

☆10　このように、ヘーゲルにおいて主体性はまず、純粋な存在が「空虚な言葉」にすぎないということを理解する。このことが前提とするのは意味の制御と表象の自己との関係である。この点に関して、主体性の真理と主体性にとっての自由の不可能性を述べるためにミシェル・アンリの分析を採用することができよう。「意識の契機は実際、自己意識の本質的な契機にとどまる。事実、自己意識は外部の意識でありつづける。というのも、外部性はそこにおいて意識が自己意識における自らに現前するような環境だからである。ヘーゲルは意識に関して、自己への現前の様態を対象の現前以外の様態としては構想しなかった。そしてこのことは、そのようなものとしての対象の現前が彼の目にとっては意識の本質そのもの以外のなにものでもなかったためである。対象性

らな本質のいかなる転換をも含意しない。自らを随意にするものは、それ自身のうちで、変わらずに留まる。しかし、自分自身がそれであるもの、それが自由にされるのは、何かへと向けて［＝のために］である。たとえば、主体性へと向けてである。しかし、この解放がこの主体性なり、この主体性の根拠なりに対して（意識において、志向性において、意志において、存在の目標なり使用なりの自由として構想された自由において）命じられているということではない。そうではなくて、このような主体性の出来そのものが自由なものに、実存するものに、生起したり、生起しなかったりすることができるものに（そしてのちに述べるように、善に対しても悪に対しても露呈されたものに）とどまるということなのである。

存在は実存へと向けて、そして実存のうちで自らを解放する。だから、実存者の実存は、最初には自らを了解しないし、結局は永遠に自らを了解しないのだ。むしろ、実存を「根拠づける」（あるいは私掠する）この解放によって、実存者の実存は、一挙に捉えられ、かつ、戦慄するのである。それゆえ、実存は存在に属しているが、ある主語［＝主体］の述語としてではなく（カントはこのことを知っていた最初の人だ）、不確かなものが必然性に属しているようにである。つまり、存在があるとして、どんな幸運によってその退－隠がひとつの実存を解放するのだろうか……。ところで、存在の実存は実存者にとっては不確かなのだ――実存者のうちで解放されるのは「なぜ何ものもないのではなく、何かがあるのか」という思考そのものである。このようにして、現前－への－到来がある。その自己における現前が、現前への到来へ

の本質は唯一の根拠を構成し、そこにおいて現成するあらゆるものが自己完遂する普遍的な環境なのである」（『現成の本質』*L'essence de la manifestation*, t. II, Paris, PUF, 1963, p. 902）

のいかなる理由もいかなる根拠ももたないようなものの現前への到来において。（このことこそ存在‐神学の全伝統が、ひとりの「創造者」とその「創造」の自由ないしは必然の問題として、絶えず呈示し、さらには解決しようと試みつづけてきたものである。）

カントの思想全体に頻出する術語を用いれば、「それがカオスではないための、あるいは、何ものも現われないための理由はない」ということになろう。――もし何かが現われるなら、それはしたがって「理性［＝理由］」によってではなく、自由な到来によってである。そして実存がどこかで、主体性として、つまり「理性」として自らに現われ出るなら、それもまた自由な到来によってである。

「存在者としての存在者が露現してあること」（＝「何かがある」）は、露現されて‐あることにおける存在の根底的な構成に差し向けはしない（ここでおそらく現象学一般の諸可能性が終わる）。そうではなく、不確かなもの、予期せざるもの、露現の不意撃ちへと差し向けるのである。この不意撃ちがないとしたら、このような露‐現もないことになってしまい（そして経験もなくなってしまい）、あるのは、存在‐神学的な意味における「啓示［＝開示 révélation］」、つまり、ヘーゲルが「啓示されることは、神が啓示されうるものであるというまさにそのことなのである」と表現したもの、ということになってしまうだろう。しかし、露現に関して言明すべきことは次のようなことなのである。「露現されることとはまさに、露現されるものはそれ自体では露現可能ではないものであり――それが存在である――、そしてその露現は露現されるものへと戻るのではなく、それを超え、それを不意撃ちする——それは自由において〈根拠づけられた〉存在、あるいは実存であるということである」。だからこそ、露現はまた、自ら露現するものの存在自体の、そして露現自体の存在の新たな覆い隠しとして与えられる——それがハイデガーにおけるアレテイアの論理である——。言いかえれば、存在の存在と自由の存在との覆い隠しとして、存在の自由と自由としての存在の覆い隠しとして与えられるのである。自由、それは露現の覆い隠されたものと言ってよかろうが、その場合、この語を露現において隠されたまま残ったものとしてではなく、露現の動きそのものとして、あるいはその挙動ないしはその調子（その強度）として解さなければならない。たとえば、ある声の「陰り」★3というように。

このように実存は露呈されている。つまり、現存在（ダーザイン）は存在者の露現の不意撃ちへと露呈されている。というのもこの不意撃ちは、存在（ザイン）の現（ダー）において、この現として——「存在の－現－存在」として——出現するのであるが、現存在 Dasein の現－存在 l'être-là は、この不意撃ち以前には固有にそれに属するような何ものでもないからである。結局のところ、実存の現 *là* は空間的にも、時間的にもひとつの定立［＝措定］ではない。現は空間と時間を拘束する［＝とる engage］にもかかわらず、それはひとつの不意撃ちである。この不意撃ちをなすものはその現－存在であり、存在者として露現された存在者の、世界における現存在である。

露呈されているということは、実存する自由によって不意撃ちされているということを意味

★3 voilé はベールで覆われたという意味だが、ここでは voix voilée しゃがれ声という成句が意識されていると思われる。

する。それはまた、実存する危険へと引き渡されているということをも意味する。つまり、この不意撃ちをけっして我有化せず、自らの根拠をけっして再我有化しない危険へと引き渡されている、ということである。私は私自身に、自分自身の不意撃ちとして、自分自身の誕生として、自分自身の死として、自分自身の自由として現われることはけっしてなかろう。この〈けっして〉は、有限的な超越のあらゆる有限性とあらゆる無限性とを同時に含んでいる。それは、現前の不確かな到来へと露呈されているという固有な差異における私の純粋な現前を含んでいる。

いま一度、関係の問題に触れておこう（じつは、そこからけっして出なかったのだが）。この〈けっして〉を私に提示する〔＝現前させる〕のは、共－通－存在である。私の誕生や私の死は、他者の誕生や死によってのみ私に現前し、固有なのだ。そして同様に、これらの他者たちにとっては、彼ら自身の誕生や死は、現前しないし、固有でもないのである。こうして、我々は、我々を分有しているものを分有する。すなわち、存在が現前へと計算不可能で不確かなあり方で到来することの自由を分有する。しかし、それが我々に現前させるのは相互的にのみ、つまり、我々の自由においてのみである。そして、この我々の自由というのが、そこにおいて共同体が創設される露呈という共同経験である。ところで、共同体の創設は、それが集合的であれ個的であれ、共同体の分有や創設を本質として我有化しようとするあらゆる試みに対して無限に抵抗することによってのみ、かつ、無限に抵抗するためにのみ行なわれるのだ。

〈**存在**〉が自由であるの
が我々においてであり、
我々に先だってであり、
結局は我々のためである
のならば、それでも、存在はなお自由なのだろうかと問われるかもしれない。これこそハイデガーが立て忘れることのなかった問いであった。この問いに関してハイデガーは、自由をなお主題化しながらも、すでにこの主題の放棄へと決定的な一歩を踏み出してもいた時期に、結局は次のように答えたのだった。すなわち、〈存在自体の「根」として思考された自由は人間の固有な性質として表象される自由とはいかなる点でも一致しない〉と。

> 存在者を存在させるがままにすることとしての実-存する現-存在が、人間の自由が（……）人間に可能的なもの（存在者）を選択させ、必然的なもの（存在者）を課すというありかたで、人間を彼の「自由」に向かって解放するならば、その場合、人間の随意が自由を意のままにするわけではない。人間が自由を属性として「所有」しているのではなく、その反対なのである。すなわち、自由が、つまり実-存し露現する現-存在が人間を所有しているのである。☆1

☆1 『真理の本質について』、QI, p. 178/GA 9, S. 190/全集九巻二三三頁。

しかしながら、どのような意味で人間は自由に「所有」されているのか。サルトルはこの考えを、例の「我々は自由の刑に処せられている」[☆2]という定式において解釈した。ところが、存在の実存についての思考を「実存主義」と混同しない限り、このような意味に解しえないことは確実である。サルトルにとっては、この「処刑」は「根拠である」私の自由が、私を自由ではなくする「決定論」の状況において、根拠づけのために――つまり、サルトルによれば、実存の「投企」を自己拘束（アンガジェ）するために――介入することを意味する。「かくして私の自由は処刑なのだ。なぜなら私は病気であったりなかったりする自由はなく、病気は外部から私にやってくるからである。それは私に属さないし、私に関係しないし、私のせいではない。しかし、私は自由であるのだから、私はそれを自分のものとすることを、私の地平や私のパースペクティヴや私の道徳性などにすることを、私の自由によって強制されている。私は自分が意欲しなかったことを意欲し、意欲したことをもはや意欲しないという刑に、外部が私に押しつける破壊を眼前にしながら生の統一性において自分を構成しなければならないという刑に永遠に処せられているのだ。（……）私の自由の目的をその彼方に措定するために、この決定主義を引き受け、この決定主義をひとつのさらなる自己拘束（アンガジュマン）にすることを余儀なくされているのだ」。かくして、自由への処刑はそれ自体、必然性への処刑の結果でもある。私は病気を避けることはできないのだから、本質が目的のうちにではなく、投企のうちにある人間であるためには、必然性を免れることもできない。この必然性は、この偶発事故を、「生の統一性」の投企におい

☆2　以下の分析は、サルトルがこの定式の意味を解明し明確化しようとした遺稿『倫理学ノート』における試みに主に立脚している。

て、私の偶発的で、波乱に富んだ［事故にあった］存在を新たに超出するための発条や機会や踏み台にするのである。私は自分の非－自由を「引き受け」なければならない。より正確に言えば、私は「状況の諸様相」のひとつを別の様相を用いて、つまり、「世界の全体性」によって把捉された「受動性」の様相を、どんな条件をも生の投企とする自由という様相を用いて引き受けなければならないのである。

このような分析が実存を会得するのに根本的に準拠しているのは、欠如と過剰である。なぜ欠如かといえば、自分が選択も決定もできないものを引き受けることとして定立された自由それ自身は結局、ひとつの能力＝権限として（あるいはおそらくたんに義務として）考えられているからであり、そのさいこの能力は、人間の本質の欠陥に対応している自分自身の欠陥によって命令されている。つまり、自由は、「自らの根拠であることを欠いでいる」人間というものにおける「根拠である」のだ。したがって、自由はここでは我々が分析したような「根拠の根拠」ではなく、根拠が欠乏しているがゆえに根拠なのだ。それゆえ、自由は、そこにおいては経験それ自体が自らに属さず、自らに帰することもない境界の経験としての経験ではない——ところがこの点こそがそれを自由となしていたのだ——。そうではなくて自由は、自由以外のものがあるということの証明になってしまう。つまり、自由はそれ自身としては自己決定の充全な能力でありながら、自律と自給自足には欠陥があるのである。ここで問題になっているのはもはや自由が自己自身に対してよそよそしくなっているということではなく、「決定論」

によって、外部から自由を限界づける障碍や強制なのである。かくして、自由はひとつの本質（それが投企だ）と自己由来性（それは自己を引き受けるという決断だ）をそなえたものとなり、自分自身の限界のうちで根拠として機能するのだが、この根拠の根拠（当然それは主体性のうちにある）が何なのかは問われないのである。たしかに、サルトルを捉えた激しい欲望、つまり、世界の容赦ない「把捉」を現代人が意識することで生気を失ってしまった形而上学的人間（ホモ・メタフィジクス）の伝統的な力に、その内実をいま一度戻したいという激しい欲望を理解することはできる。しかし、彼の試みは、主体性のもっとも古典的な自由に対して、このような主体性にとってはいまや異質で敵対的なものとして捉えられた生きられた空間のうちで、妥協的解決をはかろうとするものにすぎない（ところが、この空間こそまさにこのような主体性の展開なのであって、それはたとえばサルトルの挙げる例を支配している「病気」の観念を詳しく分析することで示すことができよう）。この意味で、客観性のいかなる手段もなしに、客観性を「引き受ける」サルトルの自由は、絶望的にそれ自身の欠乏に悩まされるのである。過剰に関しては と言えば、それはもちろん欠如と対称（シンメトリー）をなしている。自由という「刑」を執行している私にとって問題なのは、つまり、受諾と状況の超出において問題となっているのは、「私の自由というひとつの自由の存在において、世界は出口として私に対して現われ出なければならない」ということである。したがって、目的と義務はそれ自身絶対的な主体性に世界の秩序を関係づけることになるものにほかならないが、この世界の秩序の実在が主体性の絶対性を否認する。

（もっとも、ここで問題なのは、あたかも「世界が～として私に現われ出なければならない」ようにすることだけなのかもしれない。結局のところ、自由の自己‐幻想が明瞭に要求されているわけだ）。もしこのような目的になんらかの意味があるとすれば（そしてサルトルにとってはそれはまさに「意味」そのものなのだが）――それはヘーゲル風の無限なる精神を前提することによってのみ可能であろう。ところが、それこそまさにここでは許されていないものなのである。主体が有限なのであれば、目的は意味をもたない。したがって、サルトルは次のように言うことができるだろう。「各自が目的を実現する必要があり、そして、その目的はその後も実現させるべきものである必要がある。人類の無限な企図のうちにある各自の有限な企図」と。有限と無限がここでは並置されているとはいえ、両者を含むいかなる存在論的共同体も見つからないだろう。あるのは排除の様態だけであろう。サルトルの有限なるものは、無限であることの純粋で単純な妨げであり（無限な人間性――これは悪無限にすぎない――をぼんやりと投影することによってこの苦痛の代償をする）、彼の「無限」は有限の条件からの純粋で単純な離脱である。

ヘーゲルは意識の不幸を現実性の自己の知において止揚するために認めたのだが、この意識の不幸をサルトル以上に意識的に、またかくも執着して遂行することはできないだろう。この止揚を奪われた（あるいは、熟慮された「あたかも」の世界のうえでしかそれを呈示することができなくなった）サルトルの自由は――いわば、すでに諸自由の法的擁護へと地平を譲る準備ができている最後の「哲学的自由」であり——この意識の不幸の最後の名称である。それは投企の無限な形式自体（これは結局は意志の不幸であろう）のうちで、有限についての無限な意識、また無限についての有限な意識であるという刑に処せられているのだ。

サルトルの人間は自由によって「所有されている」のではない。人間が無限に自由を剝奪されていることを「自由に」知ることを自由によって強いられているのである。しかし自由は、ここでもまた決定的に、因果性の必然性によって測られている。なぜなら、サルトル的「投企」の自由は、所与の現実において諸原因が欠けていたり、反対であったりするようなものの原因であろうとする意志だからである。投企はこうむっている因果性に対して挑戦として投げかけられる望まれた因果性なのであり、これは絶望の英雄主義である。（このような考えが、現在にいたるまで、直接的に実存主義的であるかないかを問わず、受諾や乗り越え、あるいは、厳しい必然性の贖いのようなものとして構想された自由に関する広範囲にわたるさまざまな言説に刻みこまれていることを忘れてはならない。）

自由という概念が、因果性の——そして表象による因果性としての意志の——空間のうちで捉えられたままになっている限り、我々は自発的な因果性以外のものを考えることは許されない。その場合、このような因果性の実在はつねに少なくとも疑わしいままであるし（その実在は、このような因果性という測定器によって、つまり、「人間の諸科学」の人間学にしたがって測られる）、その秘密は、いずれにしろ、因果性自体の原則のうちに捉えられたままであろう。ところで、カントの言葉を用いれば、[☆3]因果性の原則とは実体の常住不変性の原則なのであり、現象における変化を考えるために必要な力や行為といった概念はそれに帰せられる。この原則は次のように定式化される。「諸現象の状態のあらゆる変化（継起）は実存の変化にすぎない。なぜなら、実存の変化の概念は正反対の二つの決定をもった実存者としての、したがって常住不変なものとしての同一の主体を前提とするから、実体の誕生や消滅はこの実体の実存の変化ではないからである」[★1]。かくして、因果性としての自由の唯一の可能な論理は、私が私の誕生と死の原因でありうることを要請する。カントにとっては必ずしも明示的にはそうではないかもしれないが、少なくとも彼の思想を整合的に明示化してみれば、私が叡知的存在として、時間の継起の外において特殊な因果性の主体、それ自体叡知的な、つまり「自由な」秩序の因果性の主体であることができる限りにおいて、私は私の誕生と死の原因であることがおそらくできる。しかし、この新たな因果性は、感性的ないしは自然的因果性に結びつけられたものとして考えられうるべきである。行為の主体の自発性と結びついた世界の実体の常住不変性を思考することは、全体性の無条件的な因果性を考えることである。（実際、道徳的自然の実現をめざす命法の主体が理念において表象する全体性とはこのようなものである。）ところで、全体性の無条件的な因果性の観念は存在それ自身の観念以外の何ものでもない。かくして、「二つのまったく異なった種類の因果性（……）が結合される可能性は、自然の超感性的実体のうちに横たわっているのであるが、こうした実体はただその現象が我々に知られるにすぎな

☆3 「第一批判」の「経験における類推」の第一および第二の類推を参照せよ。以下の我々の分析は、すでに引用した『根本諸概念』においてハイデガーが行なった分析のいくつかの要素を取り上げ、それを発展させたものである。我々の結論はハイデガー自身が明示化はしなかったが、到達したものだと思われる。

★1 『純粋理性批判』「第二の類推」。

いような存在者（Wesen）自体であるよりほか、我々はそれについて何事も肯定的には規定しえないのである」[☆4]。しかし、原因と見なされた存在に（あるいはここでは、本質に、と言っても同じことだが）、無条件性と自発性の性格を付与することは、全体性における存在者からこのような存在を取り去る［＝退－隠させる］ことである。ところが、因果性の範疇が価値をもつのはただこの存在者にとってのみなのだ。言いかえればそれは因果性自体から、あるいは、因果性自体において、因果性を退－隠させることである。（だからこそ、カントの論理にしたがえば、自由は因果性であり、因果性そのものであるとか、自由は、その原動力が継起の現象的な法則のうちに匿されたままになっているような根源的な効力であると言うことさえできることになろう。このことはまた、その「隠れた術」が自由の秘密を結局は保持しているような継起性を開くのは、今後は図式、ことに「私が時間を産み出す」という最初の図式ではないのではなかろうか、と問うことにもなりうるだろう。……しかし、これはこの秘密を秘密的なもの以外の何かへともたらすのだろうか――もっとも自由の思考がひとつの秘密の顕現的な事実のような何かの思考でなければならないのならば話は別であろうが……）

「二つの異種の因果性の結合」という観念が意味しうるものは、因果性の異種産出［hétérogenèse］、すなわち、因果性なき原因や、常住不変なき実体だけである。ところで、因果性なき原因とは、つまり、他のなんらかの原因による決定からも、なんらかの結果を産出するための決定からも等しく免れた原因とは、物そのもの、物自体である。現象の物はその原因では

☆4 『判断力批判』八一節。

なく（それが、周知のように、同じ言葉であるとしても[★2]）、その実存である。実存は、原因としての、常住不変の基体としての存在の退−隠であり、さらには、物における原因の退−隠である。物の実存の事実（その Setzung［措定］）はその本質の継起的なあらゆる変化を同時に実存させるが、それ自身は、カントの原則どおり、このような諸変化とはいかなる関係ももたない。「自由による因果性」という観念が表象するはこの Setzung［措定］のみである、あるいは物の誕生（と死）のみである。そうでないとすると、その言明は、ここで問題となっている原因が、つまり自由が、まさに因果性のない物であることを忘れてしまうことになってしまうだろう。この意味で、形而上学はまさに自由の忘却（それは最終的にサルトルにまでいたるのだが）だと言うことは根拠のあることだろう。また、形而上学が、自由の実存の純粋な決定に関して因果性の本質の決定をあてはめるまさにその瞬間に、この忘却が起こるということも根拠のあることであろう。ところが実際は、実存が実存するのは本質の退−隠としてのみであり、それゆえ、物のほうも、原因の退−隠としてのみ実存するのである。

それゆえ、おそらく物が、「原因」そのものとしての価値を自らにもたせると同時に、あらゆる因果性から自らを退隠させ、ある自由な行為に期待すべき現実性の産出に必要なあらゆる力やあらゆる行為からも退隠するような場所において自由であること［＝自由な現である存在］は、形而上学が解する「自由存在［＝自由であること］」ではない。実際、それは「自由に」原因となる［＝惹き起こす］ことができるという意味で「自由存在［＝自由であること］」

★2　chose と cause が語源的に見れば同じであることを言っている。

なのではなく、実存の自由‐存在なのである。この意味で、実存者は自由によって所有されている。実存者が自由によって所有されているということは、無条件な因果性として自らを定立したり思考したりすることができないことを（多かれ少なかれ想像上で）糊塗する必然性の欠如的な様態においてではない。そうではなく、肯定的な様態においてであって、そこにおいては自由の理念（無条件的な因果性）とは結局は因果性なき物の理念（これこそもはや理念ではなく、事実なのだが）であるということに対して自由はまさに立ち向かうのである。因果性なき物の理念とは、換言すれば、実存の理念ということであり、実存においては、そして、実存としては、「理念」は無媒介的に、事実として与えられ、そしてこの事実は経験として与えられるのである。[☆5]

ところで、このように事実として、また経験として与えられるものは、そのことによって、そして存在論的語法を変えることなく、力［force］として、また行為として与えられる。自由存在は、この使用に必要な諸力をもまた随意にするという条件で用いることが可能なような、ひとつの「所有物［＝固有な性質］」として与えられるのではない。そのような考えの前提となっているのはまた、行為のためにあらゆる力が欠如している場合は（そしてこの点ではほとんど何もかもが欠如しているのが常なのだが）、自由は内面性へと退‐隠し、そこで素晴らしくも無力に輝きつづけるが、そのわずかな火種にとどめをさす最後の力がそれを消しにやってくる、といった考えである。

☆5 ここで言われる無媒介［＝直接］性は感性的なものの無媒介［＝直接］性ではない。かといって、叡知的なものにおける媒介の不在のことでもない。それは自由の感情でも、その知的な明証性でもない。それはカントにとって自由の法則への尊敬がそれであるような「理性の感情」の特殊なプレグナンツとでも言うべきものに似ているであろう。そして、「尊敬が尊敬するもの」として、「理性は自由なものとして自らにそれを与えるのである」（ハイデガー、『カントと形而上学の問題』*Kant et problème de la métaphysique*, trad. franç. Paris, Gallimard, 1953, p. 215――ある意味では、『カント書』のあの第三〇節で行なわれた分析が、我々がここで試みている方向を開いたのであるが、それはハイデガーが尊敬を超越論的な構想力と関連づけることとところが事態はまるで逆なのであって、自由は現実的に無力であるときでさえ、力として、行為として、与えられている。行動する能力＝可能性を奪われた者の自由の実在は、「純粋に内面的な随意」などではないし、身体が鎖につながれていることに対する精神の単純な抗議ではない。むしろ、その実在は、この身体の実存そのものなのだ、と言うべきであろう。ひとつの身体の実存はこの身体の破壊されても消えない自由な力であり、このような自由な力が消えるのは、この実存とそれを破壊する実存との関係それ自体が、実存の関係としては消え、因果性における本質の関係となったときだけである。それこそが、殺人者とその被害者との関係と、死体置場を前にした殲滅者の非－関係とのあいだにある相違なのだ。この力は、「精神」のものでも、「身体」のものでもなく、実存そのものなのであり、なんらかの主体性（意識や意志を欠いた場合もある）や、なんらかの客体性（力［puissance］を欠く場合もある）と混同することは不可能である。

このような物の力としての自由、あるいは実存するという行為の力としての自由は、自然の他の諸力に抵抗したり一緒になったりする力を示すのではない[☆6]。それが示すのはむしろ、そこから、自然に対する人間の、そして人間相互の間の、このような力関係が可能となるような何かである。それは一般的な力の力、あるいは物の実存の抵抗自体――内在的な存在や諸変化の継起へと吸収されることに対する実存の抵抗――である。したがって、それは超越論的な力なのだが、それは物質的な現実性である限りにおいてそうなのだ。このようなものとしての実存

によって、尊敬を「倫理的自己の超越の超越論的かつ根本的な構造」として現出させたためであるし、またこのような超越がまさに、我々が「経験」として示すものの構造だからである。とはいえ、ハイデガーの極度に省略的な分析によっては、その分析が宣言している統一性、つまり構想力の受容性と法の自由な強制との統一性に到達することは無理なように我々には思われる。というのも、この統一性が見出されねばならないのは、まさに経験の根源的な概念の単一性のうちにおいてだからである。つまり、自由存在としての世界-内-存在の経験においてである。ハイデガーにおいて全てはそこへと通じているのだが、明瞭にそれに到達してはいない。『カント書』においてはこのような到達されないということと、実践理性にごく限られた場所しか与えられていないと

はその存在（あるいはその物）を行為のうちに、あるいは言うなれば実存することの実践のうちにもっているのだから、それに対して力の現実的な性格を認めないことは不可能なのであるが、それに関する思考は超越論的な物質性の思考、あるいはこう言ったほうがよければ、存在論的な物質性の思考を含んでいる。つまり、特異性の物質的措定［Setzung］としての存在の退 - 隠、そして諸力の差異としての諸特異性の差異。物質のあらゆる決定に先だちながらも、実存のこの物質性は（それが自由の事実を刻印するのだが）、それでも外在性と抵抗という物質的特性をそなえているのである。☆7

自由によって「所有されている」ものとして自由であることは、自由のいかなる「純粋な精神性」にも還元不可能な物質性の現実性をもって自由であることである（だが、「精神」とはまさにそれであり、この物質的差異であり、そこにおいて実存者がこのようなものとして露呈することになるのだ）。因果性のなかで表象され連なっているもろもろの力の順序のなかにはおりこまずには、我々はこの物質性を表象することができないということ、そして、この事実によって、自由の行為の諸可能性の（楽観的であれ、悲観的であれ）評価のうちに墜落することを我々が避けえないということ——そしてこの場合、自由はこの事実によって「精神」の因果的な特質［＝所有物］になってしまうのだが（とはいえ、誰が、自分を殺した者に対する死体の自由な力をこんな風にあえて単純に評価したりするだろうか）——、以上のことは、自由の力の存在論的地位に対する反対証言ではない。というのは、それらが示しているのは逆に、

いうことは、構想力と図式主義に関する主導的な分析を凍結する現象学的（形相的）抵当による命令のためであるように我々には思われる。しかし、そのことを示すためには他の著作が必要だろう）。しかしながら、もし、尊敬の「明証性」なるものがあるならば、それは「理性ノ事実 factum rationis」によっているのであって、真の役割をもたずにそれに同伴している感性によっているのではない。なぜなら、この明証性は純粋な触発の触発可能性の制度そのものを示す「病理学的［＝情念的なもの］」を免れているからである。（『現成の本質』五八節のミシェル・アンリの分析を参照のこと、——ただし、我々はその結論には反対である）。したがって、ひとつの「病理学［＝情念論］」ではないとしても、少なくとも、純粋理性の純粋な情念を考える必要がある

概念に対する抵抗自体のうちにある不可入性であって、その不可入性とは、それなしでは自由が自由ではなくなってしまうものなのである。(ところで、忘れてならないのは、このように抵抗する物が恒常的に、因果性自体のまっただなかに、その継起性の効力として住まわっているということである。ここでもまた、自由の力が住まい、抵抗するのは、ただ唯一の「精神」のうちにではなく、あらゆる物の実存そのもののうちにおいてである。あるいは、「我々」がすべての物の自由なのだ、と言ってもよかろう。)

思考が、もっとも固有に、了解と非-了解とを同時に免れていることが明らかになるのは、ここにおいてである。[☆8] 思考は自由の力を了解しないのだが、それを了解不可能なものと見なすわけでもない。——じつは、思考はそれ自身において、思考である限りで、自由自体の堅固な物に、この異物[=他なる身体 corps étranger]に、つきあたる。ところが、この異物[=他なる身体]は思考自らの身体なのであり、それによってのみ思考は自らがそれであるところのもの、つまり、思考であることができる。まず自分自身のうちにおいて、そしてその固有で/非固有な物質的強度として、思考は自由の侵しがたい抵抗に触れるのである(そして、より正確には、言語[=舌]の抵抗として、あるいは、思想家や思考の独自性の抵抗として、触れるのだ。だが、また、思考する身体の抵抗、というこれまた特異な抵抗として触れるのである。それが緊張した筋肉や、頭のなかの厳しい炸裂であり、「思考」と呼ばれるものを望みのままに引き渡したり退-隠させたりする肉体の沈黙した厚みである……)

う。そこでは、理性はそれがありうるすべてにおいて(「理論的」な場合であっても)「実践的」である。しかし、ここでこの「純粋性」とは、世界-内-存在の物質的現実性や道徳的「不純性」(後に述べる悪)以外の何ものでもない。この「情念」は自由の経験である。したがって、この経験の非媒介性は自由が無限の距離の自由を触発する限りで実存における自由の触発的非-媒介性として了解されねばならない。つまり、無限の退-隠から、そして実存を貫通するこの自己-へ-の距離(その非-本質性)から、了解されねばならない。この自己-へ-の距離が実存を自己の外へと置くとすれば、それは実存を物自体として実存させるためにのみである。経験のこの非-媒介性は感情と明証性に共通な根源的な構造であり、経験が主体をその両者から退-隠させる。

このように、自由はたんなる「思考」でしかないことはできないし、「思考における」自由などでもない。自由とはむしろ、次のようなことなのだ。すなわち、実存者が思考するという事実は、実存者のさまざまな特質［＝所有物］のうちのひとつを構成するのではなく、実存者の実存の構造そのものである。なぜなら、思考において——あるいは思考として——こそ、実存者は存在の内在を免れているからである。このことが意味するのは、実存者が「純粋な思考」の次元のうちにしか実存しないことなどでは絶対にない。というのも、もし思考が実存であるのが、実存を世界と分有存在の有限性へと引き渡す超越によってなのだとすれば、「純粋な思考」などまさにありえないからである。したがって、このことが意味するのはむしろ、実存者の生はその思考と同一であるということである。（ちなみに、だからこそ「生」の哲学も「精神」の哲学と同様に実存者の生にはふさわしくない。）あらゆる規定された思考の手前ないし彼方において、そしてことに、思考の「自由」や「非‐自由」のあらゆる演繹の手前ないし彼方において、またそれらのあらゆる直観の手前ないし彼方において、思考は行為なのであるが、この行為にとって、行為の本質（その力、したがってこの力を付与されているに違いない「実体」）は内在性において現前するのでもなければ、その表象において捉えられるのでもない。思考とはひとつの非‐現実［行為］性の行為なのである。だからこそ、思考は、主体性の様態において自己に現われ出て、自らを制御することはできないのである。しかし自ら自身にとっても、思考は自分の自由のうかがい知れない力の経験なのである——そして、思考は、思

☆6　ここで問題なのはマルクスが「自己によって実存する人間」と区別するために、『一八四四年草稿』で語った「自然の力を備えた（……）無媒介的に自然である」人間ではない。（プレイヤード版、第2巻、1968. 130-131）。とはいえ、ヘーゲルが意識にアクセントをおいたのに対して、マルクスが力にアクセントをおいたことは意義深いことである。自由の経験はまた世界‐内‐存在において問題となっている諸力のひとつの相違の経験でもある。ちなみに、全く異なるしかたではあるが、同じように徴候的なしかたで、ベルクソンが自由な行動を物質的エネルギーの「爆音?!」として提示しようとしている（『精神的エネルギー』Ⅰ［訳注］意識と生命、自由な行動の機構）ことを思い起こされるだろう。

☆7　この存在論的物質性は『ハイデガーと空間の問

考が思考するものと同様に、思考を思考するものと同様に、つねに自分のうちの他なるものであり、つねに元初の状態にある。

この力は、原因の連鎖による計算可能な結果からすれば、厖大であることも些細であることもあろうが（思考の、そして自由の結果を計算できるとしてのことだが）、それ自身においては、物としては——原因としてではなく——つねに同一である。この力は、つねに同じ強度をもっており、この強度は相対的ではなく絶対的強度である。我々がそれによって特異性の関係において実存する諸差異の働きを隅から隅まで緊張させているのはこの絶対的な強度である。自由は関係の絶対的な緊張である。この存在論的に物質的な緊張が、うかがい知ることのできないものであるということが実存の絶対的な価なのである（カントの用語を用いれば、「尊厳」、つまり、もはや「価値」ではないものである）。この緊張は、二つの眼差しが交わった瞬間から可視となる（しかし、ここでそれを人間的な視線に限るべきかどうかは確かではないし、我々の視線によって見られるものや、世界の「動かない」物のほうから見られる眼差しをここで排除すべきかどうかも確かではない）。実際、この緊張は物質的に可視、いや可視以上に、「触知可能」でもあるのだが、それは、眼差しにおける視るものの——それはひとつの思考でも、顔でもなく、眼差しのこの行為自体の、世界 - 内 - 実存（それは、ひとつの主体によってどんな視点（パースペクティヴ）がとられることにも先だっている）の強度をもったこの開けの、独自な非 - 現実性［in-actualité］である——不可視性自体である限りにおいてそうなのである。現

題』（Didier Franck, Heidegger et le problème de l'espace, Paris, Minuit, 1986）におけるディディエ・フランクの分析にかいま見られるように思われる。

☆8　本書第五章参照。

前へと到来させるがままにし、そうされるがままにする現前のこの退‐隠、そこではあらゆる原因が物（ここに、何かがある）のうちに退‐隠するような虚無の白熱、それは自由というものでしかありえないであろう。あるいは、それは自由でしかありえない、と言ったほうがよかろう。眼差しが所有する［＝とり憑く］ように、この自由が我々を所有する［＝とり憑く］。現前へと引き渡しながら。しかし、それは、因果性とはいかなる種類の関係もない。原因としての存在は理論的なヴィジョンの可能な多数の種類に属している。物としての存在は、自由の眼差しの力によって与えられる。見ているのは、つねに自由なのである。おそらく、「星空」の底なき底から、のみならず、偶然に交わされた眼差しのうちで、あるいは牢獄の底から、あるいはまた死んだばかりの者の目のうちにおいてまで。そして、もし、見るのがつねに自由であるとすれば、それはおそらく、つねに同じ眼差しでもあるのだ。

もし自由がこの自由－存在［自由であること］や、存在のこの自由（それ自身のもの）や、存在への関係における実存の自由（それは同じ自由、退－隠の贈与性である）でないとしたら、我々はまったく自由でないことになってしまうだろう。我々は、気まぐれと宿命の二律背反へと引き渡されてしまうだろう。この二律背反は、カントの第三アンチノミーの基礎と同時に、その袋小路をなすものである。この二律背反が明らかにしていることは、超越論的幻想がまさに見いだされるのは定立のうちでも反定立のうちでもなく、定立と反定立とに弁証法的地位を与えると称する二律背反そのもののうちにおいてであるということである（それはまた、このように形而上学にとっての自由の弁証法――その語のあらゆる意味において――一般をも露呈させ［＝論述し］ている）。カントが知っていたのと同様に、カント以前のあらゆる哲学も、気まぐれは宿命に依存しうるし、宿命は気まぐれと解しうるということを知っていた（こうしておそらく、「悲劇的自由」を忘れた悲劇に関する哲学的解釈が始まる、あるいは、終わるのだが、それについてはのちに再説する必要があろう）。二つの因果性の本性の違いを構想することによって、カントは同時に二律背反の論述とその超越論的解決とを可能にした。しかし、この本性の違いが偽りであることが明らかになったとき（というのも結局は両者とも因果性が問題だったからだが）、我々は二律背反（アンチノミー）の内部における永遠の些細な移動を強いられることになった。この移動は自由についてのあらゆる問いかけを、のみならず結局は自由の概念自身をも虚しいものとしてしまう。すなわち自由の概念は、必然性の主体的受諾か、規定された総体における相対的な自由か、精神的かつ非‐物質的な自由か、自己自身を了解できない倫理‐政治的な諸自由のどれかになってしまったのである。

絶対でないような、自由などありえない。そして、因果性のひとつの可能性であることは、絶対であることではないし、因果性の可知性自体であることもつまるところ（あらゆる点からカントにおいてはこのように解釈されよう）また絶対であることではない。なぜなら、絶対であることができるのは原因ではなく、物だからであり、本質ではなく、現前だからであり、存在ではなく実存だからである。この絶対性の思考が自由のあらゆる思考の、そしておそらくあらゆる思考一般の定言命法であろう。たとえもし、そしてまさに、この思考の使命がひとつの演繹あるいは証明（それが無限のものであろうとも）のプログラムとして提示されえないとしても、そして反対にこの使命が思考にとってはつねに自分自身の限界の（しかしまた自己自身の物質の）試練として現われるとしてもである。

定言命法は自由に宛てられる限りで意味をもつのだが、自由のほうもまたこのような命法（文字どおりカント的命法であれ、まったく別の言い方で、たとえば「つねに自由を考えよ」であれ）を受けとるときのみ意味をもつ。別言すれば、自由は偶発的にではなく本質的に、命令の応答者なのであり[☆1]、それゆえ、おそらく本質的に自由に関する定言的な命令の応答者、それゆえ自己自身の命令の応答者でしかありえない。そして、その自分自身による命令とは、「自由であれ」、あるいは「自由になれ」（あるいは、洗練されたかたちとしては、「自らのあるところのもの、つまり自由であれ。そしてそのために、なんらかの本質および／もしくは自由のなんらかの概念から自由になれ」）といったものである。おそらく、自由に関するあらゆる思考の極限や発端においてあったのは、プラトンの言う哲学者の自由な必然的条件の自由、デカルトの言う自己であることの自由な決定の自由、スピノザ言うところの神の排他的自由の自由、さらにはヘーゲル言うところの自由の全体的かつ特異な現実化としての国家の自由であれ、このこと以外のものではなかった。

自-律はつねに自由の固有な支配（レジーム）＝制度を表象＝代表してきたが、今後は、自-律は自己による立法ではあるが、その立法に先だって自己が実存するわけではないと解すべきであろう。というのも、その実存自体が法によって厳命されているからであり、この法自体もいかなる権利も根拠としていないからである。実際この法が自らの権-限とともに「権利」一般の可能性を創設するのだ。自由はひとつの権利ではない。自由は権利なしに「権利として」ある何かの権利である。自由が事実として、元初的なものとして、革命として理解されねばならないのは、この根源性のためである。法はここでは法それ自体であり、その純粋な本質においてそうなのである（法が規定するものは、あらかじめ存在するいかなるものにもしたがわない。そこ

☆1　拙著『定言命法』（前出）および、本書第二章を参照。

から自らを自由にしなければならないなんらかの非－自由にさえもしたがわないのだ。というのは、自由は自ら自身の命令において先だつことしかできないからである）。そして法は、その事実によってつねに法の限界へと赴く法であり、絶えず法から脱する法である。自由とは、法の特異性であり、特異性の法である。自由は唯一の法を規定するが、しかし、この唯一の法は、事例があるのみだ、自由が規定するものの特異に不可侵で妥協のない特異な審級があるのみだと規定する。同時に、それは優れて妥協を許し侵すことが可能なものでもある。なぜなら自由とはその法なくしてはどんな些細な法の影も予期もありえないような法だからである。

「自由であれ」（おそらくただたんに「自由な！」と書くことができるべきなのだが、名詞や形容詞のこのような動詞的な使用法は――少なくとも、調教の命令のような響きをもたずには、〔それだってよいのだが〕――ありえない）。「自由であれ」というのは不可能なことを命じている。というのも、この命令の以前にも、この命令の外にも、随意になり、指示されうる自由などないからだ。そしてこの同じ命令が不可能的に命じている。というのも、ここには権威の主体がないからである。したがって、ふたたび了解の限界に触れることになる。しかし、それは自由の必然的な先行性の前にふたたび身を置くためである。[☆2] この先行性はたんにもはや思考に関してのみではなく、自由それ自身に関しても明らかになる（今でも、このような区別が許されるとしてのことだが）。自由であるためには、自由はその自－律において自らに先行している必要がある。自由は命令されることはできない。自由の出来は命じられることはできない。

☆2　第五章参照。

それが可能だとすれば、それはただ、不合理であることなしに、このような命令が生起しうるような空間をすでに自由が解放している場合のみである。あるいは、むしろ、意味一般のどんなわずかな可能性にも先がけていることなしにと言ったほうがよいだろうか（しかし、それもまた問題になるのではないだろうか……）。「自由であれ」と言うことができるのは、それが何であるかを知っている者に対してのみである。かつて自由であったことがなければ、すでに自由のうちに置かれたことがあるのでなければ、それが何なのかを知ることはできない。そこにおいて自由が遅延する命令においても、自由は同様に自らに先行しているのでなければならない。「自由であれ」は自由の命令として不意に到来せねばならない。自由が自ら自身をすでに自由にしていなければならない。これは命法が言表されるためにのみでなく、その言表が自由の力に恵まれた行為であるためにもそうなのである。☆3（この意味では、命法は一般にそれが命ずることの実行に関しては力［権力 pouvoir］をもたない――それはその原因ではない――と言うことは正確だとしても、それが強制力［force］をもたないと言うことは正確ではなかろう。それどころか、イントネーション（強度の形式）を命令法の言語的記述において顕著な要素としているものは、この力なのである。☆4 この力は何ものも、なんぴとをも強制しない。ある観点から見れば、それは使用されることのない力である。あるいは、実存する限りでの実存の特異性の強度にすぎないのだ。）

このように、自由の自‐律としての自律は絶対＝分離である。それは、ヘーゲル的論理の

☆3　命令や出来事の一般的かつ接合的な構造。「〈来い〉。到来するものの到来、たとえば、出来事の到来をどのようにしてそれは惹きおこすのだろうか。〈来い〉それ自身がおきない［＝届かない］、自らをおこさないならば」（ジャック・デリダ『パラージュ』Derrida, *Parages*, Paris, Galilée, 1986, p. 62.）

☆4　バンヴェニストを参照。「本来的な意味では文」となっていないが「特徴的なイントネーションによって、裸のままの言葉が命令を表わす場合がある」。（『一般言語学の諸問題』*Problèmes de linguistique générale, I*, Paris, Gallimard, 1972, p. 98.）

もっとも明証的な用語法において理解されうるような意味で、絶対者が自由であることではない。それが意味するのは――ヘーゲルとは正反対に――自由が絶対＝分離であるということ、つまり自由は絶対者自身の絶対＝分離化［absolutisation］であるということである。絶対であること、それはあらゆるものから切り離されていることである。絶対者の絶対、絶対者の絶対的本質、それはあらゆる紐帯から、あらゆる現前から切り離されていることであり、それ自らに関してもそうなのである。絶対者は、それに対していまなお「彼方」という関係をもつ存在者たちを除いては、あるいは彼らを超えては、もはやどこかには位置しない存在であり（ヘーゲル自身そのことをよく知っていた）、絶対者はもはや存在する存在ではなく、自己固有の本質の絶対＝放免において、自己自身の手前で、自己自身へと、退－隠した存在であり、この絶対＝放免としてしか生起しない［＝場所をもたない］のである。絶対者は、いかなるものにおいてもその本質ではないが、実存の事実のうちで、その特異性において、その到来の物質的強度において、自律的な法＝掟の口調においてたんに本質のその退－隠、その絶対＝放免、その崩－壊、さらには、絶対的に、その解決である、存在者の存在なのである。この自律的な法＝掟の自律、自己創設、権威性は、法であることの経験にしかよらないのであり、その法は、実存の噴出としての法の縁へと拡張されているのである。

もしこのようなものがまさに、そこに実存を、つまり思考の物そのものを我々が絶対的に確認しなければならない存在の絶対＝分離的極限だとすれば、そのとき「自由」は、この絶対＝

分離性の哲学的名称であるか、何ものでもないかのどちらかである。自由は、存在が存在のうちに閉じこもらない限りでの、そして実存の分有のうちでその存在から自らを放免する限りでの、存在の離脱——そして、解き放ち［＝暴発］——なのである。

この絶対性ゆえに、自由は、宿命の反対物——それゆえ相対的——であるようなあらゆる自由の概念とは明確に区別される仕方で考えられうる必要がある。

宿命という観念は、世界の彼方から命じられた〈運命〉の響きをもつにしろ、〈歴史〉の内在的な発展の必然性の響きをもつにしろ、このような出来事の流れに固有な存在論的一貫性を前提としている。それはその起源からも、その過程の連鎖においてもそうである。この出来事の流れは存在しなければならず、また流れとして存在しなければならない。契機にしたがって、また方向にしたがって。その理屈にしたがえば、自由は、この出来事の流れとの関係においてしかありえない。つまり、時間を免れた定位（ポジション）を占めることを可能とする有限ではない超越の視点によってしかありえないということである。この定位において自由は、神（あるいは〈歴史〉の〈主体〉）における忘我＝脱自のモデルにおいてであれ、「本質的な自己幻想としての不可避なものへの決意性」のモデルにおいてであれ、宿命と同一視されうる。

出来事の流れに固有な一貫性は、時の存在である。時としての存在ではなく、存在としての時、つまり、実体としての、主体性としての時である。宿命という問題、ないしは強迫観念は、西洋においては、時間性がそこでは実体化されていた限りにおいて　つねに現前していた

（そして、それなしでは自由の思考は躓いてしまうだろう。もっとも、自由と思考が相互に弁証法的にかかわるのであれば話は別である）。しかし、反対に、そして対称的に——そしてそれは、実際、伝統全体をつねに動かすものなのだが——時間性が実体化一般を、また特にそれ自身の実体化☆1を妨げるものとして認められる限り、パースペクティヴはずらされる。出来事の流れは、否定されるべきなのではなく、出来事の流れとして、またこのような「流れ」それ自身の出来事性として、明るみに出されるべきなのだ。我々はここで時間性についてハイデガーが行なった分析を敷衍することも、目立ちはしないが執拗に続く伝統の筋道を敷衍することもしない。この道筋が彼の分析へとつながっていることはまちがいないが（歴史）、それは同時にこの流れから自由になっている（出来事）。我々は即座にこの極限へと、つまり、時間の概念自体が、またこの名称さえもが、宙づりにされている場所へと向かおう☆2。この場所においては、時間の時間性はそれ自体、まったく時間的でないことが明らかになる。（あるいは、そこで時間の時間性が時間的であるのは、それが時間の時間を与える、つまり時間の流れよりは、いわばむしろその律動を与えるという限りにおいてである——このように言うと、この律動が流れそのものにおいてのみ場所をもつ［＝生起する］ということを忘れる危険（リスク）があるのだが）。

つまり、時間の時間的本質の深みにおいてではなくて、こういってよければ、時間そのものを通して、最終的に識別されるようになるのは、時間の由-来、より正確には、時間の現在の由-来と呼びうるものなのである。実際、時間としての時間は、その流れの流動性や、さらに

☆1　同じ問題系に属するとはいえ、ここでは空間との連関は無視せねばなるまい。これに関しては別の研究が必要であろう。空間の固有な根源性（ディディエ・フランクが行なったように、一七九頁の☆7を参照）としてのみではなく、のちに述べる「出来事」のまわりでの時間の「空間性」としても考察せねばならないものの方向性の指摘は少し先で行なわれる。一般的に言って、自由は広がりのあるもの、空隙を作るものとして自らを与えるが、この点は最後に触れよう（第十三章参照）。

☆2　『時間と存在』参照。また、デリダが「ウーシアとグランメ」（『余白——哲学の／について』所収《Ousia et grammé》in *Marges de la philosophie*, Paris, Minuit, 1972）で行なった「時間の概念」の「すみずみまで形而上的な」性格の分析も参照せよ。

はかなきがいかなるものであれ、つねにあらゆる哲学にとって、現前（現前した、現前する、現前するだろう）の次元と支配下とにおいて捉えられてきた。かくして、カントにとってこのようなものとしての時間は、時間において流れない唯一ものであった。つまり、継起する現前〔現在〕の不変性である。しかし、現前する－存在者としての存在者が、その退－隠において存在を隠蔽しつつ自らを露現するのと同様に（この「同様に」は実際には二つの問いの内面的絡み合いに呼応しているのだが）、時間の現在はこの現前の現前－への－到来へと（あるいは現前の呈示［＝現前］された存在へと）合図を送ることなしには自らを呈示［＝現前化］しえない。現在は他の現在に由来することはできない。それぞれの現在はかくあるものとして、あらゆる継起性から離脱している絶対的な現前（過去、現在、未来の）の自分自身のうちに自らを支えているのである。カントが因果性について述べた言葉を用いれば、現前のそれぞれの現在は実存への誕生（あるいは死）である。それは永続する実体（したがって、このようなものとして、けっして現前へとは到来しない）のなんらかの変容ではない。換言すれば、その現象性における現象は永続／継起という対を拘束するのだが、この対はそれ自体、実体／属性（アクシダンス）という対を拘束し、一方、物の実存として考えられた現象は、こう言ってよければ単純に（しかし実際にそれはかくも近くかくも遠い単純さそのものなのだが）、物の「措定」、実存における実存者の措定 Setzung を拘束する。この措定は永続からも継起からも逃れ、実体性からも継起性からも逃れる。この措定は現前としての、現前の時における、由－来であり、その現前の現在として、それを根拠づけたり、産出したりするいかなるものにも依存しない。それは時間にも、時間のうちにあるいかなるものにも、時間の外のいかなるものにも由来しない。それはいわば時間における時間の由‐来なのである。そこにおいて、この措定は、それ自体は時間的ではないひとつの「到来」から生じる。それが時間的でないというのは、それが時間のうちに到来するわけでも、その過程の持続がそこに現前化するわけでもないという意味である（そしてその意味で、それは「到来したもの」ではない。――それは正確には、到来するのではなく、由‐来［＝あらかじめ‐到来 pro-vient］し、突発［＝不意に到来 sur-vient］し、おそらく帰‐来［＝ふたたび‐到来 re-vient］する)。それは現在に先行しない由‐来であるが、現在を現在として与え、それに現在の現前を与える、あるいは現前にそれを与えるのは、この由‐来なのである。（そしてそれはこのような仕方で時を与える。実存のための存在の由来［provenance］であり気遣い［prévenance］である。）ハイデガーはそれをEreignis［性起］という名前で呼んだ。彼は「現前の贈与は性起することの固有性である。存在は性起において消え失せる」と言った。この性起という語の通常の意味は周知のように「出来事」であるのだが、ハイデガーは、「出来事」という言葉からまず理解されるような時間的で現前的な点性（ポンクチュアリテ）ではなく、結局のところ、出来事の出来、現在の由来、そして存在としての存在の固有化（Eignung）の由来、時間としての時間の由来、ひとつの現前の開けにおける存在と時間（それは空間をも含むが）の由来を思考しようとしたのである。

ハイデガーは性起の説明も活用も中途に残したままであった。我々はここでそれを取り上げようとも、発展させようとも試みない。それにはまた別の研究が必要だろう。ここではこのモチーフが自由の方向性において、あるいは我々が「自由」と呼びつづけているものの方向性において、必然的に示していると思われるものを自由に活用することで満足しよう。つまり、時間の由-来が問題なのだ。もし時間が自分自身からやってくるものと考えられるならば、時間はある必然性の主体性として考えられることになる。この場合、必然性とは出来事の不可避な流れであり、それによって自由は想像上の狡知を実践することに還元されてしまうだろう。しかし、このような流れの出来事あるいは出来とはいったいどんなことなのだろう。現在の流れとしての、あるいは、流れの現在としての、時間そのものの出来とはいったいどんなものなのだろう。(したがって、結局のところ、カントの第一図式と、そこで、定義上、ひとつの主体となりうる以前に時間を産出したり作りだしたりする「我れ」とはどんなものなのだろう。この問いのすべてはおそらく、生まれながら自らを産出し、自己の誕生であるのみの、誕生であるのみの特異なひとつの我れの問題であろう。またもや叫びだ。――それは不意撃ちの叫びなのだろうか。)

このような到来とは何なのか。すでに述べたように、それ自身は到来しないものとしてのこのような到来とは。到来[venir]や、去-来[*e-venire*]や、出-来[*ad-venire*]自体の由-来[pro-venance]とはいったい何なのだろうか。この由-来は時間においても、存在においても、ひとつの起源ではない。それは可能なひとつの起源の起源でしかない。――そしておそらく、さらにより秘かに、そしてすでに喚起された主題によれば、不確かな起源の起源なのであろう。それはおそらく、不意の－到来［*sur-venue*］と呼ばれたほうがよかろう。時間は、流れとしての、出来事としての時間は、出来事の流れとしての、そしてその固有な流れという出来事としての時間は、つまり、現前における－到来というあらゆる様態のもとで、時間は不意に－到来する。この不意の到来は、現前における－到来の突然な性格のうちにはない。というのは、突然な性格というのもまだ現前それ自体のひとつの様態であるから（少なくともそれを「瞬間」との連関で理解するのだとすれば――しかし「突発性」は他の分析も可能であろう）。だが、不意の－到来は次の点にある。つまり、「到来」は到来しないし、「生じる［＝やってくる arriver］こと」はやってこない。ここでは、到来や出来事や出来や生じることについて時間的な思惟が前提とするすべてのものから離れて、時間的な思惟がそれらの現前の思惟である限りにおいて、考えなければならない。出来事という言葉は保ちながら、しかし、性起によって現前の我有化を――固有性の（突然の）現前をではなく――考えようと努めれば、次のように言えるだろう。「出来事においては、時間は時間へと不意に到来し、時間のうちにも時間的にも生じることなく、時間は時間として（現在＝現前として）、生じる。誕生の時間でもある時間の誕生。時間から退－隠した時間、現在のない移行の時間、無から無への移行――しかし実存の伝承［＝解放］であるもの」。

生ずることなく「生じ」るもの、つまり、起源に由来することなく、それでいて、起源自体へと由-来しつつ、不意に-到来しつつ（叫びが、おそらく口の起源の穴に由来するのではなく、そこにおいて不意に到来するように）「生じる」もの、それが不意撃ちである。不意撃ちとしての不意撃ちは、出来事の流れにおいて、付加されたり、流れを変更するためにであってさえ不意に到来することはない。不意撃ちは他の流れを与える、あるいはより決定的なありかたで、「流れ」自体のうちで、時の流れの退-隠を、その現前全体の退-隠を与える。不意撃ちは時間性のあらゆる哲学的分析のただなかに、そして特に現前の瞬間の分析のうちにすでに記載されていると言ってもよかろう。つまり、〈すで-に-あった〉と〈いま-だ-ない〉の間の境界で、現在はつねに、現前の境界としても、つまり〈いま-だ-到来して-いない-もの〉の〈すでに-過ぎ-去った-もの〉としても明らかとなっていたのである。それが、不意撃ちの構造である（したがって、それは現在の構造のまさに裏面を構成する）。つまり、不意撃ちはやってくることなく、生起する［＝場所をもつ］のである。したがって、我われが自らを不意撃ちする［驚かせる］という不意撃ちの図式化によれば、それは生起するのではなく［＝場所をもつのではなく］、時を開くことになるだろう。開かれた時は、驚きの時、動転の時、あるいは、問いかけや説明の時でもあるだろう。たとえば、「なぜ何かが在るのか」という問いの時でもあるだろう。あるいは「なぜ先の問いを立てたのか」というような（他の？）問いの時でもあろう。問いに答える時間はいつもあるであろうし、たとえこの「なぜ」に答える

「理由」がないと答えるためであっても、それを行なう必要があろう。しかし、我々がもつことになるこの時は、不意撃ちによってしか開かれはしないであろう。不意撃ちは時をもたなかったし、不意撃ちにとっては時はもはや——あるいはいまだ——自らの時をもつ時ではなかった。不意撃ちは到来する時間をもつことすらないであろうし、あらゆる到来へと不意に-到来することだろうし、自由な時間の出来事、つまり、時が現前化することができるためには、時の自由な開けの出来事にすでになっていることであろう。

答えの時は必然性の時であろう——それは問いの時がすでに必然性の時であったのと同様である——。というのは、「なぜ」は必然性による支配を前提とするからである。しかし、いかなる必然性も答えの時を不意撃ちによっては開きはしない。つまり、このような時間はつねに必然性の時間になってしまうだろう。なぜかというと、時間とはつねに出来事の提示＝現前化の流れであり、問いの、懐疑の、答えの、沈黙の流れだからであり、「生」の時間も、「哲学」の時間と同様に、そして「時間の哲学」の時間と同様にそうなのだ。だが、時間の時間は、あるいは不意撃ちによって現前が呈示＝現前化される時間のこの中約＝失神（シンコペーション）は、「自由」という名によってのみ指し示すことができるだろう（この意味で、「太陽はまた明日も昇るであろうか」という経験論者の問いに、答はない。あるとすれば、不意撃ちの経験のうちにおいてのみであるが、それは答ではなく、たんに「明日の太陽は、仮にあるとしても、同じ太陽ではない」、と言うことだけである）。

生きたり、哲学したりする時ではもはやないとき、あるいは、そのような時ではいまだないとき（因果性の外にある誕生と死、特異性の誕生と死、「我れ」や太陽の誕生と死、「哲学」の誕生と死、唯一の「思想」の誕生と死、実存の鼓動＝合間［battement］）、それが驚愕＝不意撃ちである。つまり、それは、そこに在った前の「現＝そこ」であり、もうすでに到達したときにはもはや「現＝そこ」ではない。ひとつの本質が中約＝失神（シンコペーション）に先行し、後続しているのだ。それは、それへの接近がこの本質☆3によっては命じられていないある本質の、自由な本質の、論理としての自由の論理である。というのも、この自由の論理は引き渡された実存の不意撃ちでしかないからである。自由は不意撃ちする——というよりむしろ、自由はなんらかの行為の主体ではないのだから、自由が不意撃ちされる［＝自らを不意撃ちする］のである。そして、「不意撃ちされる［＝自らを不意撃ちする］」とは主体性の境界上での主体の行為である。境界上というのは、つまり、そこにおいて自己が本質的に異なり、自らと異なる（たとえば、ego sum［我れあり］）ようなそこ＝現のことである。自由はここでは表象の現実の由‐来の予‐見としての意志にはよらない。自由は一撃で、そのつど（一瞬ではなく、一瞬のうちの一撃、一瞬の不確かな断面）ごとに意志の全体系を不意撃ちするのである。

その仕草を彼女はあまりにもしばしば夢見ていたので、それと気づく前になされていた。

☆3　本書第六章を参照。本章の全問題系が、リオタールがカントの歴史における Begebenheit に関して、つまり「実在における自由の痕跡」としての出来事が「自らを引き渡す事実」［＝内心を打ち明ける行為］に関して行なった読解と関連づけられるべきであろう。リオタールは、自由の検討自体を提起しているわけではないし、「自由による因果性」という呼称を使いつづけているが、それにもかかわらず、彼のテクストが前提としていると思われる自由の暗黙の概念と、ここで我々が問題にしていることとの間にはおそらくなんらかの類似性があるだろう。とはいえ、可視性と間歇性を同時に含意する「自由の痕跡」という表現に関しては我々は留保をつけたい（可視性ないしは感覚性は、リオタールの「感情」の賭け金そのものであるが、それは我々が一三三頁の☆7

あるいはまた

彼女は列車の下に身を投げたがそう決断していたわけではない。むしろ、決断のほうがアンナを捉え、彼女を不意撃ちしたのだった。[☆4]

自由が不意撃ちするのはいつも、もはやその時ではないとき、あるいは、いまだそうではないときである。つまり、時間にとっても、そして「自由」や「運命」の抵抗にとっても、もはや、あるいは、いまだその時ではないときである。それは、自由が「不可避なものへの諦め」としてしか解決されないからではない(このような諦めはおそらく自由に関する形而上学的概念の結果を形成している。しかし同時にそれがなんらかの偉大な哲学の本質的思想を形成したことはない。この点に関して範例的で母型的とも言えるストア派の世界の秩序を望む意志を、諦めと分析することはできない[☆5])。しかし、自由は反抗という幻影に囚われているわけでもない(これもまたストア派的である)のであって、反抗は実際には運命の連鎖に服従しているにすぎない。このように、自由は諦めも反抗もしりぞけるが、それは何もしないためではなく、この離れた場所を空けるためであり、その場所こそが固有で革命的な力[☆6]のうちの自由な行為の場所なのである。(それにおそらく、反抗の態度も諦めの態度も排除されているわけではない。

において喚起したものとつながっているにちがいない)。リオタールが語る「歴史的出来事」の次元で否定できないものは、感覚的なものの非-感覚的であり、出来事的間歇性の非-間歇的であると言うことができるような構成へと存在論的次元では差し向けるように我々には思われる。ある意味では、自由の出来事は絶えずあるのであり、それが実存としての実存を開く。時間への「不意の-到来」が絶えずあり、ただそこからのみ、ひとつの「歴史」とかその「諸表徴」を思考する可能性へと接近することが可能なのである。リオタール『熱狂』(中島盛夫訳、法政大学出版局)特に五八―六〇、一二六―一二七、一三三―一三五頁を参照。

☆4 ジュリアン・グリーン『深夜』Minuit、ジョルジュ・プーレ『瞬間の尺度』*Mesure de l'instant,*

ただ、それを決断するのは自由なのであり、そしてそれらを自由に行なうも行なわないのも自由自身なのである)。

もはや、あるいは、いまだ自由意志や運命の抵抗に出会うときでないとすれば、それは、もはや、あるいは、いまだ時間にとって、その時ではないからである。自由においては、時間に向けて［＝とって］の時ではない。それは時間の切断面の「時」であり、時間を不意撃ちし、到来していないものを現前化＝呈示し、現前化したものへと現前を退‐隠する不意の‐到来の「時」である。自由な行為は、過去の現在を知らないが、将来の現在を保証しもしない。かといって、それはその固有の現在のうちに立っているのでもない。それは出来事ではないが、出来事へと不意に到来し、それを時の開けあるいは閉じとして、現前における到来の贈与ないしは拒否として、固有化する（ereignet［性起する］)。ある意味で、カントは正しいのだ。もし私がこの瞬間に椅子から立ち上がるなら、そこには世界の機械的因果性のうちに介入することなく介入しにやってくるような別の因果性があるわけではない。しかし、この出来事への何かの不意の‐到来はまちがいなくある。それは、そこに到来しない何か、そこに現前しない何か、にもかかわらずこの身振りの時間を実存へと引き渡す何かである。つまり、時間と現前の中約（シンコペーション）＝失神の（たいていの場合、非蓋然的な）可能性へと引き渡す何かである。その中約＝失神において、現前としては現前しない何かが自らを現前させる［＝現前する］。つまり、それが本質の退‐隠であり、そこにおいて実存が実存する。

Paris, Plon, 1968, p. 376 の引用に拠る。ミラン・クンデラ『小説の精神』（金井裕・浅野敏夫訳、法政大学出版局）、六七頁（著者はここでアンナ・カレーニナについて述べている——文学は構造的にこの不意撃ち＝驚愕によって仕事をするのではなかろうか。他の多くの文学的例を引用することができよう）。ここには何か中約＝失神的なもの——宙づりと律動——が、「理性」のただなか［＝心の中］の鼓動のようなもの、心臓の鼓動のようなものがある。「心はすでにひとつの出来事だし、出来事がすでにひとつの心だ」とドーゼンは書いた。自由は、その出来事において、おそらく心の秩序［階層］に属するものなのだろう。しかし、存在の心をどのように思考しようか。（私たちは『炸裂する愛』［既出］ですでにこの問いに触れた）。性起において出来するのは、自由それ自身が「自らを現前させる」のは、自己の前／後ろにおいてであり、この現前のうちで、自由を指定したり制定したりしうる何かの超過とは退－隠においてである。この現前が自由意志のそれであろうと、運命のそれであろうとも。自由が自由であるのは自由意志へと、かつ／あるいは、運命へと向けてであるが、自由はそれらの主体性やそれらの実質性と混じりあいはしない。なぜなら、自由は自らを自由意志の主体となすであろう可能性、かつ／あるいは、運命の力によって捉えられてしまっている可能性であるが、それは意志にも運命にもならないし、それらのうちにおいて意志的かつ／あるいは運命的な様態において露呈された実存でもあろう。しかし、この露現それ自体は意志的でも、運命的でもない。それは根拠なしに自らを露呈し、その根拠の融解作業によって意志の運へと、運命の危険へと露現されているものであろう。自由とは、選択や激高の出来事ではなく、このような出来事へと不意に－到来するもの、つまり露呈された実存なのであろう。

このようなありかたで自由は絶対なのだ。自らの出来事からさえ離脱し、出来において指定不可能である自由は、実存が行なう時における切断であり、かつ、時間への跳躍である。自由は時間のなかに入り、その意味で、自由は時間を「選ぶ」と言うこともできようが、自由がそこに入るのは、この過剰、この退－隠によってのみであり、この退－隠において、このような時間――自由の、行為の、自由な主体の、現在化と現在でありうるもの――は不意撃ちされる。なぜなら、そこにおいては自由が、時間を、時間にそって、時間に即して、あるいは時間

おそらく自己へと出来する出来そのもの、現前として自己を我有化する出来そのものであろう。しかしそれが出来しうるのは、不意の到来という様態においてのみである。出来は、不意に到来することによって不意の到来の鼓動において自らに出来する。そのようなものだろう。存在の心――あるいはその自由（心は我々にとってその諸状態における自由の同義語あるいは比喩ではなかろうか。）かくあるものとしての、そして絶対的での、世界の開けは不意の到来の自由の外では思考不可能である。さもなければ、それは世界 monde ではなく、宇宙 univers である。ある意味で比較可能なありかたで、ヴィトゲンシュタインは実存の奇蹟の前における驚嘆（クリストファー・フィンスクが指摘してくれたのによれば、ドイツ語版テクストではハイデガーへのレフェランス

に逆らって、時へと開きながら、自らを不意撃ちするからである。この意味で、自由は「自らを選ぶ」とか、自由が時を「選ぶ」とすら言うことはできないであろう。[☆7]問題になっているのは、選択や強制ではない。このような実存が純粋に時間に――つまりその有限性に――捧げられているということが問題なのであり、この犠牲＝奉納、あらゆる現前の前の現前化、ただ不意に到来する由‐来が、本質の、あるいは存在の退‐隠における実存であるということが問題なのである。実存の不意撃ちは自由を「選ばせ」るがままにはしない。だからといって、不意撃ちは実存を規定するわけでもない。不意撃ちは実存を時間の有限性への無限の贈与性として露呈する（有限の現前への無限の不意の‐到来として）。

ベンヤミンのモチーフによれば、ただこのようにしてのみ、時は「満たされる」あるいは「成就する」ということが起こりうるのである。

歴史的な時間はあらゆる方向において無限であり、各瞬間において満たされていない（……）。時の歴史的形式の規定的な力は経験的ないかなる出来事によっても充全に把握されないし、いかなる出来事にも結集されえない。歴史的な意味で、成就されるような出来事はむしろ経験的にはまったく無規定な何か、つまり、ひとつの観念なのである。[☆8]

この成就は、出来事の不意の‐到来、かつ、出来事への不意の‐到来と我々自身が呼んだも

がある）を、その「本質そのものが意味をもたないことである」表現の固有な命令＝秩序としての倫理と結びつける。これを我々なりに解釈すれば、存在の自由という「意味」をもつ。（「倫理に関する講演」『講義と会話』所収、《Conférence sur l'éthique》 in *Leçon et conversations*, trad. franç., Paris, 1971.）

☆5　多くの分析があるが、ヴュイユマンのもの（それはスピノザにも同様に当てはまるものだが）を引いておこう。それは、この意志の積極的な放棄を捉える分析が見事だからである。「しかしながら、それによって、ある有限な意志が自らをおしつぶす制限を引きうけつつ、可能な限り、その原因や基体に同一化するような回心の起源とは何であろうか。それは、まさにこの無限な意志それ自身でしかありえない。さもなければ、我々はこの意志を

のに類似しているように思われる。そして、このように不意に到来することができ、「時間の歴史的な形式の力」（つまり実際、その成就そのものの力）を把捉できる「観念」は、自由以外ではありえない。――この場合には、自らの「罪」へと露呈された悲劇の英雄＝主人公の自由なのだが、その罪とは、ベンヤミンが説明するように、彼の「固有な時間」が満たされたということなのである。このような自由こそが、時間を満たすのであり、時間をその空虚な形式にまでと同様に無限に退-隠させるのであり、時間を一杯にすることで終わらせるのである。有限な、こう言ってよければ、無限に有限な、そして、悲劇においてそうであるように露呈された、有限性。それは一瞬のうちになされる（ベンヤミンが他の場所で述べているように、悲劇の時間の統一性は瞬間の形象のひとつである）[★1]。つまり、一瞬のうちに、一瞬の現在の時間においてではなく、瞬間のただなかの切断面によってなされる。この時へと不意に到来し、それを満たす自由の切断面である。しかし、「悲劇において主人公が死ぬのは、満たされた時間においてはいかなる者といえども生きることができないからである。つまり、彼は不死によって死ぬのである」。我々はこれを次のように書きかえよう。すなわち、彼の自由はその現前とその本質を、それによって自由が時間の実存する有限性を満たす身振りそのもののうちへと退-隠させる。それゆえ、自由は、驚くべき［＝不意撃ちする］ものである。死が悲劇の主人公を不意撃ちしにやって来るのだ。

自然の与えられた一部と見なすことになり、そして知者が知恵にいたるのは、なんらかの永遠な必然性によってのみということになる。したがって、我々は必然的に、救済と同意に対する必然性である。そして、それがまたそれを望むことなしにそれが捉え、それが制御しない、そしてそれについて涸れることがないと感じている源によって支持された発露を感じる力の秘密でもある。」（前出。389）ただ、拙論とより密接に結びつけるために次のことをつけ加えておこう。「救済と同意」は自由そのもの以外のものではない、と。

☆6　本書第七章を参照。

☆7　『存在と時間』において現存在の固有な可能性の選択のテーマは、自由意志の選択の古典的なモチーフへと差し向けられることはない。「自己自身を選ぶこと」はいくつもの可能性のうちのひとつを選定するこなぜならば、主人公の時を止める命令が休息の間——いわば、主人公の睡眠中——になされることも稀ではないからである。同様に、悲劇的な運命においては満たされた時というものの意味は受動性の偉大なる瞬間に、つまり、悲劇的な決断において、時限つきの瞬間、破局において明るみに出る。

有限な不死の——もしこんな表現が可能ならば——この不意撃ちが、我々が「自由」と「運命」との間の相剋の形而上学的パラディグマとすることで仕上げた悲劇に関する見解とは、ほとんど、あるいはまったく関係がないということは明らかに見てとれるだろう。そのヴィジョンとは、悲劇的運命はここでは自由の運命以外のなにものでもない。あるいは、ある「固有な時間」の飽和した強度へと時間をもたらすものの自由な運命、存在からも時間からも退-隠する実存の有限／無限な炸裂する輝きである。悲劇的なものとは、ベンヤミンが指摘したように悲しみを知らないのだが、自由によって満たされた時間の不意撃ちである。その不意撃ちは、現前化できず、支えがたいとはいえ、自らの不意撃ち自体の忌避できない事実へと完璧に現前し、捧げられている。

自由による行為のつどにひとが死ぬわけではないにしても（しかしその一方で、ヘーゲルが見てとったように、死を賭さないような自由はない）、自由な実存というのは、自らの自由によって満たされた時間のうちには留まってはいない。それはけっして、「自由な時間」、あるい

とではない。しかし諦めて不可避なものに身を委せることでもない。それは、ひとがそれであるところの実存者であるかぎりとして自己への存在を決断することである。言いかえれば、つねに、そして実存であると同時に自らのものであるその実存が不意撃ちするこの存在者である限りとして自己への存在を決断することである。

☆8 「バロック悲劇とギリシャ悲劇」『ドイツ悲劇の根源』所収、《Trauerspil et tragédie》in *Origine du drame baroque allemand,* trad. franç., Paris, 1985, p. 255 et suiv.［この短い論考は、仏訳にのみ収録されているもので、ナンシーとラクー＝ラバルトが訳している］

★1 『ドイツ悲劇の根源』（川村・三城訳、法政大学出版局）一三四頁。

は、成就された時間のうちにはなく、そこから自由が退－隠するような必然的な時間のうちにある。しかし、この退－隠こそがまさに不意に－到来する自由の経験の絶対的な不意撃ちへと実存を引き渡すものなのである。

結局、自由な行為のつど死ぬわけではないとしても、それでもひとは死ぬものである。そして、同様に、自由が我々を死の可能性へと露呈するそのつど、死が今度は我々を自由の不意撃ちへと露呈する——誕生がそうするように。本当は、誕生と死は同じ構造をもっており、この構造はたんに生の二つの端を結びつけるだけではなく、この生のさまざまな出来事の流れすべてに不意に到来するのであって、実存そのものの不意の－到来の構造以外のなにものでもない。そのことによって、それは現前へと、自ら固有の現前へと、そして世界の現前へと自由に捧げられたありかたでしか、けっして現前しないものである。誕生と死。時の現前と現在へと起源なく不意に到来する現前の固有化（性起 Ereignis）としてしか我々が考えることができないもの。起源も目的＝終焉もない宿命それ自身の時のなかに囚われ、しかし同時に時から退－隠し、それ自体実存する自由な露呈でしかない有限な永遠のうちに囚われた誕生と死。というのも、元初的である自由は同時にまた終焉＝目的的でもあるのだが、それは目的とか結果という意味ではなく、つねに成就されているがゆえに自分自身のものである成就へと実存を絶えず露呈しているという意味である。自己固有の本質であること、つまり、あらゆる本質、あらゆる現前、あらゆる実体、あらゆる因果性、あらゆる生産、あらゆる作業から退－隠すること、あるいはブランショの言葉で言えば、実存することの無為でしかないこと。「自由に生まれる」とか「自由に死ぬ」といったことは権利の規定のためにあるいは倫理的な要請のために打ち出された定式であるだけではない。それはかくあるものとしての存在の何か、時間の存在の何か、実存の特異な存在の何かを述べている。[☆9] それは、——主体である我々が行なうであろう自由な選択という意味で——我々は生まれたり死んだりするのに自由であるということを述べているが、しかし、我々が生まれたり死んだりするのは自由に向けて［＝のために］以外のなにものに向けてでもないのであるから、これは「自由のために死ぬ」が「自由のために生まれる」と解されねばならぬことを意味する。したがって、我々は自由を失うのではない。我々は自由の「不死」のうちでそれに無限に接近するが、この不死は超自然的な生などではなく、むしろ死そのものにおいて実存の空前の捧げ物を解放するものなのである。

これが、ハイデガーが「帰属性*destination*」[☆10]という言葉で考えようとしていたものであったのかもしれない。帰属性は性起の、あるいは固有化する不意の-到来の固有な運動であったことだろう。それは運命destin——現在の支配domination du présent——ではなく、「現前の贈与donation de la *présence*」である。この現前は、その退-隠によってかつその退-隠において与えられ、差しだされ、捧げられている現前である。つまりそれは、現前する時［＝現在］の退-隠における、現前の解放であり、かつ現前へ向けての［＝ための］解放である。明らかに現前は現前であることはなく、実存の無限の分有としての自分自身の帰属性、送付、

☆9　しかしながら、これらの言葉をアドルノの次のような警告なしには発することはできなかろう。「死の形而上学は、英雄的な死を呼びかける宣伝に堕するか、〈人間は死ななければならない〉という明白な事態をただくり返す月並みなことに低落するかであり、こうした形而上学がもつイデオロギーとしての愚劣な本質は、おそらくは人間の意識が今日にいたるまで死という経験をしっかりと見つめ、場合によっては死の経験を意識自身のうちに取りこむことができるところまで達していないという脆弱さにその根拠をもっているのであろう」（アドルノ『否定弁証法』四五〇頁）しかし、つけ加えて言えば、死を「自身のうちに取りこむ」というのは少なくとも曖昧な表現であり、死において我々を奪い去り、したがって、我々がこの死を、そしてまた自由へと開く誕

解放である。しかし、「帰属性」と「解放」ではまだ言い足りない。というのも、これらの言葉はまだあまりに意識的で意志的な行為を示しているのだから。自由の他の名称を言葉において解放することを試みて、言おう。「存在の驚くべき［＝不意撃ちする］贈与性」と。

生を我有化するあらゆる可能性を我々から奪うのも同様に自由自身なのである。

☆10　周知のように Ereignis［性起］のモチーフと密接にかかわっている Schicksal［運命］、schicken［遣わす＝贈与する］、bestimmen などのモチーフを参照（「時間と存在」*Temps et être*, op. cit., p. 44 などを参照）。［destination は Hingehören の仏訳語である。］

第十二章　悪。決断。

しかし、結局は思考が慎み深さへと厳しく呼び戻され、悪によって無力にされてしまっているのだとしたら、いや、さらに深刻なことには、思考が悪によって、自分自身の無能＝低劣さ［in-dignité］に直面させられているのだとしたら、どうだろう。

アウシュヴィッツは文化の失敗をいかなる反論も許さないかたちで証明し尽くした。アウシュヴィッツでのあのようなことが、哲学、芸術、そして啓蒙的な幾多の学問の伝統のただなかで起きえたということ、それは、こうした伝統が、つまり精神が人間を捉え、変革することができなかったということであるが、じつはそれ以上のことを意味しているのである。すなわち、哲学、芸術、そして学問といった個々の枠組みのなかに、つまり、そうしたものが自立した自給自足的なものであるという激しい自負のうちに［我々はつけくわえよう、思考と人間の本質的な自由とつねに背中合わせになっている自由な思考、自由思考を］、じつは非‐真理が潜んでいるということである。アウシュヴィッツ以降の文化はすべて、そうした文化に対する切なる批判も含めて、ゴミ屑である。だが、この文化は再建された。しかも、この文化の風土のなかで抵抗なくできることのみが再建された。それによって文化は、それが潜在的にそうであったもの、つまり、イデオロギーになった。文化は物質的生存に対抗して、そうした物質的生存に光を吹き込むのだと誓るのだが、精神と肉体労働の分離によって、物質的生存から取り上げた光を、文化がふたたび、物質的生存に吹き込むのだと、このように誓ることを始めて以来、それは潜在的にイデオロギーだったのである。深く罪科に満ちた、そしてほころびの多いこの文化の維持のために弁じる者は、野蛮の一味に与することになる。[☆1]

この最後の命題の結果として、アドルノは次のようにつけ加える。

この悪循環からは沈黙によってすら脱出することはできない。沈黙はただ客観的真理の現段階に応じることのできない主体の無能ぶりを合理化しているにすぎない。沈黙によってまた、この客観的真理を虚偽へとおとしめているのだ。

したがって、我々は沈黙することはできない。我々は、この文化の主要な思想であった「自由」を失敗に追いこんだものの前で、また、自由に関するあらゆる思考を断念させる見こみのあるものの前で沈黙することはできない。（ハイデガーが「我が生涯最大の愚行」[☆2]を認めたとき、彼はさまざまなことを認めたと考えたが、そのなかにはおそらくこのことも入っていたこ

☆1　アドルノ『否定弁証法』四四七頁。
☆2　H・W・ペツェットは、『マルティン・ハイデガー、エルハルト・ケストナー往復書簡集』（*Briefwechsel*, Frankfurt-am-Main, Klostermann, 1986）の序文でこの表現を引用している。

とであろう。しかしながら、彼は沈黙をまもった[☆3]し、すでに述べたように、それは「自由」に関する沈黙であった。とはいえ、彼はまた性起Ereignisの「自由な空間」を考えることを絶えず探求した。それは自由の「文化」の無能と無益を認めることでもあったが、だからといって、譲歩したわけではなかった、……自由に関しては。）そして、もし自由に関するあらゆる思考が、道徳的なり政治的な自由主義が素早く獲得したコンセンサスに場所を譲り、自己を放棄しなければならないのだとすれば、そのさい、放棄されるべきであるのはこのようなものとしての思考なのである。もし思考が「思考」でしかないのだとすれば、それは何ものでもなくなってしまうだろう。反対に、思考のうちで悪となりえ、悪をなしうるそのものを放棄してしまうことになろう。つまり、幻想、安易、無責任、そして、理知性などを放棄してしまうことになろう。この理知性とはもし自由がそれを試練にかけることがなければ自らを自由であると思いこみ、かくも安易に自由を肯定してしまうのである。しかし、思考は理知性ではなく、自らの限界の経験である。そして、それは物質的にも、誕生と死以外という仮借のない身体性においても、自由の経験としてのこの経験なのである。実際、誕生や死に関して、「人はそれらを思考することしかできない」と言うことが意味するのは、人はそれらにおいてしか思考することができないということであり、また自由が問題となって［＝賭けられて］いるのもまたそれらのことにおいてなのである。アウシュヴィッツは、誕生と死との死を、それらの無限な抽象への転換を、実存の否定を意味した。そして、おそらく、「文化」が可能にしてしまったの

☆3 フィリップ・ラクー＝ラバルト『経験としての詩』（谷口博史訳、未來社）二六四－二六五頁を参照。「厳密に言えばこのことは赦すことのできないものなのである」――この言葉は同時にアウシュヴィッツとハイデガーの沈黙とにかかっている。（ちなみに、そして後の考察を先取りして思いおこしておく必要があることは、赦しが、ユダヤ＝キリスト教的伝統においては、正当化に相当しないことである。正当化されるべく残されているものは、他の次元では、許されている。どんな方法でであれ、正当化しえないものを正当化しようとしている態度が問題になっているのではなければの話である。ハイデガーの場合は、ある次元ではそうであったという疑念を我々は抱いている。ところで、許しの同じ伝統においては、赦されることのできない不可思議な「精神に

は何よりもまずそれらのことなのである。

沈黙することはできないし、選択の余地もない。自由の経験は自由にはならない［＝即興はできない ad libitum］。それが実存をなしているのであり、したがって、実存の否定のこの極限上でそれを捉えねばならない。そのときから、悪の経験があり、思考はそれを免れることができないのである。じつは、おそらくそれが自由の思想としての、現代思想全体の主要な経験なのであろう。換言すれば、「自由」がはたしてテーマとなりうるのか、なるとすればどのようにしてなのかがもはやわからない思想としてなのである。というのも、実存の否定が体系的に企図されたのは、自由なありかたによってであり、そして自由の文化のただなかにおいてであったからである。思考は、もしそれがトマス・マンが一九三九年に行なった、「そうです。我々はいまふたたび善と悪が何であるかを知っています」☆4といった類の宣言の試練にかけられないならば、何ものも思考しないだろう。しかし、最初に要請されることは、これを「よく知られた」善や悪の回帰などと解さないことである。それは逆に、「善と悪の」未知なる「知」の能力を見きわめること、自由において、どのようなありかたであれ、悪の刻印を免れることができないある知の能力を見きわめることである。

悪に関して、我々が取りあげるべき教訓は次の三点に要約される。

1　あらゆる弁神論または弁理論の完結、および、悪はけっして正当化されえないということの明言。

対する罪」というのがある……。（それにつけ加えておこう。ハイデガーの沈黙は絶対的に全面的ではなかった。ナチズムのせいである禍 Unheil、災厄に関していくつかの発言があった。それらのひとつに関してはのちほど触れるつもりだ。しかし、この言葉を除けば、根本的な de fond 沈黙を傷つけるものはなにひとつない。この点に関するあらゆる素材はラクー＝ラバルト『政治という虚構』（*La fiction du politique*, Paris, Bourgois, 1988）において提示され、正確に分析されている。

☆4 『自由の問題』（*Das Problem der Freiheit*, Stockholm, 1939）。

2　悪をなんらかの存在者の欠如や倒錯と見なすあらゆる思考の完結、および、実存者の存在のうちにこのことが刻印されていること。つまり、悪は積極的な悪意である。

3　死体置場の殲滅的恐怖において悪が現実的に受肉していること。つまり、悪とは耐えがたく、また赦しがたい。[☆5]

以上の三重の規定のもとに、悪に関する近代的な知と、暗いアイロニーをこめて呼びうるものが構成された。それは、これまでのあらゆる知のいくつかの特徴をもちながらも、それらとは性質においても強度においても異なるものである（結局のところ、本質的に「無」でしかなかった悪が、思考が還元することのできない「何か」になったのである）。

（ちなみに、近代における悪の魅惑の歴史もまたこの知の一部をなしている。このことはさまざまな相違はあるにしろ、サド、ボードレール、ニーチェ、ロートレアモン、ブロア、プルースト、バタイユ、ベルナノス、カフカ、セリーヌといった名前を呼びおこすだけで十分であろう。それに、二世紀前からさまざまな意味で理解されている「暗黒小説（ロマン・ノワール）」や「恐怖」映画や娼婦の現実の殺害が映像化されているプライベートビデオまでも忘れずにつけ加えておかねばならない。[☆6]）

この知はまずなによりも、悪の固有な「積極性」があるという知である。それは、どのようなありかたであれ、何らかの「善への回心」（これはつねに悪の否定［＝消極］性とこの否定性の否定に立脚している）に寄与することになる意味においてではなく、悪は、その否定性そ

☆5　先に簡単に指摘したように（第一章および第三章参照）、我々は、根本的な差異の手前で、搾取や、遺棄や、拷問によって我々の時代において、物質的かつ象徴的に、「執拗な攻撃」、「骨と皮になること」、「死体投棄場」といった表題のもとに集約できるものと収容所との間にある秘かな共犯関係のことを考える。資本の原始的な蓄積の野蛮さと、「文明における居心地の悪さ」の野蛮さと、文明化され技術化された野蛮の野蛮さの解明の間をめぐっているものを描きださねばならない。

☆6　さまざまな差異をこのように混同するのはいきすぎだと思われるかもしれない。おそらく、この混同は我々がこれから語る、悪の「積極性」の露出にしかあたらない。しかしながら、必要な差異を再現しながらも、プルーストのサディックな場面の演出やバタイユ

のものにおいて、そして弁証法的止揚もなしに、実存のひとつの積極的な可能性を形成しているという意味においてである。それはつい近頃まで悪魔的とか魔王的と呼ばれていたものの積極性であるが、それは「夜が光を放つ、恐ろしい暗黒の太陽」[☆7]の崇高さに飾られたこれらの呼称をいまではもはや失ってしまった。我々にとって夜はもはや光を放つものではなく、反対に、宵闇をさらに濃くする霧の溶液のなかに沈みこむものなのである。夜と霧 *Nacht und Nebel*。

悪のこの積極性は――主体性の成就において哲学によって自己の手前に投げ捨てられ、投げ出された一種の固い塊として、自らの「善」を再発見し回復することしか権利上はできなかった神や人間や歴史といったひとつの主体によって無視され、拒絶された一種の固い塊として――カントが、人間における「根源的悪」として明らかにしながらも考えることを望まず、また考えることができなかったものをまさに体現＝表象している。[☆8]

人間本性の悪性は、それゆえ、厳密な語義での悪意、すなわち悪を悪として自らの格率のうちに動機として採用する心術（格率の主観的原理）であるところの悪意と呼ぶよりは（このような心術は悪魔的であるから）、むしろ心情の倒錯と名づけられるべきであって、この心情はいまや結果に関して悪しき心情とも呼ばれる。

的人間の供犠の企図を忘れてはならない。なぜなら、それでもやはり、それは生起したのだから――そしてバタイユ自身が最後にはそれを認めている――聖なるものと、彼が切望しえただであろう悪の内在的報いの外で。

☆7　ユゴー『サタンの最後』*La fin de Satan.*

☆8　カント『たんなる理性の限界内における宗教』カント全集（理想社）第九巻九七頁。（しかし、我々はここでは旧訳を用いる。というのは、méchanceté［悪意］という言葉を捨て、少なくとも我々の現時点での用途において、malignité［悪性］という言葉を用いるのは難しいように思われるからである。とはいえ、古い用法では、後者こそまさにMalin［悪しきもの］にその名を与えたものなのだが、この力は失われてしまった。）

しかし、それでも、カントはその数頁後で人間における悪の了解不可能な起源の聖書的な表象を、悪魔的悪意のうちに認めることになる。別言すれば、相対的悪（それは「根源的」と呼ばれる悪であり、それに対しては「善への回帰」の期待がつねに残されている）があるためには、悪の源に悪を規定する絶対的悪がなければならない。しかし、それに関して形象しうるのは、その了解不可能性だけであり、それは「我々の自由意志における不一致」の了解不可能性なのである。我々の自由意志は「元来は善へと向けられている」のだが、我々の弱さが我々の格率を倒錯することが可能であれば、悪自体があらかじめ、格率のモチーフとして一般に導入されていることができるのでなければならないことになる。それこそが、了解不可能である限りにおいて、悪魔が形象するものである。「なぜなら、この精神に悪はどこからくるのか」「わからないからである」。――カントは、この精神の根源的な運命が「崇高」だと明示している。――それゆえ、ルシフェル／サタンの悪意は人間的な悪の根の根にある絶対的な了解不可能な悪を形象しているのである。

したがって、悪の了解不可能性はカント以来、そしてほとんどカントの知らぬまに、あるいは彼の思想の限界上において、自由の了解不可能性の核心に住まわっている。しかし、結局のところ、自由においては悪意の可能性を除けばなにひとつ了解不可能なものはない。――そして、このことは、じつを言えば、この「可能性」が自由の事実性における現実的に現前的な実在である限りにおいてそうなのである。くり返して言えば、我々の世界が殲滅的な激烈さの時代に入って以来、日々世界が多様な様態で呈示するのは、この実在なのである。自由の思考が因果性の思考への従属から免れる必要が認められて以来、この悪意を除けば自由のうちに了解不可能なものはない。自由の神秘はもはや自発的原因のそれではなく、悪意の自発性のそれである。（しかし、本来的な自由がつねに善の自由であったのに対して、悪が感覚的な力学によって引きおこされるがままにされる非－自由の事実であったということを見れば、このことはカントの思想において、またカント以前から、同時に準備されかつ隠されていたのではなかろうか。そしてまたそれは、カントにおいては理論的自由から実践的自由への移行において、続いてカント自身からシェリングやヘーゲルへの移行において――ハイデガーがその反復を試み、我々がそれに戻ろうとする悪の必然性への移行において――より判然と明らかになりはじめたのではないか。）

悪をなすことは、因果性の問題ではなく、むしろ格率の問題を提起する。自由が、自分から、自らにおいて、悪意の格率を容認するのだ。このことは、おそらく、「悪のために悪をなす」という意図をかならずしも意味するわけではない。このような定式に対して、少なくとも、力の勝利や主体の快楽といった、行為の合目的性として、主観的に表象されるなんらかの善がつねに残るはずだと反論するひとがいるかもしれない。しかしながら、このような「善」はもはや、完遂された悪がその契機や媒介であるようなものとして表象されるわけではない。というのも、この「善」は悪としての悪の遂行のうちに現実化され、あるいは満たされるからである。そして、悪としての悪において、絶対的に損なわれ［＝崩壊し］ているのは、善なのである。悪と善とが相互に相対的であるということは、悪が善の欠如であることを意味しない。（というよりむしろ、「善」がもはや超越的本質において、悪がただそれに対して相対的であった超越的本質の絶対性において、示されなくなって以来、もはや意味しなくなったと言うべきであろう。）その場合、この欠如は善の本質や理想を無傷のままにしておくと考えられている。（善はおそらく哲学の他の用語法において、つまり、プラトンに始まりそれ以来エペケイナ・テース・ウシアス[★1]として本質自身の彼方に置かれたものとして考えられたときは、まったく違うありかたで考えられたということはここでは無視しよう。これについてはのちに触れる。）善はもはや、それがなんらかの悪の停止であるというような意味において、悪と相対的なわけではない。（犬儒派やプラグマティズムの考える、この考えの縮小版の解釈においては、悪はほとんど悪ではなく、生きることの困難や労苦である。）しかし、悪は、善そのものの損ない［＝廃墟］[★2]であって、善の剝奪ではない。つまり、それが夜明けの来る前の暗い前夜でもあると言う権利をほんの少しでも与えないような夜のなかで善を粉砕することである。その点で、悪は善に対して、こう言ってよければ、「絶対的に相対的なのである」。先だつのは善でも悪でもない。そうではなく、自由のみが自ら先だち、自ら続くのであり、善か悪かを決断する決断において自らを不意撃ちする。ただ、善と悪とが実存するようになるのはあくまで決断によってなのであり、この決断とは十全的かつ積極的に善の決断であると同時に悪の決断でもあ

★1 「本質［＝実在］の彼方」の意。プラトンの『国家』VI, 509, b9「〈善〉は〈実在〉とそのまま同じではなく、位においても力においても、その実在のさらにかなたに超越してあるのだが」（藤沢令夫訳）。ナンシーは第十三章でふたたびこれに触れる。『根拠の本質について』QI, p. 136, 137/GA 9, S. 160/全集九巻一九六頁を参照。

★2 原語は ruine だが、これはドイツ語 Unheil の訳語として用いられている。

るようなものである。したがって、悪へと向けて決断することは、善を「なさないこと」を決断することではなく、その決断自体において善の可能性を損なうことを決断することである。悪は善を傷つけることはなく（善は傷つけられることができない）、悪が善を無視することもありえない（なぜなら、悪は、自らを悪として知り、欲するのであり、したがって、悪は善についての知だからである）。そうではなくて、悪は善に朝が訪れるのを拒むのである。悪意は、その生マレ出ヅル状態 in statu nascendi における可能性を善から取り去ることによって悪をなす。悪意は、ある善に対する攻撃のうちに存するのではない（善と悪の権力闘争の戦争論的な形而上学はここではあらゆる妥当性を失うのだが[☆9]、とはいえ、ここには固有な意味での善の権力はなく、反対に悪が極限で同一化するのは、権力としての権力である）。悪意とは、善が出来すらしない場所において善を不意撃ちすることに存している。悪意は、死産した善なのである。悪意は、いまだ意味作用も内実もない、善の唯一の約束を引き裂く無限な執拗なる攻撃なのである。

このように悪意は、自らに対する約束を破って自らの鎖を解き放つ自由である――崇高な運命へと約束されたルシフェルのように。しかし、自由の純粋な「約束」などありえないのだから、そして自由はその不意撃ちにおいて全的に与えられるのだから、自由自身こそが自ら自身において自ら自身に抗して自らの鎖を解き放つ［＝暴発する］のである。自由はそれを「善」として知っており、自由として自らを行使することによって、自由が荒廃させているのはまさ

☆9　この意味で、「善」と「悪」という術語の単純な使用はここではおそらくその適切性を失う。しかしながら、根本的な――そして底のない――不和は、これらの語が悪の「激怒」という規定以外のいかなる規定を帯びずに証言するように、他の言葉では言うことができない。（「激怒」は「戦い」ではない。それは荒廃し、損なうが、それ以上ではない）。そして、だからこそもろもろの事情にもかかわらず「自由」という語を断念することが困難であると我々には思われるのでもある。

にこの善なのである。自由は全き自由において、自分自身の元初的憎しみにおいてのように、自らを破壊する。自由の自らに対する憎しみはおそらく、「善」と「悪」という語によってなんとか理解されうるようなものであるが、それでもやはり決断された悪意の絶対的な悪を構成するような、奇妙な眩暈と有無をいわせぬ脅威である唯一の形式である。悪意の執拗な攻撃は自分のためには自由の勝利を期待してはいない。というのも、それが期待しているのは自己自身の解き放ち［＝暴発］であって、悪意はあらかじめ、かつ自由なありかたでそれにつながれているのである[☆10]。そして、もしこの連鎖＝鎖につながれ（アンシェヌマン）ていることが自由自身の事実であるとすれば、それは自由が、自らを解放する限りにおいて、あるいは本質的に自らからの暴発［＝鎖からの解き放ち］である限りにおいて、それ自身によって、善き－存在［善くあること］であると同じくらい悪意ある存在［悪意であること］であるからだ。というよりむしろ、悪意ある存在が自由の識別しうる最初の積極［＝実証］性だからである。

　自由における「悪」と「善」（ときには、たとえばヘーゲルの場合のように、括弧で括られることになった）の無限に同一であるとともに乖離された同一性の思想は、カント以降、シェリング、ヘーゲル、ニーチェ、ハイデガーを通して、哲学の重要な課題をなしてきた。ハイデガーは次のように書いている。

> 悪事の本質は、人間の行為のたんなる邪悪さに存するのではなく、激怒という悪辣なるも

☆10　おそらく、「賢人」や「聖人」と同様「悪人」の純粋な経験的形象もない（とはいえ、悪意としての悪意を提示することができる機器やメカニスムや機構や計算はある……）。しかし、経験自体が超越論的であるようなこれらの術語で単純に推論することがもはやできないというだけではない。拷問を受け、悪意があらゆる文字で刻印されている身体と、幸せで美しいとは言えないにしろ、悪意以外によって苦しんでいる身体を呈示することとの間には非対称性がある。それはあたかも、悪が本質的にその徴を刻まねばならず、それに対して善は自らの痕跡を被わねばならないかのようである。悪はその作用を証明し、その荒廃を見せる。善は破壊も構築もせず、このような階層にはない。したがって、善はつねに悪意の破壊を免れていると結論することができよう（あら

のに存する。

また、

存在がはじめて、健全なものに恩寵のうちに立ち現われることを許し、また激怒に、災禍へと向かう殺到を許すのである。[☆11]

もし激怒が、恩寵と同様、存在のうちにあらかじめ配されているのだとすれば、この平等性は原則自体において即座に破られている（原則は平等の原則を破る）。というのも、激怒は損なう［＝災禍をもたらす］からである。激怒は「健全なもの」に災禍をもたらすが、健全なものは災禍を償わない、健全なものはなにも「しない」のである。その唯一の可能性は、災禍＝廃墟のただなかから立ち現われることだけであるように見える。したがって、まずは激怒が何なのかを知らねば、健全なものについて何ひとつ言うこともできまい。

おそらくこの激怒は、たぶんこの激怒の淵源であるヘーゲルの激怒を手助けとしてより詳細に理解されることができよう（ハイデガーはその詳細を与えないが、おそらくこのテクストの唯一の日付一九四六年を考察すべきであろう）。ヘーゲルは『人倫の体系』において、「激怒」が悪の、あるいは「罪」としての否定性の「第一の力」をなしている、としている。[☆12] それは野

ゆる観念論が多少とも苦労して考えたように）。しかし、それとて正確な意味はない。善は「保存されて」はいない。悪が生起する「＝場所をもつ」ところには、貯蔵［＝保護］されたいかなる善もないのである。しかし、悪の証明は、善がそこになく、積極性をもっていない限り、そこにいない善の証明と同じだけの価値がある。

☆11 『「ヒューマニズム」に関する書簡』QIII, p. 145 et 148/GA 9, S. 359-360/全集九巻四五二、四五四頁。このテクストの日付（1947）と我々がその由来を指摘しえたと信じる意味における「激怒」という言葉の用法は、ハイデガーがここで暗々裡にではあるが少なくともまたナチズムを目指していたということを考えさせる。しかし、同時に、そして明らかに根本的なモチーフのために、「激怒」は「技術」と「組

蛮な「荒廃」の、ないしは「目的のない破壊の」激怒であり、「絶対概念の無限性に対する不安である完全な無限定性における絶対概念」がもつ「絶対的な衝動」に「絶対的な放免の極限において」応えるのである。ところで、抽象的な無限性のこの虚無化させる不安は「純粋な自由」でもあり、この「純粋な自由」が目指すのは客観性における無媒介的な自己固有の移行のみである。この不安はまた「絶対主体性の現実存在」でもあるが、この現実存在は「純粋な客観性」において、規定されたものの根絶としてしか、つまり「形式の不在」としてしか自己を生産できないのである。かくして、激怒は自分自身を根絶するが、激怒が自らを根絶するのは、激怒がそれであるところの自由をも、自分と一緒に根絶する限りにおいてなのである。

ヘーゲルからハイデガーへ、そして普遍的な野蛮として自己呈示する我々の世界への経験へと話を移せば、激怒は自己を根絶するが、だからといってそれは激怒としての自己を抹消するのではなく、全体的な荒廃を住まわせるのだと言うべきだろう。それは抽象的な主体性の自己抹消ではない。自由を荒廃されるにまかせる自由な荒廃なのである。それが「自己」との関係を構成するのは、自由の「自己」が、自己の絶対的な離脱である限りにおいてである。ところが、激怒はこの離脱を抹消しはしない。激怒は離脱の解き放ち［＝暴発］であり、執拗な攻撃なのである。ハイデガーの言葉を借りれば、激怒は存在のうちにその可能性をもっているのだが、それは存在が自らのうちに「無化の本質的な由来」を「隠匿している」ためである。しかし、存在は自由のうちにこの由来を隠匿しているのであり、それがその退－隠の自由である。

み立て」Gestell の分析の側面全体へと差し向けることしかできないのでもある（「激怒」の主題はしばしばそこでかいま見られるし、明示的にも読まれる。たとえば「技術の問題」前出『論文と講演』所収 p. 44 参照）。技術による悪ではなく、技術の固有に技術的な規定、つまり、ハイデガーによれば「開示」のその本質が隠す規定（ここで同じテクストの一点を簡単に取りあげるとすれば）を理解することは、したがって、悪とその憎悪によるこの規定を理解することは、それがたとえハイデガーにおいてはほとんど明示化されていないとしても、恒常的な方向性なのである。禍 Unheil、保存なしの荒廃、災厄（ナチの仕事を指すために一度使われた言葉――ラクー＝ラバルトの前掲書を参照し、分析全体を見わたす必要があろう）が技術の世界を特徴づけるの退－隠の自由において、自由は本質的に退－隠されていることが、つまり、自らがそれである無化の激怒によって荒廃されていることがありうる。悪意の激怒は、自らの自由を守ることも媒介することも欲しない。激怒はたんに直接的に——だからこそそれは激怒しているのだ——自由であるところの離脱の無限の可能性を実行する。つまり、それは存在の深淵であり、そこでは特異性はあらゆる現前の退－隠と等しくなり、現前のあらゆる特異性と特異性の（出－来した）あらゆる現前を損なうことが自由の解放自体となってしまうほどである。

悪意は個々の特異性を憎むのではなく、このような特異性というものを、諸特異性の特異な関係を憎むのである。悪意は自由、平等、友愛を憎み、分有を憎む。そしてこの憎しみは自由それ自身のもつ憎しみである（したがって、それは平等や友愛そのものの憎しみでもある。分有は自らを憎み、災禍へと定められている）。それは自己自身の憎悪ではない。それでは、あたかも、自由がすでにそこにあり、そして自らを嫌悪するにいたるかのようだが、そうではなくて、それは自由の実存であり、実存の自由である特異な「自己」の憎悪なのである。悪は、このようなものとしての実存の憎悪である。そして、悪が実存者の可能性であるということは、実存の実存性に存在を退－隠させるがままにさせておくのではなく、彼のうちで、実存者が実存を存在の深淵に退－隠させるという意味においてのみである——純粋な内在であろうと、純粋な超越であろうと。☆13——とはいえ、この意味で、悪は、実存者のうちに、実存の拒否のもっとも固有な可能性としてあるのだ。

である。ところで、自由のモチーフもまた、バランスをとるかのように、技術に関するこのテクストに遍在する。我々はこれらの指摘を、これ以外の仕方で問題化することなく、措いておこう。［激怒 fureur は独語 Grimige の訳語］

☆12　仏訳、Paris, Payot, 1976, p. 148以下。

☆13　激怒のあらゆる形象がこの深淵を満たしているのである。「純粋な人種」の観念とか、自由や、暴力的な神までも含む、他のあらゆる「純粋」の観念によって。リオタールが『文の抗争』（前出）において「絶対的な過ち tort」と名づけたものと、これらの形象を近づけることもできるだろう。また、このように冒された悪［＝病］の特徴をラカンが次のように指し示したものと近づけることもできよう。「他者との関係において主体のうちに生まれた嫉妬。それはこの他正当化できないものと赦しがたいものがあるのはそこだ。つまり、自由の固有の解き放ち［＝暴発］が自由を荒廃させ、その固有な白熱が自由を喰らいつくすような自由の破棄という点である。思考や現代芸術が悪に魅惑されるのは、このことに由来するのだ。それは、固有なもの自身の激怒する激昂への魅惑である。そして、この固有なものは、実存の損ない＝災禍において以上に固有にそうであることはないのだ。というのも、実存は、その固有化（性起）ではあるのだが、固有なものに不意に到来する。他方、崩壊がそれに再来するのは利益としてであり、また固有化それ自体にまでいたる固有化された享楽としてなのである。悪、それは再固有化された不意の到来、本質のうちにふたたび捉えられた実存、同一化された特異性、塊（マッス）のうちに捉えられた関係、――それも、死体置場の塊＝群衆（マッス）なのだ。いかなる正当化も試みてはならないことは疑問の余地がないし、この悪をある者たちのせいにして、他の者たちの責任を免れさせようと試みる（それは最大の危険だ）べきではないことにも疑問の余地はない。この悪は、我々の歴史のうちで、我々の歴史として自らを解放し、不意撃ちした自由の、本質ないしは構造に属するものなのだ。それは何ものをも正当化しない。なぜなら、逆にそれは悪意の暴発に我々を曝すからだ。しかし、それは自由の思考が、自由のうちで自らを伝承＝解放する憎しみのうえに目を注ぎつづけなければならないということを正当化する。

このような条件下で、善に向けて［＝のため］の自由にいったい何が残っているだろうか。問いを立てることすらできるだろうか。哲学的道徳の目的＝終焉が意味するのは、倫理学より

者がある種の形式の快楽と生の過剰に参与しており、それが主体には彼自身がいかなる感情の動き、たとえもっとも基本的なものによってもとらえることができないためである。あるひとが他者において、嫉妬していると告白し、憎しみにいたるまで、彼にはいかなるやりかたでもいかなる直観的な道によっても会得しえないものを破壊する必要を感じるまでにいたるとは、本当に特異で、奇妙なことではあるまいか。この他者の、割りだし、それもほとんど概念的なものでさえ、彼にこの不安の動きを生みだすのに十分なのである。（『セミネール』*Le séminaire,* livre VII, 《L'éthique de la psychanalyse》, Paris, Seuil, 1986, p. 278）ところで、実存としての実存は「過剰」なのである。

根源的[☆14]なある規定を見いだそうとしているエトスに関するなんらかの思考において、善はもはや目指されず、たとえ、目指されたとしても、そう言ってよければ、いつもすでに鎖を解き放たれた［＝暴発した］悪の抽象的否定として、あるいは――こちらのほうが明らかによりハイデガー的な着想に近く思われようが――存在のうちに「隠匿された」至高の自由の二重の可能性への無差別［＝無関心］としてでしかない、ということではないか。しかし、このような無差別は、すでに見たように、まず、そしていわば本質的なありかたで、激怒の深淵が開かないようにさせることはできない。この深淵は無差別の無限性によって少なくとも規定されるが、その一方で「善」の無差別ではないひとつの規定は無限に待たれるままになっているのである。

ハイデガーによるシェリングの註解が以上のことを裏づける。もし人間が、「根拠＝底」（絶対的無差別の根拠－なき－根拠としての神的本質）が実存（人間において顕現した実存することの固有な可能性としての神の）から分離する場所であるのならば、そしてもし、人間が、その自律において、悟性や言語に接近しながら、根拠＝底のために、つまり「自己への－回帰の－傾向」のために、あるいは「自己－中心主義」のために、実存それ自身を要求する者であるのならば、「根拠が、実存に接近してその場所を占めるために、立ちあがる」とき、そして、人間が「分離された自己性として全体性の根拠[☆15]」であることを望むとき、悪は到来する。しかし、「根拠」と「実存」からの分離は人間のもっとも固有な可能性であるとしても、それが神

☆14 『「ヒューマニズム」に関する書簡』を参照されたい。おそらく、エトスに関するハイデガーの主張を別様に理解することも可能である。ただそれは、彼にとってエトスがそれでなければならない住まうということ séjour が、固有なものの住まいではなく、結局のところがまったく「住まい」ではないならばである。我々が決断に関してこれから述べることはこの方向へと向かうことになるだろう。

☆15 『シェリング』p. 246-247/S. 172/三三〇頁。次の引用は p. 306/S. 216.

的な実存自身のもっとも固有な可能性であるのは人間のおかげである（我々自身が用いた術語によれば、実存の憎悪は自由のもっとも固有な可能性でもある）。かくして、人間的実存としての神的な顕現の可能性は、そしてそれによって存在者の統一の可能性も――したがって善の可能性も――ここにおいてそれらの第一手段をもっている。つまり、悪［から］の解放としての自由［から］の解放において。

悪が、もっとも極限的な対立として、また絶対者に対する精神の反逆として、真にそれ自身であるのは、人間の核心［本質］においてなのである（この反逆は自らを引き裂き、普遍意志から離脱し、普遍意志に対抗し、この対立を利用してそれにとって代わろうとする）。悪は自由として存在者の全体性の内部において絶対者に逆らうもっとも極限的な自由「である」。それは、自由が善へ向けてと同時に悪へ向けての力「である」からだ。善は悪「である」し、悪は善「である」[★3]。

しかし、なぜ悪はこの論考［自由論］において主要項目と見なされるのだろうか。それは悪が存在者のただなかにおけるもっとも深くもっとも大きな不一致を明るみに出すからである。それでは、この不一致とはどのような事情であろうか。悪が考えられるのは、このもっとも極限的な不一致において、分-離であるこの本来的な不一致において、全体性における存在者の接合の統一性が必然的にもっとも際だって同時に現われるにちがいない

★3 この部分のマルティノ訳に若干の異同があるので、ハイデガーの原文との異同の部分は［ ］に補って訳した。

からである。

シェリングが存在の、つまり「根拠」の、「実存」の、「それらの統一」の分節あるいは接合を思考することに失敗した、とハイデガーは最終的に考えた。失敗は、絶対者としてのこの統一が伝統的なありかたで形而上学的位置にあるせいだと彼は説明する（ハイデガーがここで言わんとしているのは、我々が先に喚起した絶対的な離脱ではなくて、自己への絶対的な回帰である）。理解すべきことは（そしてそれがおそらくこの註解の意図の核心できるのだが）、現存在における、そして現存在としての存在の退-隠である限りでの存在の思考――実存の思想（これがあえて言えばシェリングがいま一歩のところで捉えそこねたものであり、それこそが、この注釈をその語の最良の意味で非常に興味深いものにしているのだが）――のみが、統一それ自体あるいは存在者としての絶対者の、あらかじめ行なわれた乗り越え不可能な指定を免れることができるということである。ところで、存在者性が「自己への回帰の傾向」の把捉へと絶対者を捧げるのだから、あるいは、存在者性が「自己-中心主義」を絶対者へと開くのだから、自由の真理としての悪を鎖から解き放つ［＝暴発させる］のは、絶対者の存在者性である。そして、善それ自体が、存在者の存在する統一の自己への回帰として思考されるのだから（この自己への回帰は分離された自己性のそれではなく、非-分離自体のそれなのだが）、悪は実際すでに、原則的に善の否定的契機ないしは力として弁証法のなかで捉えられてしまっている（しかし、この最後の帰結そのものは、もはやハイデガーの結論の簡潔な表現のうちにそのまま読み取れるようなものではない。そして、このことはおそらく、以下のことのうちに推察されるように、偶然ではない）。

したがって、ハイデガーがシェリングに対して取ろうとした距離、漂流、接線は「存在（その退－隠）の非－存在［者］的な接合」であろう。しかし、この退－隠は「善に向けての、かつ、悪に向けての」自由の構造をどこまで触発せねばならないのか。このことこそ述べられていないことである。実際、ハイデガーはここでは存在へと専心するために、ほとんど自由を放棄せんとしているのだ。（そして、彼が数年後に——これもあいかわらずシェリングに関してであるが——批判することになる、「不可避なものへの諦めの自己幻想」は、善と悪との無差別に対する批判を含んでいる）。しかし、この動きのなかで、シェリング的善と悪の至高の無差別（そして準－弁証法）は保持されているのではないか。そして、多少とも見すごされているこの保持は、「自由」についてここまで行なってきた分析において認めうると我々に思われた存在自体の思考の、あるいは実存の思考のもっとも深い要請を尊重しているのではないか。

　別の言い方をしてみよう。ハイデガーが少なくともそのように言明しえたようなものとしての存在の思考は、自由の観念論のもっとも深い論理と調性［＝情態］を免れていたと言うことができるのだろうか。この論理と調性によれば、「善に向けての、かつ、悪に向けての」自由はまずなによりも、そしてただ、悪によってのみ明らかになるのであり、それゆえ、いやおうなしに、なんらかの仕方で悪を正当化しなければ、つまり弁証法のうちで捉えなければならない。たとえば、それは「不一致」が最良の場合は「統一を現出」させるようなものである、と。「激怒」と「健全なもの」が存在の「虚無化」のうちに同様に配置されているさいに、善と悪の同一性はどこで終わるのだろうか。そして、「ひとつ」ではないと明示的に提示されていることの同一性は、どこで弁証法的な展開をやめ、その結果が弁神論や弁理論、さらには弁存在論の形式へと秘かに送り届けるだけのように思われる上位の同一性を生産することをやめるのだろうか。しかし、存在せず、原因でもないなら、存在はなぜ正当化を必要とするのだろうか。——もっとも、なによりもまず正当化しようとしているものが正当化不可能なものなのではないのかと自問する必要があるのだとすれば話は別であるけれども。(このことの明確な意味は、ハイデガーがあらゆることとあらゆる人に抗して、アウシュヴィッツを沈黙のなかでどこまで正当化したのだろうか、と問うことである。しかし、それはまた、そして特に我々にとっては、「この沈黙による正当化は、ここで我々が試みているような「自由」の思想あるいは存在の贈与性として了解された存在の思考自体に関して、どこまでひとつの弱さではないのか」と問うことも意味する。[☆16])

(同様な問いをバタイユに関しても立てられよう。というのも、バタイユにとっては「情熱を解き放つことは善であり、それが人間を駆りたててきた[☆17]」のだし、この情熱の解き放ちは、定

☆16　ヘーゲルの『精神現象学』における善と悪の分析は、同様にそれらの同一性を弁証法のうちで捉えているが、特殊な調子で、これらの同一性の単純な肯定にそれらの差異を「乗り越えがたい執拗さで」対立させなければならないと強調している。

☆17　*Œuvres complètes*, vol. VII, Paris, Gallimard, 1976, p. 373.

義上、それ自体悪を定義する禁忌の侵犯——つまりここでもまた一種の激怒——によって行なわれる。「禁忌のない生」は不可能であり、神が死んだとき、「禁忌を恐怖のうちで崇めることなしにそれらを人間的に除去する」ことはできない。かくして、「もし自由の対価を認めないのであれば、人は自由からその塩を奪うことになろう。自由は、自由の恐れ、眩暈を要求するのだ」[☆18]。ここでも、暴発［＝解き放ち］はどこまで自らを弁証法的に展開していないのか。この場合も、解き放たれた情熱である聖なる悪の「無神論的な」弁神論がどこまでないと言えるのか。どこまでバタイユは、購いの経済のある種の神学的伝統にしたがい、罪を正当化（*etiam pecata...*）しようと試みてはいないだろうか。ところが、同様に「経済的」で、より「精神的な」いまひとつの伝統にしたがえば、罪は、それが赦されうるときでさえも、正当化されないのである。そして結局——バタイユとハイデガーをより明白なかたちで関連づければ——人は、自由の「眩暈」や「深淵」への魅惑にどこまで耐えることができるのか。そしてこの魅惑が今度は深淵を作り、嫌悪の念を惹きおこさせる悪への魅惑へと導くのだ（そしてそれは結局、耐え［＝支え］がたきものを支持しようとする試み、ないしは誘惑の一種なのだが、それを黙認し、擁護することを意味するのではなく、その積極性との奇妙で暗い関係に入ろうとすることをまず含意する）。ところが、自由存在の放棄［＝脱把持］やさらにはその中約（シンコペーション）＝失神は、底のないこの点にあるのだ。この点においては深淵の恐怖と魅惑は可能な形象のひとつでしかないが、それでもこの形象はおそらくもっとも多くの存在感と厚みをもって、

☆18　同全集第8巻、p. 495.

恐怖と魅惑を正確に形象し、それらに深さと暗闇の実質を与える。しかし、悪の積極的な現前はまさにそれが現前の意志の深淵に、「絶対的概念の無限性の不安」に由来することを告げている。同様に、底無しであるものは、同様に、いやおそらく「より深く」、無から無へと不意に到来するもの、深淵から昇るのではなく、自由に飛び立ち、自由な大気のうちに宙づりにされるもの、つまり解放＝伝承された実存のたんなる羽ばたき［＝鼓動］battement なのである。誤解しないでいただきたい。悲劇に対して牧歌を演じようとしているわけではないのだ。実存へと伝承＝解放された実存はあらゆる重さへと引き渡され、あらゆる奈落の淵にある。たんに悪が積極性であることが明らかになっただけではなく、それがひょっとするとそれこそが自由の積極性そのものであることが明らかになったのである。しかし、自由が弁証法的、主体的、経済的に、そこにおいて自己を構成かつ再構成しているのか、それとも、——ただたんに——そこで引き裂かれているのかを知る必要がある。

別の言い方をしてみよう。存在の思考は、自由と激怒の、ないしは激怒する自由の、経験的－超越論的な暴発［＝解き放ち］に直面して、「守り」あるいは存在の「隠れ家」（滞在としてのエートス）の可能性を、激怒自体をとおして、また「危険」と「救済」が立ちならぶ近接性において保持する弁存在論のほうへと後ずさりをすることを、たとえそれが知覚できぬほどわずかであったとしても、避けただろうか。このようにして、「存在を存在放任する思考であり」、かつ、かくあるものとして、必然的に存在の自由－存在——それが自由なのは「激怒」

において同時に「恩寵」においてである——を思考する思考を考えることは適当であろうか。存在の自由‐存在は絶対の無差別（これは主体性の自由以外のなにものでもなく、この主体性から発して善と悪の権力としての固有な権力の行為として自由‐存在が現われることができ、現われねばならない）のうちにふたたび陥る恐れがあるのだろうか、それとも、自由の絶対はなんらかの非‐無差別のうちにそれをもたらすことができ、もたらさねばならぬのだろうか。

おそらく、答えは、問いの背後にかいま見え、存在の思考の言明全体のうちに明らかに見えるように思われる。なぜなら、存在を存在放任することは、ヘーゲルが「自己における集中」と呼んだものから存在を退‐隠させるがままにすることだからである。この「自己の集中」という言葉によって、ヘーゲルは『精神現象学』（それは結局のところ、激怒の精神、つまり、自己を出ない意識の絶対的自己回帰の現象学である）において悪の最初の形式を示したのだった。それは、根底においては等価的なありかたで、シェリングの「底」の自己中心主義から存在を退‐隠させるがままにすることである。伝統全体がつねに悪をエゴ‐イズムと理解してきたし、そのエゴイズムとは、規定されていない絶対者を即自的に規定し、無限を有限化し、有限を無限化する激怒として理解されてきた。（同様に、バタイユにおいては、情熱の自由はどんなエゴイスティックな点ももたない。というのも、それはコミュニケーションの場所自体だし、それこそがコミュニケーションなのだから。自我的（エゴイスティック）な自由は、バタイユにとっては消滅する。しかし、同時に侵犯的な暴発［＝解き放ち］においては情熱は自ら自身を暴発する［＝解き放つ］ことしかしない。）しかしながら、もし秘密の気づかれない弁存在論の問いがまったく不法なわけではないとすれば、いずれにしても、存在の秘密のエゴ性を疑ってみることもおそらく不法ではないはずである。

固有にあるもの、すなわちそれで在ることのなかに固有に住まい、かつその現成する［＝本質を散開する］ものが、唯一無二のありかたで存在なのである。ただ存在のみが「在る」。ただ存在においてのみ、かつ、存在としてのみ「ある」と名づけるものが出来する。あるいは、存在するそれは、自己の本質によって存在なのである。☆19

おそらく、現成すること［＝存在の散開］はその退-隠やその虚-無性［非-本質性］からのみ考えられるべきであろう。しかし、存在の固有-存在はその固有性を保持しながら、存在自身の退-隠からつねに新たに自ら退-隠することができ、そこにおいては「消失しながら」自己を固［＝我］有化する性起を再固［＝我］有化することができるのではないか。このような問いは、存在が現存在の特異な実存でしかないというこの思考の論理全体からして、言語道断だと思われるかもしれない。にもかかわらず、このような問いを立てる必要があるのは、まず、この思考の論理ではないとしても、少なくともその調性＝情態 tonalité による（つまり、

☆19 「転向」『技術論』（理想社）所収、七〇頁。

その意図［intention］のためではなく、その固有な緊張［tension］、その強度［intension］による）。[☆20] ところで、この思考の情態［＝調性］が、逆説的だが不可避な（少なくともある点までは）一種の倍音（ハーモニクス）としての、唯一の要請としての、存在としての存在の思考を解放することによって［＝とともに］、存在者の存在のある種の遺棄（デレスマン）を可能とするのである。存在者は存在の本質の散開の定めへと引き渡されており、またそれとともに、無差別なありかたで、この本質と固有に同一実体的である激怒へと引き渡されているのである。この情態［＝調性］はたんなる批判［＝危機］には属さない。いや、むしろエコーのように、存在のこの時代における荒廃させる悪の物質的／超越論的な侵入への気遣いある応答の緊張（テンション）のように、それが鳴り響くのを聞く必要がある。この緊張（テンション）を「緩める」ことが問題なのでもない。耐え［＝支持し］がたいもの、正当化不可能なものは終わってはいない。しかし、この正当化不可能なものがどこまで正当化されうる危険性があるのかと訊ねなければならないのは、存在の思考自体がこの問いの要請と源泉を提供するからであり、そのことこそここで最初から耳を傾けるべきことであった。ここでは他の調性［＝情態］も問題となっており、それに耳を傾けてみなければならない。さらに問いを立てねばならないもうひとつの理由があり、それは存在の思考の唯一の論理（それがひとつの論理であれば、どうしてそれ以外でありえようか）がけっしてそれに答えることができないという点にある。存在の実存としての現存在の主張＝肯定に対しては、善と悪の、おそらく非対称的であるが、しかしつねに弁証法的に扱うことが可能な「隠匿」としての

☆20 「調性［＝情態］は――調子に調律されており――調子をもつ。聴くことを知ること。存在の沈黙の呼び声」前掲『シェリング』p. 326（この呼び声はまちがいなく、のちほど我々が語る呼び声と通じるものである）。［tonalité は Stimung に当てられた訳語］

存在の自由－存在の主張＝肯定がつねに答えるであろう。だからこそ、ハイデガーが自由の主題を放棄したことは論理的でありえたのであろう。主体性の力としての自由は、実際、物事の流れを心底から受け入れることを覆い隠すという役割を担った幻想でしかないだろうからだ。そして、自由の固有な事実性はつねに必然性の事実性のうちに溶解してしまったことになったであろう。このような自由から自らを解放することは、哲学の限界自体を描くこのような論理の限界のうえに宙づりにされたひとつの祈願として、留まることになるだろう。

とはいえ、それはさらなる一歩を進めない場合のことである——こう言ってよければ、自由の還元不可能で特異な事実性のうちにさらなる一歩を進めない場合、そして存在の思考の論理自体のうちにさらなる一歩を進めない場合のことである。「ここでは答えが決断のうちにある」ということを言うためにはもう一歩だ。

　自由は善へ向けての、かつ、悪へ向けての自由である。自由が到来しそれ自身に不意に訪れるのが決断においてなのだとすれば、その決断は、それゆえ善と悪の決断であろう。しかし、それは、自由が、善か悪かの決断として、決断する限りにおいてである。自由を、自分自身の有限な超越に対して超越的である価値ないしは規範を前にした自由意志として呈示するのを拒否するということは、自由が、決断しながら、善か悪を決断することを拒否することを意味しない。行為における自由だけが（それ以外の自由はないのだが）、思考の限界上——そこにおいては思考もまた結局は自らがそれである行為であり、それゆえ、そこにおいては思考もまた決断なのだが――において、善や悪から（自らを）解放しながら決断する。すなわち、思考は必然的に、その行為において、というより、思考が自らを自由に不意撃ちする事実そのものにおいて、善と悪の、結合した無差別な暴発［＝解き放ち］ではなく、それ自体においてそれ自体によって、善きあるいは悪しき決断なのである。ただ、暴発［＝解き放ち］のみが自らを鎖から解き放つのだが、そのことは、暴発がすべてを無差別的に解き放つことを意味しない、つまり、結局暴発は、「自己において集中した」暴発それ自身しか、そしてそれゆえつねに悪意しか解き放たないのである。むろんこのことは、暴発自身が、この差異あるいは対立のうちに取りこまれることなしに、一方を少し、他方を少し解き放つということではないし、あるときは片方を、あるときはもう一方を解き放つといったことでもない。それが意味することは、自らを解き放つことで、そして、このことによって自らを悪の可能性として引き渡すとともに認識することで、暴発は、自分を激怒ないしは解放としてもまた引き渡し、認識するということである。少なくともそれが我々が示そうと試みていることである。

「決断」はたんにその出来事（あるいは性起か――性起は決断であろうか）の限界上においてその言明が決断に与えるような還元不可能的に形式的な地位＝状態なのではない。決断の名をあげたからといって、我々は決断のうちに入るわけではなく、このように解釈することを許す身振りを外から記述するだけであろう。その場合、この解釈というのは、善と悪の可能的な自由の行為へのたんなる遂行として、あるいはもっとも古典的な道徳によってあらかじめ提供された「善」と「悪」の間での決断として、あるいは、また逆に、これもっとも古典的な、その「善」を決断する自由な主体性の自由裁量としてこの身振りを捉えている。決断がたんにこのような形式的な地位をもつだけでないのは、まったくの厳密さにしたがって、実存の思考における思考として、決断の「概念」はこの思考において現実的にとられた決断へとそれ自身によって差し向けられるからである。事実実存の思考は、実存の損ないへと向けてではなく、実存へと向けて決断したのでなければ自由な決断を考えることはできないであろう。――そしてこのことは、なんらかの選択によってでも、思考の展開に先だった道徳的な好みによってでもなく、思考の行為のうちで、思考の実存的な限界のうえに措定されたものとしてなのである（このようにして明るみに出たものは、なんら新しいものではない。というのも、哲学の名に値する哲学的思考で、思考の思考するこの決断から生じなかったものはひとつとしてないからである。しかし、思考は以降このようなものとして考えられるべきである）。

『存在と時間』においては、良心 Gewissen の分析が、決断の思考と、思考の決断に到達しているが、この後者に関しては、その思考それ自身の光の明るみに出されるべきところで留まっている。[☆21] 良心 Gewissen は、いまだ「善」と「悪」のいかなる区別もないという意味で道徳的ではないフランス語の「意識 conscience」という語に我々がときおり与える道徳的な意味での「良心 conscience」である。良心 Gewissen においては現存在の「もっとも固有な存

☆21　五七節以降を参照。

在－可能」[SZ287]が明らかにされる。それは、この存在－可能が根拠づけられていない根拠、つまり「投げ出されたものとしての実存者」であるがゆえに、「もっとも固有な存在をけっして自らの手中にいれていない」[SZ284]からである。この「無性＝非力 nullité [Nichtigkeit]」[SZ283]において、現存在は本質的に「負い目がある」（schuldig、つまりそれはまた「罪ある」ものでもある）ものとして自らを露現する。実存者は、実存するものとして、自らがそれであるのでも、もつのでもない固有な存在に関して負い目があり、罪があるのだ。つまり、ハイデガーにおいては時期の異なる用語を組み合わせて言えば、「彼は存在の退－隠に関して負い目がある」と言うこともできよう。そして、この負債を、実存者は固有存在の復元という様態で帳消しにしてはならず、まさに、実存の様態、および実存へ向けての決断の様態においてのみ帳消しにせねばならないのである。[☆22]

負い目は、世界へ放棄＝放任された存在としての[☆23]実存者の存在を特徴づける固有／非固有な「不気味さ」の声が実存者へとかける呼び声によって実存者に啓示される。根源的負い目ないしは罪（これに関してはベンヤミンの悲劇的なものと連関させようと試みることもできようが）とともに、「悪さ＝悪意ある存在 [Bösesein]」が啓示される。「悪意」はここでは負い目－ある－存在に呼応する。というのも、一方で、「可能性の実存論的条件」をもつのみである道徳的諸価値がこの存在論的次元においては問題とはなりえず、したがって「法廷」というカント的な良心のイメージを取ることができないとしても、一方で「あらゆる良心経験が『負い

☆22　この呼びかけと、この声は、特にクリストファー・フィンスクによって分析された。『ハイデガーの思想と歴史性』*Heidegger－Thought and Historicity*, Ithaca, Londre, Cornell University Press, 1986、第一章。この分析はまたミケル・ボルク＝ジャコブセンが『ポエジー』誌に発表したエッセー「聞け」（《Ecoute》in *Poésie*, 35, Paris, 1986）をも引きおこした。主体の彼方の現存在の構成における呼びかけに関しては『トポイ』の一九八八年の十月号に発表され（*Topoi*, octobre, 1988, Dordrecht/Boston）仏訳が八九年の『コンフロンタション』の特別号（*Confrontation*《Qui vient après le sujet?》）に掲載予定のジャン＝リュック・マリオンの「言葉を中断された者」《Interloqué》を参照のこと［邦訳、『主体の後

目あり』というようなことをまず経験している」[SZ 290]のであり、それに応えているのが、良心の「通俗的」経験における「疾しい良心＝悪い意識」の優位なのであるからだ。別言すれば、通俗的に「悪い」と証明されているのは、この、〈固有に自己の存在でない〉という、あるいは〈固有に存在[＝それ]ではない〉という〈罪ある－存在〉である。しかしながら、(解意されておらず、この思考全体の決断に到達するために、解意されねばならないのは)、その存在の様態において存在でないことという、つまり実存するという様態において存在でないということの〈罪ある－存在〉なのだ。通俗的な了解はこの点においては「通俗的」なところなどまるでない。というのも、それは悪を、実存が実存者であることへと向けて自ら決断しないものとして捉えているからである。反対に、通俗的了解において不正確なのは、「疾しい良心＝悪い意識」を、すでに犯した悪に関して良心が向けることになる「叱責」へと帰する点である。実存論的了解によれば、「悪さ[＝悪意ある存在]の証明」は、遂行され裁かれるあらゆる行為よりも「古い」(それどころか逆にこの臨証がその可能性を設定するのだ)。(とはいえ、現存在は、実存のもっとも固有な可能性にしたがっては実存していないという悪事をいつも－すでに犯してしまっている、と言うことはできるかもしれない。いつも－すでに、現存在は世界へと固有にかつ絶対的に自らを引き渡さなかったし、自らを解放していなかった——いつも－すでに、存在の贈与性をとり逃がしていた。だとすれば、通俗的良心は、この点に関してもそれほど通俗的ではないことになろう。)

に誰が来るのか』、現代企画室)。そして、ハイデガーにおける呼びかけ一般に関して、その遠隔－音声[＝電－話]において考察し、ハイデガーの政治と技術についての思考において問題化した、アヴィタル・ロネルが刊行を予定している『電話帳——技術の政治学』(Avital Ronell, *The Telephone book. A politics of technology*, 1989, The University of Nebraska Press)を参照のこと。

☆23 だからこそ、存在論的分析は、通俗的な経験における良心Gewissenの現象の「前存在論的」了解に正しさを認めるのである(五九節参照)。このような経験が通俗的なのは、体験としてなされた行為の次に良心の呼び声を後続させる限りにおいてなのである。〈しかし、それは疾しい[＝悪しき]良心に優位を与える点に関しては通俗道徳的善悪の存在論的な決断不可能性は、したがって、実際、実存者の存在論的な原-決断と呼ぶべきもののうえに成立している。実存者はその固有な実存性を彼へと投げかける呼びかけによって悪と証明されているのである。善と悪のあいだで行なわれる選択という意味で悪でないとしても、彼が負債を負っているということにおいて、そして、決断せねばならないということにおいて、悪なのである（そして、どうして、すでに、無限にすでに、善と悪が決断されてしまっているのではないのだろうか……）。決断、決-断 Ent-scheidung は、ここでは、熟慮の末になされるような選択ではない[☆24]。（実存者は、彼が実存し、これからも実存しつづけることを、熟慮したりはしない。とはいえ、違うありかたで、彼の実存はそれ自身本質的に、言葉の二重の意味で決然と熟慮されていると言うことはできよう。）むしろ、決断がきっぱりと決裁するとすれば、それは非決断の状態と決断の状態の間においてである。それは決断へと決断し、決断可能性へと決断するのだ。さらに言いかえれば、もし実存者が罪悪性の定義可能ないかなる意味においても「悪く」ないとしても、それでも（ヘーゲルが知っていたように）、彼が無辜[★4]ではないということにおいて、彼は「悪い」のである（そして文字どおり、無-辜ではないとは、悪を行なうことである）。彼が無辜でないのは、彼が、世界に投げ出された実存者として、自らの自由の固有な境位のうちにいるからである。彼はその事実であり、そして自由は善と悪を決断するための自由である。自由の非-無辜性は、決断の可能性の実存論的条件を構成しており、それが「覚悟したもの」としての実存者を実存させるのである。だから、以

的ではない」。それに、通俗的な「疚しくない」＝良い」良心に関して平行的に行なわれる分析がこのような現象の不可能性を率直に結論づけている［SZ 291］。善き人は「私は善人だ」と言う最後の者であろうし、それゆえ、呼び声を聞く可能性を免れた最後のものであろう。したがって、ハイデガーが述べたことにつけ加えて、善き人は「その悪さ［＝悪意-であること］の証明」を受けとる限りにおいてのみ善いのだ、と言うことができよう。

☆24　私はこの見解を、良心に関する大部の論考を現在準備中であるヴェュルネール・ハマッハーに負っている。

★4　フランス語の innocence はここでは Unschuld の訳語として用いられている。したがって数行先の in-nocence は文字どおり Un-schuld「責め-なし」の意。

下のように言える。

覚悟性は、その存在論的本質からいって、いつもそのつどの事実的な現存在の覚悟性である。しかるに、この存在者の本質とは、それの実存である。覚悟性は了解的におのれを投企する決断としてのみ「実存する」のである。しかしながら、現存在はその覚悟性においてどこへ向かって自己を開示するのであろうか。現存在は何をしようと決断するというのか。その答えを与えうるものは、ただ決断自身のみである。☆25

答えはただ決断によってのみ与えられるということが意味するのは、実存の存在論的構造の分析によれば、特異な実存者が決断すべきことに関して、決断することにはいかなる意味もないということである。それは実存者を彼の決断そのものに従属させ、自由を後退させることであろうし、自らの実存の事実そのものによって——決断がすぐれて呈示するこの事実（自分自身の本質であるという事実）によって——自分が決断に負い目があるのだということを認める可能性を抹消してしまうことでもあろう。そして、それゆえ、実存の根源的な現象を根本的にとり逃がしてしまうことになろう。

しかし、ここで思考を事実とすることで、つまり、事実的で特異な決断へと向けて、実存する存在の自由－存在させるがままにすることで、思考は、それ自体において、またそれ自体の

☆25　『存在と時間』第六十節。ただし、factualité［事実性］の語彙との関係で、factisch の訳語としてはここではマルティノのように factice を用いず factual を充てる。

ために、決断しなかったであろうか。思考は自由の非－無辜の了解から出発して、決断を、また特異なその事実性を選ぶことを、決断しはしなかったろうか。このことはまた以下のことも意味する。決断された実存としての実存者の固有存在の了解から出発して、実存の負い目に留まり、それゆえ実存の外で本質として自己を我有化する決断を選ぶことではなく、実存のためになる決断を選ぶことを、決断しはしなかったろうか。思考は、決断のための自らの決断のもっとも内密において、本質の激怒のためにではなく、実存の「恩寵」のために決断したのではなかったか。（そして、さらに、いまや以下のように問うときであろう。あらゆる決断というものが、存在のうちに同様に「隠匿」されたもののどちらかを自由に選ぶがままにさせることなのだとすれば、言語によって決断をもたらさせることなしに、「恩寵」や「激怒」、「健全なもの」や「災禍」について、語ることができるのだろうか。なぜならば、もし実存者が、災禍や自らの災禍を決断することができ、そしてこの可能性が実存の存在自体のうちに刻印されているのだとしても、このような決断はそれでもやはり、その実存的本質そのものにおいて決断を損なうようなものだからである。）

以上のことが、ハイデガーのテクストにそのまま書かれているわけではない。ここで賭けられているのは読解の決断である。つまり、ある思想家の言説をどのくらい正確に、どのくらい忠実に解釈するかということよりはむしろ、自由によって、彼の思想を自由に分有することへと向かうことが問題なのだ。読解という行為はおそらくここでは、綿密な要約だけでなく解釈的暴力をも退けることである。自由を分有することによって読解は行なわれるのだが、この自由によって思考は、思考として、つねに捧げられている。つまり、テキストにおいてじかに取られ、決断されるように差しのべられ、提起されている。(ちなみに、ハイデガーが「各自が覚悟性において本来的に自己であることによって、はじめて本来的な相互存在が発源する」[★5]と書いたのも同様の文脈においてである。分有に関してあるのは、自由の分有のみである。しかし、また分有の自由のみがあるのだ。分有の外で自己自身であることを決断することの自由は、自由のただなかに住みついて、自由を損なう自由である。我々はこの決断可能性につねにたち戻ることしかできないのである。)

ここにおいて思考は決断を選ぶことを決断する、あるいは、そこにおいてのみ決断がこのようなものとして到来しうる非-決断を選ぶことを決断する、と言ってもよかろう。決断は特異であり、「そのつど事実的な現存在の決断である」。それは特異性の決断ではない(というのも、特異性はあらかじめ在る主体ではなく、主体そのものの「うちで」特異なのであり、自らを選び[=決断し]ながら、決断するのだから)。そうではなくて、決断は特異性へ向けての決断なのである。つまり、自由が諸特異性の関係においてあり、諸決断の関係においてあるならば自由そのものへ向けての決断なのである。決断されたものとしての特異性は、決断しながら、もはや決断のための自由の非-無辜性のなかにはない。しかし、無辜で「善い」ものとなったわけでもない。こう言ってよければ、特異性は自らの実存のそのつどの実存の決断され

★5 『存在と時間』六十節、SZ 298。

た決断可能性のうちに入ったのだ。ところで、決断は特異に実存する限り、また関係と分有を拘束(アンガジェ)する限り、存在の退－隠を拘束する。もし、決断が決断として自らを守るならば、それは、その退-隠における存在、退－隠したものとしての存在をもまた守るであろう。決断は、それを「救う」と他の場所でハイデガーは言っていた。「つまり、弛め、解き放つ、自由にする、免れさせる、避難させる、保護し、見守る」[☆26]という意味においてである。このようにして救われるのは、存在の有限性である。それは「本質的な限定、おそらく本来的な実存の条件であるような有限性」[☆27]である。有限性とは特異性のうちで、特異性として、無限の把捉から、モル的な発展から、存在の自我－性の激怒する荒廃から退－隠するものである。存在は有限性のうちに退－隠し、「自己の集中」から退－隠する。というのも、それが、その存在そのものだからである。しかしそれは、存在の存在自身が自由存在である限りにおいてであって、存在がこの退－隠でありうるのは、決断によってのみなのだ。決断した実存のみが、荒廃化する激怒の可能性をそこに本来もっている本質的な「自己」の存在を引き出す。実存のみが、実存としてそしてまた自由の特異な事実性として、倫理そのものではないとしても、少なくとも、存在のこの「避難所」を与えるのだ。存在のこの「避難所」はエートスとしての、あるいはその自由な決断の可能性において滞在する人間の滞在としての、もっとも固有なそのエートスなのである。

それゆえ本来的決断はある——たとえ、それがその本来性を決断自身のうちにもち、決断の

☆26 「転向」『技術論』(理想社) 所収七〇頁。
☆27 これはハイデガーのテクストではなく、セミナーの記録である。「トールにおけるゼミナール」QIV, p. 294/GA 15, S. 359.

非本来的内容と本来的内容の区別があらかじめないのだとしてもである。あるいは決断の本来性がある。つまり、自由の本来性がある。実存へ向けての、また特異な関係へ向けての自由を決断する本来的な自由がある。この特異な関係は実存がそれであると同時にそれは、無限の非－無辜のただなかにおいて自由を決断するのだが、このような無限の非－無辜において、固有な本質をもたない存在の無－限がつねに暴発する［＝鎖から解き放たれる］ことができ、ある意味では、激怒のようにいつもすでに暴発してしまっているのである。自由をそれ自体のために、その有限性のために、その分有のために、平等のために、友愛のために、その正義のために、自由にする自由な決断がある。特異に、特異に分有され、特異に実存の憎しみから退－隠した自由な決断があるのだ。

だとすれば、本来的な決断は善ということになるのだろうか。しかし、「善」の積極＝実体性（ポジティヴィテ）などないし、プラトンの善のエペケイナ・テース・ウーシアスにここでもまた耳を傾けるべきであろう。決断は、それが本当に決断してしまったのである限り、自らに対して「善い」ものとして現われることはできない。それは、たんに、[☆1]自己へと現われ出ることができないのであり、おそらく、このように現われ出ようとすれば、それだけ自由ではなくなるのである。したがって、決断の本質を取り去ることなしには、それを保証することはいかなるものにもできないし、ましてやそれを保護することなどできない。決断は、自らの自由に、自らに不意に－到来する何かに、自らを不意撃ちする何かに引き渡されているのである。あらゆる決断は自らを不意撃ちする。あらゆる決断は、定義上、決断不可能なもののうちで決められる。かくして、本質的に（そして、この意味で、我々はハイデガーの言葉を借りてその道徳主義的な共示（コノテーション）にもかかわらず、あるいはそれに挑んで、「本来的」と言ったのである）決断は、その有限な特異性のうちに存在を存在放任することなしには、決断しえない。私は、自分の特異性の有限性に無限に自らを委ねずには決断しえないし、こうして、*私の*決断の一撃と一断面において、「決断する」主体として自らに現われ出ることを諦めないことはできない。だからこそ、私の

☆1　本書第三章参照。しかし、決断はおそらくつねに、刻印されている、つまり、何かが言われ書かれているのみならず、決断として（言葉や書かれたものによって、あるいは体や身振りや調子によって）与えられている。決断のこの刻印はおそらくジャン＝クロード・ミルネールが、彼にとってはまさに自由の物質的刻印である宣言という題で分析したものと無関係ではない。『自由、文字、物質』*Libertés, lettres, matière,* Les conférences du Perroquet, 3, Paris, juin 1985. 参照。

決断は、そのつど同一的に、関係と分有の決断でもある。――私の決断を行なう主体がただの「私」ではない（それは「君」や「私たち」でもありうる）ものとして自らに現われ出ることができるほどだ。もちろん、この決断が本来的であれば、特異に私のものであることをやめてしまうわけではない。しかし、くり返さねばならないが、決断それ自体は、自らに現われ出ない。決断が決断し、決断されるとは、そういうことなのである。

いかなるものも決断によって終わりはしない。そうではなく、すべてが始まる。悪意が悪意でありはじめることができるのもここからであり、非‐無垢が憤激となりうるのもそうである。それは、決断が特異性を必要とするからである。悪意はその廃墟の光景（スペクタクル）を享受することを欲し、それゆえ、それはその現存を維持せねばならない。悪意もまたそれなりの仕方で実存を存在放任するが、それは実存を損なうためである。そうでないとしたら、悪意はいったい何に向かうのであろうか。☆2 それゆえ決断は、実存者へとそれを固定するようなひとつの生命線（それが悪徳であれ有徳であれ）を選択することではなく、存在‐放任（レッセ・エートル）への通路である。存在‐放任は「放任主義（レッセ・フェール）」や「なりゆきまかせ（レッセ・アレ）」とはまったく反対に、それが、存在‐放任する実存に対する「倫理的な」関係をそのつど絶えず自ら決断しなければならない。存在‐放任は、義務ないしは義務の不履行のうちに、有徳ないしはその衰退のうちに、悪意や善意のうちに、状況の計算ずくの評価のうちに、好機を受け入れるストア的なエウカイリア★1のうちに、あるであろう。しかし、存在‐放任が実存への関係に接近しなかったということはありえない。

☆2 同じ意味で、デリダが引用しているレヴィナスの「暴力がめざす相手は顔以外ない」を参照。デリダはこれに続けて言う。「それゆえ、顔を開く存在の思考がなければ、純粋非暴力や純粋暴力しかないことになるであろう」（「暴力と形而上学」、『エクリチュールと差異』上巻二八五頁）。補足して言えば、暴力は顔に由来するのでもあり、その顔のうえで時に悪意がこの顔の荒廃として読みとられることがありうる。

★1 エウカイリアとはストア派において〈ふさわしい行為〉（カテーコン）にかかわる概念。人間の理想的実現態である賢者が行なう行為はすべて時機に適していて正しいということを時間との関連において表わしたもの。

ここでいう関係とは唯一実存し、存在の退－隠のうちで実存する特異－存在への実存における関係である。存在－放任が本質的な荒廃においてこの退－隠の虚無を暴発させる［＝解き放つ］こともありうるだろうし、反対に自らをその実存自身へと同様に虚無へと露呈することもありうるだろう。しかし、存在放任が存在の特異な散種に到達せず、その散種をすでに分有していないということはありえない——自由がひとつの事実であるのはそのためなのだから——。したがってまた、存在放任それ自身が自ら固有の決断の特異－存在として露呈されなかったということ、また自らの退-隠における存在のこの不意の到来へと露呈されなかったということもありえない。この不意の到来は我々をかならず相互的に現前させる。それが、構成的で還元不可能な他者性において、固有に自由をそれ自身の「現前」へともたらすものである。[☆3]

以上のことは我々に道徳（モラル）を与えはしない。「他者を尊敬すること」、「自分自身を尊敬すること」、「人間を目的として扱うこと」、人間社会［＝共同体］の平等、友愛、正義を望むことなどが、何を、いつ、どのように、意味するのかを、我々に教えはしない。それは、特異性にのみ「属す」特異な可能性としての死（私の死や、他者の死）を、いつどのように尊敬すべきであり、与えるべきではないのかすら教えはしない。[☆4] それは規定された義務も権利も我々に与えはしない。そしておそらく、これらの規定それ自体が、決断の一般的な空間において無際限に更新され、再討議され、再交渉された決断の事実でしかありえないのだろう。しかし、それは、義務や権利や、それら相互の変質へと［＝向けて］、我々を自由にする。

☆3　第八章参照。
☆4　ブランショ『「汝殺すなかれ」が明白に意味するのは、『いずれにしろ死ぬ者を殺すな』ということであり、それは、『そのために死ぬことを侵害するな、非決断なものを決断するな、こうなったのだなどと言うな、《いまだない》を不当に手にいれるな、最後の言葉が言われ、時が満ち、メシアがついに到来したなどと言いはるな』ということを意味している」。（『彼方への一歩』*Le pas au-delà*, Paris, Gallimard, 1973, p. 149.）

したがって、我々を自由にするものは、我々を露呈する自由である。そしてこの自由が自由であるのは、この露呈のうちにおいてのみである。自由意志でも運命でもなく、ハイデガーが「開け」と呼ぶものの贈与なのだ。

状況（「…することができる境遇にある」と言うときの境遇）という語には、ある空間的な意味あいがこもっている。我々はこの意味あいを、この実存論的概念から除去しようとはしないであろう。（……）実存は現存在にそなわる空間性にもとづいておのれの「ありか」を定めているのであって、この現存在的な空間性は、世界－内－存在の構成にもとづくものである。そしてこの構成の第一義的構成継起は、開示態〔開け〕である。こうして、「現」の空間性が開けにもとづいているように、状況の基礎は覚悟性にある。状況とは、すなわち、覚悟性において開示されている現なのである。[☆5]

開けと覚悟性は相関的である。このことが意味するのは、決断としての決断は本質的に「開くもの」、「空間化するもの」（時間へと通じるのではなく、「同時に」実存の空間と時間の空間化である空間性の）だということである。ところで、その本来性において決断を特徴づける開けは「自由なもの」への（あるいは、「自由なもの」の）開けである。一度、主体性の形而上学の主題として自由がしりぞけられたのち、ハイデガーは言うなればより多くの領野を「自由

☆5 『存在と時間』六十節。

な空間[☆6]」のモチーフとしての「開け」のモチーフに絶えず与えることになる。そして、この自由の空間のほうは、「時の自由な空間」の「前‐空間性」（不意‐撃ちが行なわれるのはそこなのだ、と言ってよかろう）として、また「自由なものや、開けや、広さ性をもたらす」ような「空間化＝間隔 espacement」として考えられるのである。

「空間化＝間隔（エスパスマン）、それはもろもろの場所を自由にすること」

そして自由にされたもろもろの場所はおそらくボンヌフォワが「真の場所」と呼んだものに対応する。

真の場所は永遠によって消尽された持続の断片であり、真の場所では、時は我々のうちで解体する。（……）それはおそらく無限に近くにある。また無限に遠くにある。我々の瞬間における存在と、逆説的な現前とは、このようなものなのだ。

真の場所は、偶然によって与えられるが、真の場所においては偶然はその謎としての性格を失うであろう。（……）

この種の、しかし極限的な種の、場所の美しさ。そこでは私はもはや私には属さず、その完全な配置＝決定（オルドナンス）によって支配され、引き受けられている。しかし、そこではまた、そ

☆6　特に『時間と存在』および『芸術と空間』*L'art et l'espace* を参照のこと。

して、ついに、私は根底的に自由になる。というのも、そこではいかなるものも私にとってよそよそしくはないからである。[☆7]

☆7 イヴ・ボンヌフォワ『不確実なもの』*L'improbable*, Paris, 1951, p. 181.

この空間性ないしは広さ性は、自由の空間である。そしてこの自由とはそのつど、ひとつの自由空間の自由なのである。つまり、それが空間化するという、あるいは間隔化するという自由の本質を構成している。空間化＝間隔は一般的「形式」である——それはまさに形式をもたず、形式や形成に場を与えるのであり、一般的ではなく、諸特異性に場を与える——。特異性の空間化＝間隔、露呈あるいは防壁や刃（［断固とした］決意）、特異性を極限や他者や自己自身へと関係づけるその差異性における特異性の〈区域（エリア）性〉（これは他の場所で述べたように〈区域（エリア）〉の性格である）。たとえば、ひとつの叫び［を発する］開かれた口。

だからといって、この空間性は与えられた自由な空間ではない。——この点で、制度なり前もった創設の様相を呈するハンナ・アレントの公共空間とは異なる。もちろん、公共空間を、この分有された区域性の創設＝根拠づけそのものとして理解すべきだというのなら話は別である——この空間性はまた、時空間性の贈与（もしこのように言えるとしてだが）でもない。この場合、贈与は自己創成し（第一図式の贈与——贈与それ自体の図式＝捧げ物なのだろうか）、また空間の解放そのものによってひき継がれると考えられる——これは荒廃の正確な裏面として理解される。［この空間性についての］記述は、存在の思考からはかけ離れた、そしてその隔たりそれ自体がここでは思考の自由な空間を意味するであろう。他の思考における遊牧民的な空間の記述から借りることができよう。

> 平滑空間が形成され、あらゆる方向に向かって侵食し増大しようとするときには必ずそこに、大地の上に、遊牧民がいる。遊牧民はこうした場所に住み、そこに留まり、みずからこうした場所を増大させるのだ。この意味で、遊牧民は砂漠によって作られるのと同じ程度に砂漠を作るのである。遊牧民は脱領土化のベクトルであり、たえず進路や方向が変化する一連の局所的操作によって、砂漠に砂漠を、草原に草原をつけくわえていく（……）天と地を分かついかなる線もなく、介在する距離も遠近法もなければ輪郭もなく、視界はかぎられているものの、もろもろの地点や対象の上にではなく、さまざまな此性つまり諸関係のさまざまな集合（風、雪や砂の波動、砂の響き、氷の割れる音、砂と氷の触覚的性質）の上に成り立つ極めて繊細なトポロジーがそこには存在する（……）[☆8]。

荒廃の拡張なのではなく、遊牧民の居住地としての固有の空間化＝間隔の増加であるこの砂漠のように、自由は、与えられたひとつの空間を受けとるのではなく、自らに空間を与えるのであり、特異性の計量不可能な空間化＝間隔として空間を自己に与える。あるいは、自由はそれ自身、自由な開けた場所の本質ではなく、むしろ「自由な開けた場所」が、そこから自由が

☆8　ジル・ドゥルーズ＋フェリックス・ガタリ『千のプラトー』（宇野邦一他訳、河出書房新社）四三八頁。「点をもたない空間を絶対的に占拠する」「自由活動」についての記述（四五三頁）もまた参照されたい。

☆9　だとすれば、模倣不可能ということになるのだろうか。自由の模倣論の問題はここでは（ラクー＝ラバルトへの一般的参照と特殊な差し向けをすることで）保留にしておこう。自由は、存在の特異‐存在であることのうちに／として、自己産出するものである。存在の特異‐存在であること、それはそれにとっては、実存において、普遍的な本質でも、生成的な基体でも、形成的力でも、範例的理念性でもない。複製可能な輪郭も、モデルも、その事実

生起する［＝場所をもつ］実存する開けなのである。それは純粋な空間化＝間隔ではなく、同時に「居住」——開けたものにおける居住——である。というのも遊牧民は、同時に滞在を、それゆえエトスを表象せずには彷徨を表象することはないからである。

このことはかならずしも、「自由の倫理」といった言葉で解されるようなものではない。それはエトスそのものである。空間の開けとしてのエトスであり、実存における存在の空間的な避難所としてのエトスである。ここでエトスは、自己との隔たりのうちにおいて自己でありつづけることを決意する。この隔たりが、存在を、その退‐隠と実存とに贈与的に引き渡すのである。それは贈与性の倫理であるよりは、はるかにエトスの贈与性である。「自由」そのものは、自由がそこにおいて沈潜［＝脱底］する以上に自らを開く存在の空間性において、自由である以前に贈与性であることが明らかになる。つねに新たに決意することができ、自らの決意によってつねに新たに不意撃ちされるその固有な特異性へと、存在が露呈されている場所で、自由は生じるのだ。この贈与性は激怒を制御しない。激怒は贈与性とともに生まれる。しかし、贈与性は勘定せずに与える——激怒よりもさらに勘定を度外視して——。激怒が無限の自由の有限な固有化であるのに対して、贈与性は有限な自由の無限の贈与である。

贈与性は自由を与える、あるいは、捧げる。なぜなら、贈り物はけっして純粋に、また単純に与えられるものではないからである。それは贈り物——あるいは「プレゼント」——の受け渡しのうちで消え去りはしない。贈り物はまさに、遂行された現前性のうちでその

における実践的理性の図式もない。感覚的なものの感覚的イメージもない。——そうではなくて、裸の感覚的なものの有限な超越、世界において物質的に自己を決断する実存なのである。自由は何にも似ていないし、何にも似ていないことである。模倣はつねに自由でないものとして考えられてきたし、おそらく、隷属の範例を供してきさえした。それに対して自由は非‐模倣の範例であろう。ミメシスの否定の否定的な範例。模倣の限界。限界の模倣ではけっしてなく、つねに実存の限界上にある（それは図式主義の隠された術であろうか）。ところで、それもまた模倣的な関係をなし、自由はつねに範例として考えられてきた。範例性の範例と言ってもよかろう。実践（卓抜、徳、革命）の名のもとに非‐ポイエシスとして、あるいはポイエシスの唯一の行為者のポイエシ

「現在＝現前（プレゼント）」や呈示（プレゼンテーション）が失われない何ものかなのである。贈り物はその「現在＝現前（プレゼント）」の現前性に不意に－到来する何かなのである。それゆえ贈り物は、この不意の到来、贈り物の不意撃ちにおいて、贈り物として、贈り物（ドナション）の贈与（ドン）として自らを保持する。贈り物が捧げ物、ないしは贈り物自体のうちにおける贈り物の退－隠であるのはそのためである。つまり、その現前（プレゼント）であることの退－隠、あるいは、その不意撃ちの引きとめ＝留保。ここで問題となっているのは、贈り物が贈与するものの利益や制御（メトリーズ）として自己に戻ってくるといった贈与の経済ではない。反対に、それを贈り物ならしめているものが問題なのだ。つまり、誰にも属しえない犠牲＝捧げ物である。というのも、犠牲＝捧げ物は即自的に、犠牲＝捧げ物がそれであるところの自由な犠牲＝捧げ物にとどまりつづけるからである。（たとえば、自分自身が受けとった贈り物を、贈り物としてのそれを無効にすることなしには、第三者に与えないのはそのためである）。このような贈り物がそのうちで保持されている、すなわち捧げられているような特異な現前（プレゼント）を保持しなければならない。それは呈示（プレゼント）され、自由に用いるようにされたのだが、与えられた者の自由な受け入れの淵に自由に引きとめられている。捧げ物は贈り物の測りしれない価値を作る。存在の贈与性が捧げるのは、実存以外のなにものでもない。そして、このようなものとして犠牲＝捧げ物は自由において保持されているのだ。このことが意味するのは、空間は捧げられ、空間の間隔は、そのつど、決意によってのみ生起する［＝場所をもつ］ということだ。しかし、決断「なるもの」があるわけではない。そのつど、私の決断（特異な私の

スとして考えられるがままになってきたものの範例である。それはまた、ポエジーそのものとして解釈されうるものであることは、すぐわかるであろう。自由がどのようにしてポエジーそのものとして、またその逆に［ポエジーが自由として］同定されてきたかを探求することもできよう。自由は我々にとってはつまるところ、それ自体、世界の、そして、世界への範例化不可能な捧げものの範例であるところの、「創造」の例なき範例ではなかろうか。自由、それはすなわち実践的な原－ミメシス、そして原－ポエジーではないか。——もし芸術のうちに何か革命的なものがあるとすれば、それはプラトン以来、哲学とともに、そして哲学に反して、自由を思考させてきたものではないか。しかし、それはおそらく、自由へとラディカルに強制するものである。ラクー＝ラ

ひとつの決断）――君の決断、彼の決断、我々の決断があるのである。☆9 そして、存在の贈与性＝惜しみなく与えることとは、それなのだ。

したがって、我々の思考の主題として、かつその決断として、我々の思考にとってつねにより緊急なものになるべきものがある。それは存在のこの贈与性、これを分かち与える気前の良さ［＝自由性］、何かがあるということ、そして、我々が実存するということである。この、何かの生起する［＝場所をもつ］ことが、もろもろの場所を自由にする開けと、時間の自由な空間において自らを捧げる。開けは、我々がそれを開くがままにさせておくからこそ、開くのである。我々が自らを実存において露呈させるがままにするときのみ、我々は開けを開くがままにさせる。我々は自分の自由へと露呈されている。したがって結局、「我々」の複数的特異性のうちにおいて分かち与えられている存在の贈与性がある。つまり、私の本質のあらゆる固有性が消失し、実存の共同性全体が自己拘束するという意味でつねに「私のものである」決意の自由である。しかし、この贈与［物］は捧げ物のうちで保持されている。それは自由の非根拠として、実存の非本質として、その居住の砂漠的、遊牧民的性格として、自己の経験の危険として、また自らの創設＝根拠づけの不正使用＝私掠行為として――それゆえまた、自由を自由に激怒する脅威としてそこに保持されているのである。

もし、思考の希望があるならば、そしてそれがなければ我々は思考することすらできないのだが、その希望は全体的な制御としての起こるべき自由の全体的な解放の希望のうちにはなか

バルトの言う、芸術において現前するこの「原‐強制」とはこのような意味で解さねばならぬだろう（『近代人の模倣』前掲書p. 284）。しかし、芸術が自由へと強制するとしても、それは芸術が自由の例を与えるからでも、「自由の芸術」というものがあるからでもない。これらの規定はギリシャの例の我々の表象においてすべて把捉されている（範例的な起源における我々の開始の構成や構築において）。もし、ここで「自由」と呼ぶことにこだわるような、革命的な何かがあるのだとすれば、それは自由の芸術と芸術の自由のこの例自体からの解放へ向けて徴を送る何かである。そして、自由の芸術と芸術の自由のキアスマは我々にとって失われたギリシャと、手の届かぬ自由を意味するのである。しかし、もうひとつの開けに向けての、もうひとつの例のない不意の

ろう。このような待望の歴史は閉じられている。実存の荒廃の脅威のみが今日では、積極＝実在性をもっている。しかし、思考の希望が意味するのは、もし実存が存在の不意撃ちでなかったとしたら、我々は思考することすらないであろうということである。

到来に向けての解放、あるいは、その唯一の例は、不意撃ちであり、不意撃ちの贈与性であり、贈与性の不意撃ちであろう。不意を撃つ＝驚くべき例。自由が思考することを要求するのは——そこにおいて「芸術」の、「倫理」の、「政治的なもの」の要求や希望がふたたび行なわれる場所で——、模倣不可能なモデルでも、モデルのないミメーシスでもなく、このような例の不意撃ち（どうしてそれが例となるのか、なぜ他のものではなく例なのか……）、あらゆるポイエーシスにとって、ミメーシスよりも、根源的な不意撃ちである。それを実践といってもよいが、行為者の「自己産出」ではないような実践である。むしろ、実存以外の、そして以下のなにものでもない徳——力であり卓抜——である。存在が与えるこの驚くべき［＝不意撃ちする］例の存在論。

＊＊＊

自由の言説は、どのように対象に対応する必要があるのか（それが意味のあることだとして）。どのように「自由に語る」必要があるのか（「歯に衣きせず語る」とか「大声で語る」ように）。自由に関して語りつつ、自由に関して語るために、自由をして語らせるために。

たしかに私は断章という形式をここで（そして時には他の場所でも）用いているし、この章を主題や概念ではなくその形式によって名づけているが、だからといってこの形式に特別な信頼をおいているわけではない。ひとつの形式として、断章はロマン派以来（モラリストの箴言以来とは言わぬまでも）、その歴史が我々に完全に知らしめてきたように、あらゆる曖昧さに身を晒している。それは、あらゆる規則や文学的ジャンルの撤去ないしは乗り越えとしてと同時に、自己構成と自己充足の集中として表象された自由の曖昧さでもある。この曖昧さは断章形式の簡潔性と不連続性とに本質的なものである。それはここでも拭い去ることはできない。しかし、ブランショが彼自身その断章的テクストのひとつで指摘したように、断章が「何かしら厳密なもの」だとすれば、それは「その簡潔性（それは断末魔〔アゴニー〕にまでいたりうる）のゆえにではなく、断絶にまでいたる収縮と圧殺のためである」[☆1]。権利上は、断章は唯一で連続的でありうるし、さらにはそうでなければならないであろう。それはひとつの唯一で連続した断片化であるべきだろう――「ただひとつの」断片であったり、切り離された諸断片であるべきではなかろう。哲学的言説は今日では断片化そのものだ、と言ってもよかろう。哲学は、もはやその言説の断絶の限界上で書かれることをやめはしない。このことが意味するのは、哲学の「終焉」だが、同時にその「解放」でもある。ではなぜ、事実は権利と同等のものとならないのか。そしてなぜ、哲学的であろうとした試み〔エッセー〕を断章形式において完成＝未完成しようと決断したのか。

それはたんに、貧困のため、不十分さのためである。これに先だつページで始められたばかりの、自由についての自由な思考の粗描が、この時点でたんに始められたばかりであり、なにも言われていないし、この言説〔ディスクール〕は、おそらくはるかに先だつ何ものかのためには、まだ時期尚早であるということは私にはあまりにも明らかだし、非情なほどに明白でもある。そしてまた同様にあまりにも明らかなことは、このような言説〔ディスクール〕（私のではなく、我々のである言説〔ディスクール〕、つまり「自由」という語がいかなるありかたでも、それを解放するものや、それから解放するものからの、その固有な意味の、固有性一般の意味の、解放にいたらない言説）のどんな継続も、また補足的な哲学的方策（それにはこと欠かない）のどんな使用も、ここで問題となって

☆1 『災厄のエクリチュール』*L'Ecriture du désastre,* Paris, Gallimard, 1980, p. 78.

いること、つまり自由の思考の、継続的な断片化へとあらかじめ定められているということである。——そして、それゆえ、自由は、この思考の「断末魔（アゴニー）」によってのみ、この言説（ディスクール）の「圧殺」によってのみ、思考へと到来するであろうようなものとしてしか、示すことはできないのである。

結局は、——そしてそもそも——この断片化そのものが、この言説（ディスクール）から逃れてしまうほどなのだ。哲学は、自ら固有の「目的」にも自ら固有の「解放」にもたどりつかない。哲学は「断片」と「言説（ディスクール）」の双方の手前で貧しくも、ばらばらになる。自由について語るとき、できることは、この執拗なる貧窮に直面することを受けいれることだけだ。

もし私が、この末期（アゴニー）の先（まるでそのようなものがあるかのように……）まで行こうと試みたとすれば、自由がこの石（物、力、視線）に抗する言説（ディスクール）を、それが尽きるまで、失神（シンコペーション）まで、死まで、倦むことなく、用いようと試みたとすれば、おそらく誤ることはなかったかもしれないが、ごまかしたことになっただろう。私は、消え去りながらそこに到達するふりをするようなひとつの彼方のために、自由の不意撃ちと経験を守ることになっただろう。しかし、経験はすでに生起しているのである。私は絶えずそう言ってきたし、あらゆる哲学がはっきりと言いえずに（あるいはごまかしながら）そう言ってきた、とも言いつづけてきた。

そして、共同体に関しても、私は同様にごまかすことになったことであろう。共同体はこの経験の場所であるのだが、この経験を自らの共通の本質として自らに伝達することはできない。それは、経験が本質ではなく、分有であるためだ。自由は分かち、分かたれる［＝自らを分かつ］。哲学的言説は、自由を表象したり提示したりすることを思考することができない。自由を考えながら、哲学的言説は、自らが分有されていると考えなければならない。それは、何か（概念の何か、概念の限界の概念の何かであっても）を「伝達するもの」であると同時に、離れた場所にあるものでもある。つまり、似ていると同時に無限に似ていない経験が生起するような他の実践から、その実践において分離されているのである。

自由は、哲学をもっとも奇妙でもっとも困惑させる真理の前に置く。

だから――断章なのだ。「哲学的言説」から「文学的形式」へと曖昧な回帰をはたしていると見えかねない危険を、また他なるごまかしのなかに陥ると見えかねない危険を負ってまでも。しかし、このような危険を冒さずには、いずれにしても、何をしようとも、私は自由の経験をまたしても確実に裏切ることになるであろう。私は自由の経験を概念（たとえそれが概念の限界という概念においてであっても）として差し出したり、あるいは分析から結論づけたり、あるいはまた言説の動きやさらにはその緊縮やその持続する断片化へとそれを同化したりしかねないだろう。しかし、自由の経験はすでに生起しているのであり、そのことのみが、そして「知ること」や「思考すること」や「言う」ことへの我々の恐るべき無能力のみが、問題なのである。だからこそ、この不十分さの、曖昧で、不確かな徴（マルク）として、断章なのである。[☆2]

☆2　この断章はこの試論が執筆された数カ月後に書き足され、論文の審査のためにまず読まれ、また数人の友人によって読まれた。そのため、質問、校閲、後からなされた考察などの跡がある。私は特にこれらの断章が「結論づけ」しようとしているように見えることを望まなかった。この古典的な修辞的用心はここでは大いに根拠がある。自由に関する「ひとつの思惟」などなく、思考の解放へのいくつものプロレゴメナがあるのみだからである。

***

「哲学」において失ったものを「文学」によってとり戻すように見えかねない危険性(リスク)。少なくともニーチェ以降、そして現在の我々すべて——あえて哲学しているすべての者——にいたるまで、この危険を免れたような、そしてそれと取り組まなかったような哲学的エクリチュールはなかった。ベルクソンもハイデガーも、ドゥルーズもデリダも。ある意味では、現代哲学の歴史とは、この危険がさまざまに変奏される歴史とも言える。換言すれば、自由が哲学のエクリチュールとして含意されるにいたった多様なありかたの歴史である。(文体、ジャンル、特徴、宛て先、読者、交際相手、隣接関係、翻訳、翻訳不可能性、言葉、隠喩、虚構、言表の措定等々に「哲学的ジャンルの姿」を見いだすのは難しいかもしれないが、それでもどれも、つねに哲学のものであった概念、分析、証明、体系性、自己根拠性、自己訊問といった点では、完全に同一視できるのである。)

***

私が述べた不十分さが必要であると言うつもりはないし、自由の制約とは我々をしっかりとつかむ必然性へと厳しく服従することであるとも、またもはやその「後で」自由がこの制約を自らの手に取り戻そうとすることにはまるで意味はなくなるだろうような仕方でそれが我々を

「自己のものとして」まっているとも、言うつもりもない。おそらく、それは真実であろう。それは真実そのものでさえある。しかし、「不十分さ」と、言説の「圧殺」におけるその相関物とは、そこで問題となっているもののレベルには、まだ正確には達していない。というのも、ここで問題となっているのは、「我々の手段を越えている」という意味でも、それが死において、かつ、死として生起するという意味でも、自己のものにすることが不可能だということではないからだ。問題となっているのは次のようなことなのである。つまり、固有化の問題はここでは、いかなる術語においても定立されることはできないし、されるべきでもないということである。積極的であれ消極的であれ、訊ねられ、探求され、問いかけられるべき類のものは何もない。そしてこのようなありかたはけっして欠乏（プリヴァシオン）ではなく、これこそが自由そのものなのだ。——にもかかわらず、私は、「それこそがまさに［＝固有に］自由である……」と言うことを避けることができない。

***

断章のこの薄暗がりの必然性において、別の何かもまた（あるいは同じものが違うありかたで）問題となっているにちがいにない。もちろん、哲学と文学との関係にかかわる何かである。それは、断章が哲学的な思考や非思考に文学的な形式を与えるようになるというようなことではない。（地と図の対の思想がどのように脱構築されねばならぬのかということはいまやよくわかっているし、それに自由の問題全体がおそらくそこでは、たとえば「地」に対する「図」の「自由」や「必然」の古典的モチーフから発して把捉されてきたのだということをつけ加えることができよう。）むしろ、哲学と文学の関係において、デリダがエクリチュールと名づけたものが問題となっているのである（デリダは、ニーチェ、ベンヤミン、ハイデガー、バタイユ、ブランショ以来、時代が先取りしていた言葉や概念をふたたび捉え、ふたたび刻印したのであり、それに「エクリチュール」という別名をつけたと言うべきであろうが）。エクリチュール、つまり意味作用の宙づりにおいて、意味を、その贈り物として（その捧げ物として、と私は言おう）、与えるために、与えつつ退-隠させる、意味の運動。（デリダは、最近では、ブランショの語法につきあって、一歩（パ）＝否定、過去（パセ）、移行（パッサージュ）、「一歩＝否定の真理において非可逆的となる真理の一歩（否定）[☆3]」と言うほうを選んでいる。ここで、この最後の真理は、意味の最後［＝最近］の真理として理解されるべきであろう。）エクリチュールはいかなる哲学的なものも文学的なものももっていない。それはむしろ、両者の、両者の間での、それゆえ、おのおのにおいての本質的な非決定［＝非決断］を描く。科学の言説をそこに含める必要さえあるかもしれない。この非決定［＝非決断］は次のことを明示する。意味の退-隠／犠牲は、「哲学」から「文学」へ——そして「科学」へ——、またその反対方向へと行なわれる。それは絶対において一度かぎりの身振りとして行なわれるのではない。その絶対＝分離性は、まさにそれが制度から制度へ（これらの制度のおのおのがそれ自体複数である）と伝承される

☆3 『パラージュ』*Parages*, Paris, Galilée, 1986, p. 67.

ことであり、この伝承が、諸制度の区別を決定不可能にすると同時に、この区別を要請する。（諸芸術間における「芸術」にも同様のことが言えよう）。それは決定不可能である、とはいえ、「哲学」、「文学」、「科学」は、ある。それは決定不可能である、とはいえ、我々はその分割（パルタージュ）が何なのかを知っている。この「知」は他のものから突出した他なる言説に由来するのではない。したがって、それはそれ自身、分有や交換ないしは変化において捉えられている――とはいえ、「我々はそのことを非常によく知っている」。我々はエクリチュールにおいて、そしてときには同一のテクスト内や同一のフレーズ内でも制度を変えていることを知っている。断章はこのことを表象しているのだ。おそらくは貧しい仕方でであるが。そして、そこに止まらなければならないとか、「もっと」文学や「もっと」哲学や「もっと」科学であってはならないと命じるものはなにひとつないのだ。――いずれにせよ、そしてここで私にとって重要なことは、何が変化するのか我々には判然とはわからないながらも、それが変化していると知っているたびごとに、その変化ごとに、決断があるということである。そのつど、我々はなんらかのエクリチュールを決断し、我々はエクリチュールのエクリチュールを決断し、そしてそれゆえ我々はエクリチュールそのものを、その犠牲とその退－隠における意味を決断しているのである。声の分有。けっして唯一の声があるのではない。意味の声とは、ある特異な声の、そのつどの、決断なのである。自由。

しかし、エクリチュールにおいては、まだ他のこと、つまりコミュニケーション（じつは、それは別のことではないのだが……）がある。エクリチュールはレクチュールのためにあり、そこに由来しているのであり、また他のさまざまなエクリチュールのためにある。たとえ、そしてまさにその身振りがコミュニケーションを退‐隠させることであり、自分自身「のためにのみ」書いているのであったとしてもである。エクリチュールは共同体に属すか、存在しないかのどちらかだ。そして同様に、共同体はエクリチュールに属する（この表現のあらゆる可能な意味において）。換言すれば、この試論で触れたように、共同体はある共通の本質のうちに根拠づけられるのではなく、その共通‐存在は、分有の二重の論理にしたがう。その論理とは犠牲［＝奉げ物］と退‐隠の論理の拡張である。ひとが交流する、つまりまず、「共通に存在する」あるいは「共‐現する」のは、共有＝交流（コミュニケート）された意味の、コミュニケーションの意味の退‐隠においてである――そして、言説の「ジャンル」や諸規則の分割（パルタージュ）＝分有においてである。私は共通の意味（コモンセンス）を共有＝交流（コミュニケート）すると言いはることはできない（とはいえ、このような「主張」が、書くことを決断させることもあろう）。しかし、もし私が書くことを決断するなら、私はすぐさまこの分割（パルタージュ）＝共有に、共通‐であることの通約不可能性に服従することになる。（本書、第七章参照）

「だから、断章なのだ……」と私が言うとすれば、それは私が、「私自身の」言説「において」、そして「私」の読者たち「へと向けて」この分有の何かを活動させるがままにする、あるいは、させておこうと試みているからである。何か、たしかにわずかのものだが、私自身がその効果（読解）を計算することのできないもの、私が、その戯れや危険に対して異議申し立てできないもの、それに関して私が決断を避けることができないもの。それは政治的に、そして倫理的に最低限のことである。自由がそこで問題となって［＝賭けられて］いるのだ。それがなければ、もっとも開かれた、もっとも伝達的（コミュニケーティヴ）な、もっとも共通理解（コモンセンス）に気遣う、もっとも民主的な、そしてもっとも厳密に哲学的なエクリチュールでも、最悪の嘘を隠し、最悪の政治に同伴することになろう。

＊＊＊

「我々は幻想を抱いてはならない。自由と理性、この二つの倫理的かつまた倫理‐審美的な概念は、ドイツのコスモポリティズムの古典時代が我々に人間の特徴的な徴（シーニュ）として残したものだが、十九世紀半ばから、あるいはもう少し後から、流行らなくなった。少しずつ、それらは『関係からはずされ』、もはや『それをどうしてよいのか』わからなくなり、駄目になるがままにされた。それは敵たちが成功したというよりは味方によって駄目にされたのだ。したがって、我々や後継者たちが旧態依然のこれらの表象に戻ることはけっしてないといった幻想を抱くべきではない。我々の使命、そして精神を試練にかけるものの意味は、——そしてこれこそが、理解されることは稀だとしても、それぞれの世代に課せられた苦悩と期待（エスポワール）の使命なのであるが——最小限の損害で、必要とされ希求される新しいものへの移行を遂行することなのである。」（ロベルト・ムージル『愚かさについて』一九三七年。このタイトルが示しているように、この講演がまぎれもなくファシズムを標的としていることをあえて述べる必要があるだろうか）。

＊＊＊

自由はその固有の経験の限界まで自らを験すことができる。――そこではもはや自由を「必然」から分離するものはなにもない。

＊＊＊

私に言ったひとがいる。あなたは「自由」という語のいかなる意味論（セマンティク）も提案していない。そのとおりだ。自由という言葉のさまざまな意味は私にとってさして重要ではないのだ。（しかし、その戦略的定位（ポジション）は非常に重要だ）。伝統においても、そしてまた私たちにとっても、この語は「必然性」に絶えず近づいている。そして、そのことこそがまさに問題となっていることなのだ。両者のこのような接近からまったく別のものが不可避的に解放されねばならない。つまり、経験の真実が。

＊＊＊

もはや我々はこんなふうにすら言うことができない。「自由、ディオティマ、この崇高な言葉の意味を我々が理解できさえすれば。」（ヘルダーリン『ヒューペリオン』）

***

注釈はつけずに、語源的意味論の要素を挙げよう。最初の派生によれば、libertas は eleutheria と同様、その基盤に「公衆」を意味する leudho/leudhi をもっており、それ自体は、成長や増加の観念である leudh と結びついている。——より確実性の乏しい、いまひとつの語源によれば、libertas は liber〔本〕から来ている。libellus、小さな本、自由な表現の小冊子は、道徳的な意味を含んでいるということになろう。——アングロ＝サクソン系の free/frei に関して言えば、その最初の意味は、愛される者、いとしいもの（friend/Freund は同族の語）のようである。というのも我が家には私の愛するものと、奴隷たちとがいるからだ。—Liberi、つまり子どもたちは、まず自由人の子どもたちを指す。しかし、実際には二つの範疇がある。「liberorum hominum alii ingenui sunt, alii libertini〔自由人には二種類あって、一方は ingenui、他方は libertini である〕（ガイウス、『法学提要』1. 10）。ingenus〔本来的自由人〕は自由人の父をもった子（そして、これは「卓越した、寛大な、鷹揚（ジェネルー）な、誠実な、繊細な」を意味する）、libertinus は自由になった（解放された）奴隷を父とするものである。（当然のごとく、これら生来自由（アンジェニュ）な、自由奔放（リベルタン）な子どもたちは、プロレタリアの子孫——proles——ではない。)

necessarius に関して言えば、これはまず、〈近しいが血のつながりのない者〉を指す。したがって、離れがたいものとしての、友人である。

***

自由の哲学の完全な計画でないような、他のどんな意味論があろうか。なすことの自由、行動の自由、あるいは、ーへ向けての自由、実現されるべき本質としての自由、あるいは、与えられた本性としての自由、責任ある自由と自由に対しての責任、権利ないしは権力としての自由、自己決定、自由意志、共通の法の承認、個人ないしは団体の自由、民事的・経済的・政治的・社会的・文化的自由、必然の受諾、無秩序、放縦のないしは絶対自由主義の自由、気前の良さ（リベラリテ）、運動の自由、精神の自由、紐や鎖の自由な端、こういったものはどれひとつとして我々の注意の範囲から逃れるべきではないが、これらのどれひとつとして、ここで「自由」の名のもとに問題になっているものとは適合しない。

***

以上のようなものが、自由がそれである、ないしはそれをつねに越える、限界の賭金である。ひとは内部から外部に触れ、したがって限界を通り越しはせず、むしろ、この接触はいくら行なっても限界がない。そしてこのいつまでも行なうこともまた、物自体の現前における到来の手前および内で消去する何かなのである。——この現前への到来をいかなる現在も固定しないし、いかなる呈示も確証しも飽和しもしない。思考の他者の現前への到来、それが他者のあらゆる思考を徹底的に汲み尽くすのだ。

***

自由のうちには、存在論的命法ないしは控訴通告としての存在があると言えるかもしれない。——しかし、それは条件をつけてのことである。すなわち、そこには命令はない（「命令／自由」という弁証法はない）、あるいは命令は、気まぐれや偶然にいたるほど、自由の自己放任と混じりあっている。

***

この自由の名のもとに私が語ろうとしたのは、ある意味ではヘーゲル的な死の構造的定位（ポジション）をもつような何かについてだった、といまでは思われる（したがって形而上学的死の構造的定位である。——形而上学的死こそつねに解放［＝伝承］の場と行為ではないのか）。しかし、それは否定的なものではなかろうし、それゆえ弁証法の発条（バネ）にはならないだろう。（否定的なもの、それは自由の否定であり、自由の否定とは自由自身にのみ可能である。それは悪の激怒である。しかし、悪もまた弁証法的な契機ではない。それは自由の絶対的な可能性のひとつだ。）だとすれば、死の場所［＝のかわりに］に別の何かを置くべきだろう。つまり実存者を世界に置くのである。おそらく、死への誕生であるような誕生。――しかしながら、ここでの意味は、死「へ向けての［＝のための］」誕生（このハイデガーの zum Tode を訳すために使われる pour の疑わしき意味での）ではなく、まったく違う意味であって、死とは、それに対して、またそれのうちで、誕生があるものだという意味である。またもや、限界への露呈である。「自由、さもなくば死」ではなく（とはいえ、我々の歴史におけるこの叫びの力と高貴さを消し去るつもりは毛頭ないが）、死の場所＝かわりに自由を、なのである。

したがって、自由に対する思考の関係は、死に対するヘーゲル的精神の関係ではない。思考は「恐怖なしに自由のうちに滞在」しなければならないわけではない。まず、それは滞在ではない。それは墓でも、住処でもない。それはノマド的間隔（エスパスマン）である（しかし、それはまたとどまる場所であり、たぶん家ですらあるのだろう）。さらに、思考は自由の前で恐怖を免れてはいない。自由は思考に先だち、つねに思考を不意撃ちするが、思考は自由のほうをけっして振り向くことができない（したがって、それは「―を前にして」の恐怖ではないことになる。深淵に対するヘーゲル的「直面」はないのである）。思考は自由への不安を覚えずにはおれない。それはあらゆる思考の嘲弄にまで――あるいは、限界を知らぬ喜びの笑いが解放されるにまでいたるほどだ。――自由において思考は「思考不可能なもの」にも、思考しないものにもぶつからない。（そして「ぶつからない」のは、そこには「抗して会う」がないからであり、[★1]さきに述べた「他者の自由とのぶつかり」すらもないからであり、それは他者の自由が私の外部にないからである。）思考を量るのは、それに重さを与えたり奪ったりするのは、思考しない他者である。自由の超越論的物質性ないしは事実性は、この思考しない他者である。それは思考を考えることすらしないが、思考を思考自身に引き渡すのである。

＊＊＊

私の考察はもっと徹底的に行なわれうるべきだったし、そうなることを望んだのだが……。私はたんに分析や問題設定のことだけを言っているのではない。物質的な自由においてその言説全体を退‐隠させ、削除するほどまでに徹底すべきだったのだ。私は今みなさんに音楽を聞かせたり、笑いや、世界の随所で収録された砲撃や饑饉の呻きや反逆の叫びを聞かせたりしようとしてもよかったかもしれない。――あるいはまた、一幅の絵を提示することもできただろう。ヘーゲルにおいて、神々が去った神聖な場所や古代芸術の果実を少女が提示したように。[☆4]これは明らかに、誘惑そのものであり、直接性における、「体験」における、言いがたいものにおける、――あるいは、思考の他者として示された実践と芸術における、思考のひそかな放棄であろう。ところが、反対に、実践を思考に返すことこそが問題なのだ。そこではマルクス的な何かが、ハイデガー的な何かと不可避的に響きあう。それは、思考の行為することの物質

★1　言葉遊びがある。
☆4　『芸術を提示する少女』*La jeune fille qui nous présente l'art*（近刊）を参照。

的思考だろうか。

とはいえ、次のこともまた確かなこととして残っている――これは破壊不可能な残余である――。すなわち、思考の限界上で、思考は言説と身振りの間での非決断へと露呈される。その双方とも、思考に属しながら、双方とも、たえず思考の外へと転覆するおそれがある。言いかえれば、言説でしかないか、身振りでしかないおそれがあるのだ。そこにもやはり分割＝共有がある。「批判の武器」と「武器の批判」の間の、「思考の行動」と「行動の思考」の間の分割＝共有がある。そして、この分有こそが、そのつど決断しえないものを決断しながら、思考されるべきもの、あるいは、実践されるべきものである。

あるいは、こう言ってもよかろう。顕在的な［＝行為にある en acte］思考はつねに、二つの最終的な可能性の間で、宙づりにされている（そして、お望みならば「潜在的 en puissance」である）。つまり、「それを言うための言葉が欠けている」、そして「それを言わずに、行なうために、言葉が欠けている」の二つである。思考の決断があるのは、ただこの最初の非決断のうちであり、それによってなのである（というのも、思考は、つねに「言葉を欠いている」ものにはいりこんでいるからである。つまり、それが、思考の自由なのであり、それには、言葉を除けば、欠けているものは何もないのである）。

***

一二一頁の☆2は言っていた。「現存在（ダーザイン）の自由があるだろうし、存在者一般の自由があるだろう。一方は他方のうちに、そして一方は他方によって」。これはもっとも難しい点のひとつであるが、おそらく結局は、もっとも必要な点であろう。『存在と時間』当時のハイデガーは、現存在の事実性をたとえば「石」の事実性から区別しようとしていた（『存在と時間』二七節参照）。このことは私にはそんなに簡単なことは思われない。少なくとも、最初の次元と呼びうるものにおいては、複数の事実性はありえないであろう（しかし、それは最初だけであろうか。それにこの次元の区別は何を意味するのだろうか）。世界の事実性がある。あるいは、私が事実性と呼ぶことに固執し、カント以来、我々が考えるべき自由にいたるまでのもっとも確実（でもっともプロブレマティック）な自由の導きの糸（この糸はヘーゲル、マルクス、ニーチェ、ハイデガーを通過する）をこの名のもとで与えてくれるものは、「現実的現前」のあらゆる力をともなった「ある［il y a］」なのである（もちろん、このような「現前」と結びついた諸問題に関してなにひとつ忘れてはならないし、また、何よりも特に、現前がその現前することにあるのではなく、その到来においてある、ということを忘れてはならない）。事実性としての事実性はまた（「そしてまず」と、順序の導入が許されていたならば、言いたいところだが）、石の、鉱物の事実性であり、同様に、植物の、動物の、宇宙的なものの、理性的なもののそれである。現前、不可侵性、「脱‐自」なき現［là］もまた現存在の物質的‐超越論的条件を構成している（そして、この資格で、改めて、それを「人」と名づけねばならない。それは、この人が特異な物質的現前であるという意味においてである。それは石ではなく人なのだが、それぞれの現が、それぞれの傍らにあるのであり、この点で、このような文脈においてはもはや総称としての「人」ではなく、たんに「男」とか「女」と言うことができるようになるのでなければならないことがわかるだろう)。

だとすれば、私は、この唯一の(このことは「あらゆる様態化においてそれが同一であること」を意味しない)事実性において、ひとつの唯一な(そして同一ではない)自由が捧げ＝与えられるのでなければならない、と言おうとしているのだろうか。あらゆるものは自由だと言おうとしているのだろうか。もし私がそれをどのように聞き取る[＝理解する]べきかを知っていたならば、そう言うだろう。しかし、私が知っているのはたんに、それを聞かねばならぬということだけなのだ(もちろんこのような「聞きとり(アンタンドマン)」が哲学者たちの「悟性(アンタンドマン)」から身を引き剝がさねばならぬことは知っている)。世界を一方に現存在、他方に手前 Vorhanden 存在者と手元 Zuhanden 存在者というふうに分割＝共有することだけで満足することはできない。それは、後者たちが動物や植物に、つまり、我々の悟性にとっては曖昧なものにとどまる仕方とはいえ、「実-存」の様態である他の様態に席を譲り、権利を与えることを許さないから、あるいは不十分にしか許さないからというだけではない。むしろ、また、そして特に、あらゆる物に関して原因が物において退-隠していること(第九章で分析された)を主張できる必要があるからでもある。因果性のない(ひき起こされたものも、ひき起こすものもない)

物において、物の措定（Setzung であって Stellung ではない）としての存在者性がある。世界（現存在の）への被投存在ではなく、世界からの被投存在をもなすものとしての実存がある。世界は、我々がそこに来るために、不動に実体的なものとして、与えられているのではない。「il y a［ある］」の y［そこ］は受け入れ場ではないし、そこに到来が生ずるために配置された場所でもない。「そこ」はそれ自体、到来の（時-空間の）間隔なのだ。なぜなら、そこにはすべてがあるのだから（そして全体性は円環を閉じることではないし、残余のない完遂ではない。なぜなら全体性は、「ある(イ)［＝そ(リ)こでも(ヤ)つ］こと」、場所をもつこと、画定されていない物の限界のない「そこへの到来」だからである。このことが意味するのはまた、全体性は、全体主義的なもの以外の、すべてであるということであり、ここで問題になっているのが自由であるということである）。

世界はまた（このことはハイデガーにおいては明白であるが）志向性の相関者ではない（あるいは、フッサール的論理に内在的な言い方をすれば「世界の超越性」はいかなる「素朴な措定」にも属さない世界の事実的-物質的現実性なしにはありえない、と言うべきであろう。ここではもはや「形相的」還元ではなく、こんな言いかたができるなら、「質料的」な還元が実行される必要があろう）。世界はいかなるありかたでも「私に対して［＝のために］」あるわけではない。世界はあらゆる物の実存することの実-存の本質的な共-属である。このことなくしては、実-存は、たんなる理念的なもの、あるいは神秘的なものになってしまうであろう……。しかし、実存は、諸物においてさえ場所をもって［＝生起して］いる。この本質的な（本質－なしの）共－属を徹底的に探求するならば、いかなるものも、ただたんに「必然的」ではありえないし、世界は「必然的」ではないということを見いだすであろう。人は、一方に現象の因果性を、そして他方に本体的（ヌーメナル）な自由を孤立させることはできない（この点こそ、我々がヘーゲル以来、カントに対して争いつづけている点である）。それでは我々は何を見いだすのであろうか。暫定的に次のように言ってみよう。すなわち、クリナメンのような何か、偶然（これもいまひとつの必然性だ）ではなく、「ある」一般の自由な開けであるような――まさにけっして一般ではなく、つねに「そのつど」の秩序にあるような何かであると。

「il y a［ある］」の、「es gibt［ある］」の、犠牲＝奉納（オファランド）の、クリナメン、偏向［déclinaison］、傾斜［inclinaison］。それがあるためには、それは傾斜しなければならない、傾かねばならない――無から無のほうへと。あるいはまた、現われの、あらゆる物の到来の、瞬き［clin］、点滅［clignement］、それは「まばたき clin d'œil」と（瞬間と）同じくらい隠されているが、それと同じくらい支持され、執存されてもいる。ただこのようにしてのみ、開けが、つまり現存在と全体性における存在者との相互的な明るみ（エクレルシ）が、ありうるであろう。それらが混じりあうことはないが、また、それが主体性や表象の排他的な装置に服従することもない。（表象の思考は不可避的に自由を不可能にする。なぜなら、そこでは表象の「彼方の」現前が「必然性」として与えられるのであり、自由は表象と戯れることで満足し、結局は表象のうちに自ら解消してしまうからである。)

この意味で、石は自由である。つまり、石のうちに、――あるいはむしろ、石として――存在である存在のこの自由がある。さらに、その「理性の事実」としての自由は、共‐属によって、賭けられてもいるのだ。(もし強調することが必要ならば、私は、これらすべてのうちで、ひとつの結果を提起するよりはむしろ、そこにおいてひとが挑発を見いださずにはおれないような非常に大きなひとつの質問を開いているのだということを、否定しはしない。)

私は「我々はあらゆる事柄［から］の自由である」と言おうとしたのであるが、おそらくこの表現をそのままにしておくべきではなかろう。少なくとも、その意図はいかなる点でも主体主義的ではないのだ。このことは、我々が我々の自由において世界全体を表象しているということを意味するのではなく、存在の自由は、世界の自由な実存として、この自由への我々の実‐存［脱‐存］として問題とされているということを意味する。このことはまた、我々が世界の自由に関して責任があることを意味する。そしてそれは結果として、技術の問題への問いをもたらさざるをえない(そして、ハイデガーにおけるこの問いの開かれていると同時に矛盾を生じる定位においてである)。それは我々が技術の使用に対して自然を守らねばならないからではない(この類の何かをしなければならない場所は、つねに新たに技術の問題となる)。そうではなくて、技術においては我々は解放するからであり、また世界の自由へと我々を解放するからである。それが断末魔(アゴニー)のようであり、深く両価的(アンビヴァレント)なものであることに驚くにはおよばない。しかし、我々が存在者の自由でない残余の部分をたんに自由に使用＝搾取(エクスプロワテ)することしか考えない限り、そこで起こっていることへと自由に接近することはできない。この事実が、存在者のこの階級へと我々が喜んで参入することを強制するのだ……労働者としての我々が。「自然」と「歴史」の相互的な解放が問題となっている、実‐存の思考としての「プロレタリア」の思考は、新たに考えるべき何かをここに見いだすであろう。——もちろん、必要な移動や変更はすべて行ないつつ。

私には、自由の観念を曖昧に拡大適用しようという意図はまったくない。実際、そんな「観念」など手にしていないのだから、どうしてそんなことができようか。しかし、この問題の極度の困難さや奇妙さがどのようなものであれ、もし存在者の存在が存在者の存在であって、現存在にその秘密を教える隠れたダイモンの一種でないならば、我々の自由へといたるために、自由によって世界の迂路を免れることはできない。それは思考の必然性であり、政治的かつ倫理的要請なのである。

***

「本来的な決断」(第十二章)。これは困難な思考であり、限界‐思考である。ともかく、この試論の力量からすればそうである。「本来的な」決断があることをどのように主張しようか。それは、この「本来性」の根拠や性質を提示しうることなしに、ひとつの倫理的な根拠を告げることに帰着しよう（すでに、この「本来性」という言葉を保つことが両義的以上のことだ。なぜなら、それは価値論のうちに身を置いてしまったことになるからである……)。さらには、「根拠」の諸論理を解体し、その裏をかくように自由が我々に強いていることが確実だとしながら、どのようにそんな主張をなしうるのだろうか。

にもかかわらず、「我々は悪が何であるかを知っている」（第十三章参照）。その圧倒的な明証性が我々の最近の歴史や現在の歴史によって、これまで以上に示されただけに、我々は、いっそうよくそのことを知っている。しかし、我々はまた、道徳的根拠がこの悪に屈したのみならず、手助けさえしたということも知っている。だから、「自由よ、お前の名においてなんと多くの罪が犯されたことか」という言葉（いま誰が言ったのか覚えていないが）が現代の覚醒した金言となったことはゆえなきことではない。[★2]

決断不可能性のうちに決断があるとしても、決断不可能性があらゆる決断と等価なのではない。決断の「決断者」（それは規準であると同時に行為者である）が、決断それ自体に先んじていることが不可能であるという点がおおいに異なるのだ。しかし、自らを決断［＝選択］する決断は本来的なものへ向けてであろうとなかろうと決断する。おそらく、ハイデガーにおいてこの決断はある面ではまだあまりにも「英雄的」なものにとどまっていたし、「価値の体系」――こう言っても悪くはなかろう――に結びついてもいた。この価値の体系が決断の分析自体を、ある点までは秘密裡に決断し、命じてもいたのである。このことは、ハイデガー自身の意

★2 ジロンド派のロラン夫人が革命広場（現在のコンコルド広場）で処刑されるとき、「自由」像を眺めて言ったとされる言葉。

図がどうであれ、「本来性」を「非本来性」から切り離さざるをえないということもまた意味している。本来性が非本来性の「変容した把持」[☆5]でしかないにもかかわらずである。

ハイデガーにおけるこの点の検討は後まわしにしよう。――以上のことは次のように理解しようとすることもできると私には思われる。つまり、自由へ向けての決断があるが、それは自由を抹消するような自由への決断ではないということ。ただし、どちらの場合においても自己決断するのは同じ自由であるということ。自由はまさに自己自身へと向けて、あるいはそれに抗して自由であるものである。自由はどんな瞬間でも、「恩寵」と「激怒」の自由でありつづけることなしには、自由であることはできない。この深淵がその「根拠」であり、その底なし[＝根拠－の－不在]なのである。しかし、この深淵はまたそれによって、自らを選択する自由と自らを破壊する自由が同一であると同時に同一ではないような深淵でもある。そして、自由はおそらく絶対的な同一性におけるこの絶対的な差異以外のなにものでも「あり」えない。だとすれば、どうして「本来的な決断」を自由に対して認めることができようか。

自由をそれ自身に抗して解放する決断は、決断を抹消する決断である――したがって、決断を可能とし、かつ必然[＝必要]とする決断不可能なものでもある。あるいは、実存それ自身の実存性でもある（抹消には殺人のほかにも千の形式がある）。悪に向けての決断は――善へ向けての決断と本質的に結びついており、したがって善への決断の絶対的に固有な可能性でありつづけるが――もはや決断されるがままにはならないものへ向けての決断である。一方、本

☆5 『存在と時間』三八節。この点に関しては現存在の分析論における「開け」に関する試論で論じる予定である。

来的な決断はこのような決断の維持へ向けての決断であり、それは決断する可能性の開けとしてそれ自身堅持された非決断におけるその再把持であり、再征服である。そして、だからこそ本来的な決断はそのようなものとしては、あるいは善に向けての決断としては自らを認識することがない。本来的な決断は自らを「善いもの」として自分自身に提起［＝現前］することができない。本来的な決断は自身において自己とは異なるものにとどまるのである。「善いもの」として自らに現われ出ることができるのはむしろ悪へ向けての決断である。それはこの決断が「下され」、「断固とした」ものではあるが、さきに示した意味で「維持」された決断ではないからである。

　裁断しなければならない。換言すれば、たとえ、それがそのつど「同じ」決断をとることになろうとも、つねに新たに裁断することができるし、そうしなければならぬということを裁断しなければならない。なぜなら、すでに決断されたものとしてではなく、決断するものとして、決断はそのつど新しいからである。しかし、このことは、本来的な決断がそのつど自身において非‐決断の差異をふたたび開くことによって、すべてをなるがままにすること……以外には自己決断しないということを意味するわけでもない。この表現に与えられる自由主義的、あるいは無政府主義的な意味においてであれ、また、全体を完遂し、絶滅させる極限まで、すべてをなるがままにさせるという意味であれ、すべてをなるがままに委せることもまた決断を無効にするひとつの仕方である。――本来的な決断はまさに「すべて」をなす、あるいはなるがままにさせる可能性の前にある。しかし、決断である限り、それは「すべて」をなさないことを選ぶ。禁止、義務、責任がそこでは根をおろしているのである。

しかし、それでは内容も倫理的な規範もないではないかと言われるかもしれない。そうかもしれない。しかし、かつてそんなものがあっただろうか。決断は、その倫理の内容や根拠がいかなるものであれ、あらゆる倫理における空虚な契機である。あらゆる倫理の底なき底にあるエトスが決断であり、自由である。内容や規範性は、我々が決めるのだ。我々は法を、例外を、事例を、交渉を決めねばならない。しかし、決断のための法も例外もない。決断の「本来性」は、法の語法のうちにはない。あるいは、それは法のあらゆる形式が退-隠したこの法なのである。すなわち、決断の実存性は、実存へと向けて実存が行なう決断でもある自由は、あらゆる命法やあらゆる法のずっと以前に自分自身を受けとるのである。

したがって、我々は新たな法を考える必要はそれほどない（もちろん、そうする必要もまたあるのだが）。あるいは我々が発明しなければならないのは「ひとつの道徳」ではない（わずかな皮肉を込めて「質料に関しては必要なものはすべて我々はもっているではないか」と言うこともできよう）。そうではなくて、我々になによりも課せられているのは、倫理と実践の、この絶対的な、絶対的に根源的な、原-根源的な決断である。ひとつの法や最終的な価値ではなく、それによって法や価値に関するものへの関係がありうるもの、つまり、決断、自由なのである。

実存には本質がないのは、実存が決断においてすべてだからである。決断（決断する決断だが、自らを受けとる、決断によってとられるがままにするというありかたによってのみ）として自分自身を受けとり、保持し、そして／あるいは、かくあるものとして、あるいはこのような本質として自分自身から決断するこの自由な決断において、実存はすべてである。このようなものが、それへと我々が到来すべき、あるいは我々へと到来させるがままにすべきエトスなのだ。このエトスは「道徳意識の進歩」には呼応しないかもしれないが、原－根源的倫理性は明らかにするだろう。そして、この原－根源的倫理性なくしては、プラトンの善も、カントの善意志も、スピノザ的喜びも、マルクス的革命も、アリストテレス的政治的動物（ゾーオン・ポリティコン）もありえなかったのである。

***

なぜ「革命」について語るのか（たとえば第七章）。この語が現在信用を失ってしまったことに対抗する気まぐれからだろうか。そうかもしれない。イデオロギーを揺さぶるのはつねによいことだ。しかし、それだけではない。我々は、決断の可能性自体へと開かれた決断を思考する責任をもつのではなかろうか。ところで、この二世紀間、どんな言葉が、特権的なありかたで、このような思考を担ってきたのか。そして、二世紀後には、どんな言葉がこれにとってかわるだろうか。「革命」とは、ただ一回転するだけのことだ、とか、ネジをもうひと回しするだけのことだ、とどれほど言われてきたことか。それは本当だ――けれども、それは歴史を揶揄することでもある。革命は共同の自由の、自由の共‐通‐存在の更新である。そして、かくあるものとしての、この存在が決断へと引き渡されてあることの更新でもある。にもかかわらず、この言葉をそれ以外の仕方で考えることはできない。改革といったものも久しい以前から、耳にされてきたが、改革の数が増せば増すほど、変化は少なくなる。一方、反抗はその産みの親である絶望の虜である。革命が意味するものは、党による権力の奪取のみではない。革命が意味するのは、少なくとも意味してきたのは、決断の開け、自分自身へと露呈された共同体である。

ファシズムもナチズムも、レーニン主義やスターリン主義同様、革命であったことを私は知っている。だからこそ、革命を革命することが問題なのだ。このような「はぐらかし」が好かれないこともありうるということも十分承知している。しかし、それでも、そうはいっても、完全に決定された物の流れと縁を切る決断を我々がいまなお下す必要があるということが真実であるならば、何を言い、何をすべきなのか。不寛容なものがつねにあるのなら、何を言い、何をすべきなのか。そして自由が日増しに曇らされ、暴発［＝鎖からの解き放ち］とならざるをえないのならば。

どのようにして、襲撃部隊も、人民委員もない「革命」を考えることができるだろうか。さらには、革命的なモデルなしに（むしろ、反対に、モデルの問題の再開示としても）考えることができるだろうか。結局のところ、言葉はさして重要ではない——しかしそれでも、「革命」が考えさせるあらゆることを、我々が徹底的に考えなかったのは事実だ。それにさらには、人々が飢えや戦争や麻薬や倦怠で野垂れ死んでいるというのも事実だ。そして、大多数が中産階級になり、「技術」に関する彼らの心情によって、階級闘争がどうなりつつあるのかが我々には隠蔽されているというのも事実なのだ。

***

人々は飢えで、麻薬で、戦争で、倦怠で、労働で、憎悪で、反逆で、革命で、野垂れ死にしている。彼らは野垂れ死んだり、生きたまま身も心も損われたりしている。あらゆる解放（民族の、社会の、道徳の、性の、美の）は両義的であり、多くの操作の産物でもある。——とはいえ、どんな解放にもその真理がある。（権力や資本によって）操作された自由、それがこの半世紀のタイトルとなりうるだろう。自由を考えるということが意味すべきこと、それは自由をあらゆる操作から守ることであり、そこにはなによりも思考の操作も含まれる。それは思考においてもまた革命の階層＝秩序に属す何かを要請するのである。

***

民主主義は次第に外部からの批判や攻撃の的ではなくなりつつある。むしろ、次第に内部からの批判や幻滅にさらされてきている。あるいは、結果を計算できない力（核の、物理学の、化学の、遺伝子の）が作動ないしは猛威を奮いはじめている（もちろん、言いかたは他にもいろいろあろう）。あらゆることが「自由を考える」ということが今日何を意味するのかを問いなおすことを要求している。少なくともこのことが明瞭に意味することは、自由についての既成のさまざまな思考は、そのあらゆる体系的な枠組み（必然への対立、必然の受諾、自由な主体の指定、相互的境界画定と尊敬、法・道徳・政治の分配、公・私の分配、個・集団の分配、等々）のうちで、それ自身、この恐ろしくも幻滅的な世界のもっとも非解放的な実践における「操作的な」ものであるか、あるいはつねにこのような世界によって「時代遅れ」とされてしまうかのどちらかなのだ。諸自由もまた「技術」の部品なのだ。それだからこそ、カント的なありかたで自由の「統制的理念」を再肯定したり、「価値の哲学」（この哲学が他の哲学にもましてどんなふうにナチズムに丸めこまれたかは周知のとおりだ）のありかたで自由の「絶対的価値」を再肯定することで満足することは馬鹿げている……。

　つねに同じ点に戻ることになるが、自由を考えることは、ひとつの理念ではなく、ひとつの特異な事実性を考えることを要請する。思考に先だつ事実性の限界まで思考をもたらすことを要請するのだ。

＊＊＊

この試論において私は、自由は「ひとつの問い」ではありえないと何度もくり返さざるをえなかった。それは自由の思考が、思考の非‐問いかけ的な様態の探求であるべきことを意味しているのだろうか（しかし、ここで「探求」と言えるだろうか。それはあまりにも「問い」に近くはないか）。ここに今日の思想の深く強力な特徴がある。つまり、肯定性の要請である。（これは、ニーチェ、ベンヤミンからドゥルーズ、デリダまでさまざまに転調された形で見られる。[☆6]）

しかし、おそらく問いは肯定にも否定にもとってかわられはしないだろう。問題になっているのは、論理の名をもたない別の配列（ディスポジション）なのだといえよう。

***

私がここでハイデガーとナチズムについて書いたことは、この「事件」の再燃によって昨年来行なわれてきたさまざまな議論の後では、当然不十分であろう。しかし、私はこれらのコメントに多くをつけ加えるつもりはない。数語だけ言っておこう。ハイデガーはその思考のもっとも内奥において、またもっとも決然とした部分において、「自由」のなにかに関して考えることをやめたことはけっしてなかった。――それはこの主題や形而上学的な問いの放棄によってであったが――そしてそのこと自体が彼の政治的身振りを動かしていた可能性もある。これこそが考察すべきことであろう。一方でハイデガーは、我々がもっている考えることの「自由」

☆6　これらの註が書かれた後、デリダはハイデガーにおける問いかけの位置へと明白に、『精神について――ハイデガーと問い』（港道隆訳、人文書院）において立ち戻った。

や自由としての実存を開く「自由」が、根源的に不十分であることを最初に見てとった人であった。だが、他方で彼は、相変わらず、ある点までは「自由なもの」を少なくとも「運命」や「主権」といった術語や気分［＝調子］のうちで考えつづけてもいた。おそらく、それらの名のもとに彼はヒトラーに誘惑されたのだろうし、のちには収容所に関して口を噤んだのだろう。

運命と主権＝至高性は、（それらにどんな名称や形象を与えるにせよ）、自由が執拗に自らを断念する場所である。たとえ、運命的で主権的であるのが、自由自身であるとしてもである。この点に関して、ハイデガーは、世界につましく露呈された実存についての思索者にとどまっていることはできなかった。ということは、こう言ってよければ、「自由」ではなかった。

＊＊＊

「存在」がわずかながら明るみを帯びはじめるのは、「自由」が存在を与えると、あるいは存在とは自由において存在する、と人が考えるときである。そのとき、人はもはや完全に「〈存在〉［について］の思考」にしたがって考えているのではなく、それを「何かについての思考」であることから解放しつつある（たとえ存在が存在しないとしても）。〈についての〉思考であることから自由になった思考。

＊＊＊

この試論は存在についての定立を提起している。それはハイデガーがカントに関して解放した定立の延長線上にあり、またハイデガーによって立てられ、退けられた〈自由において根拠づけられた存在〉に関するいまひとつの定立の延長上にもある。さらに定立に関するひとつの定立、自由によって、自由として措定され肯定されたものとしての、存在の措定と肯定に関するひとつの措定と肯定が問題となっている。

この限りにおいて、私は単純かつ素朴に、「存在の忘却」およびこの忘却の忘却という意味での形而上学を再構成する危険に直面している。言いかえれば、存在と存在者の差異の忘却は、最初から形而上学によって見失われていたのだ。——それは、存在者のいかなる措定が存在に課せられることも、また存在者に対するいかなる主権が存在に帰せられることも許さないような差異である。

しかし、この差異は存在しない。それは「存在‐存在論的差異」ですらない。それはそれ自体この差異の消去ですらある。——この消去は忘却とはなんの関係もない。もしそれが存在しなければ、それは自分自身の差異のうちに退却してしまう。この退却が存在と存在者の同一性、つまり実存である。より正確に言えば、自由である。

自由、それは存在に関するあらゆる措定の退‐隠であり、そこには存在を存在者とは異なるものとして措定することも含まれている。したがって、それに存在に関する定立（テーゼ）があるとすれば、それは存在に関する可能な定立（テーゼ）がもはやないという限りにおいてである。自由は、存在において存在よりも古い。これが存在に関する最後の定立（テーゼ）である。あるいは、それは存在の最初の事＝行ない faire である。（facere, factum は tithemi, thesis と、またドイツ語や英語における「行ない」である tun や to do と同じ根をもっている。）むろん「行ない」は、それ自身さまざまなありかたで解釈されうるだろう。私はここではこの語を定立（テーゼ）自体における差異の指標としてのみ用いる。

哲学者たちは存在についてのさまざまな定立（テーゼ）を行なった。いまや存在の自由を事実とするべきであることが問題なのだ。

＊＊＊

思考を可能にするものに思考が突きあたる場所、思考を思考させるものに思考が突きあたる場所。

＊＊＊

「本来的な決断」は、「決断の彼方」☆7で取られる。それは決断主義には属さない。それは決断のあらゆる理論が表象しうるもの以上であり以下である。（私は、ここでとりわけカール・シュ

☆7　モーリス・ブランショ『災厄のエクリチュール』前掲書、p. 12。

ミットを念頭にしている。例外の決断が政治的なものの本質となったのだ。このことはハイデガーの政治に関してもけっして無縁ではない。）それはなぜか。それは、決断が「非本来的なもの」と関係を断ち切るために、それから身を離したりはしないからである。決断は、そのうちで、それに対してさえ起こるのだ。ハイデガーはほとんどそのように言う寸前だった――が、そうは言わなかった。そこにおいてこそ、ハイデガーにおける「いわば〈ひと〉［＝世間］をその存在の不気味さから隔てている薄い壁」☆8がこじ開けられねばならない。それゆえこの非本来的決断はまた「決断の手前」である。しかしこの手前は、日常的なものやすべての出来事を愚かに活気なく受諾することとはちがう。「非本来的」なものはアプリオリにゆがんだ範疇であり、遺失の徴をつけられたものだ。たとえハイデガーがそれを「堕落」とすることを拒んだとしてもである。しかし、この「遺失」は存在の遺失、その内在性の遺失であり、世界へと到来して現前する、自由である。被投の場所、――その場所、あるいはその「投げ出し」そのもの――それはまず〈ひと〉ではなく、自由なのだ。

***

「自由、平等、友愛［＝兄弟愛］」という標語は、我々にとって、なにか滑稽なもの、哲学的言説には挿入しがたいものがある。というのも、それが、フランスにおいては公式なもの（国家の嘘）であり、それが、よく言われるように失効した「ルソー主義」を要約しているためだ。

☆8 『存在と時間』五七節。

しかし、ハイデガー自身にとっては、「他者と共にある現－存在」（第二六節）は「世界内存在としての存在の平等性 Gleichheit」[★3]にしたがって自己決定するのではなかったか。このような平等性は揺るがざるものだ。それはまさに自由の平等性だ。

友愛は、さらに失笑を買いやすいが、それが父殺しとの関係から生じていること、それゆえ、憎悪の分有に、また（トーテム的な食事における）ひとつの同一の基体／本質の拝領［への参加］に囚われたままになっているということを疑う必要があるだろうか。実際、「友愛的な」ものとしての共同体に関するこの解釈を入念に立証する必要がある。しかし、フロイト自身とともに、これを他のやりかたで、つまり分有として解釈することも可能だろう。それは母的なものの分有なのだが、その母的なものは基体などではなく、それ自身――無限に［＝へと向けての］――分有である。[☆9]――この点に関しては本書の第七章は中途半端なものにとどまっている。それが「ファロス的」であることを避けることができないのであれば（それは確かだろうか）、おそらく「母」もまた放棄される必要があろう。その場合、放棄における、放棄の、友愛を考える必要があろう。

***

「友愛、私たちは彼らを愛している、彼らのために私たちが唯一できることは彼らが敷居にたどりつくことを助けることだけだ」。このブランショの断章は友愛について、効果のない、愛

★3 『存在と時間』SZ 118。
☆9 ラクー＝ラバルト／ナンシー「ユダヤ民族は夢を見ない」（『精神分析はユダヤ人の物語か』所収 «Le peuple juif ne rêve pas,» in *La psychanalyse est-elle une histoire juive?*, Paris, Seuil, 1981）を参照。ヘーゲルの「母」に関しては、ナンシー「同一性とおののき」（M・ボルック＝ジャコブセン／E・ミショーとの共著『催眠』所収 «Identité et tremblement» in *Hypnoses*, Paris, Galilée, 1983を参照。

情のない、交流（コミュニケーション）のない愛を語っている。愛についての奇妙な、しかし、「愛」と題された、留保である（友愛に関しては、同じ意味でハンナ・アレントを援用することもできよう）。このような条件の下で、「助ける」とは何を意味するのか。それは支持ではないし、慰めでもない。それは自由の共同の露呈である。

***

自らの経験を突きつめてゆけば、自由は死にしかいたらない。自由は、絶対的で処理不能な原則の暴発［＝鎖からの解き放ち］のうちでしか、自分自身と合流することはできない。そして、この暴発においては「恩寵」は「憎悪」自体であるだろう。恐怖、供犠、残酷さ［＝野蛮］、自殺。——このように考えるとき、人はすでに自由の事実を見失なっている。あたかも、死において、この事実が現前となり、所有物＝固有な本質となり、自己同一となるかのように。しかし、自由の経験はこれらの規定がそこでは根拠を失うような経験なのである。自由は、死の固有化できない何かなのである。死を決断しながら、人は自由を決断すると考えている。それを与えるにしろ（自殺や審問所）、それ自体を殺すにしても（殺害）。しかし、抵抗するものは、抵抗そのものは——そしてそれは固有に共同体の抵抗なのだが——、死者（抽象的な「死」ではなく）が絶えず呈示し、その死‐存在からいつにもまして自らの鎖を解き放つ［＝暴発する］自由なのである。その死は、原因が何であれ、固有化不可能な自由へと彼を返すのである。

かくして、固有化不可能な死が、私に誕生を与えるこの自由を解放＝伝承する。共に－ある－存在が生起するのは、このようにしてである。つまり、我々が相互的な現前へと到来し、我々が共に－現われるこの自由な空間によってである。この空間の開け――時間の間隙［＝空間化］、露呈、出来事、不意撃ち――は、存在が自由「である」限りにおいて、存在に関して、あるものすべてである。死はこの空間に属してはいない。死は純粋な時間のうちに消え去る。消去の数、あらゆる数の消去。しかし、共同の空間は、そのつど新たなものであると同時に、そのつど、この消去の消しがたい痕跡をもっている。我々はあらゆる死者とともに生きている。このことこそ、殺害が否認しようとしながら、否認できないことである。共同体は自分自身に対して完全に露呈している。――そして世界の共－属の共同体もまた。

（ここで我々が普遍的な生に関する熱狂的で神秘主義的なヴィジョンをもっているなどという疑念を抱かないでいただきたい。確かに問題になっているのは生だが、それは有限で、つましく、凡庸で、とるに足らない［＝意味のない］ものである。事実、この生が意味の限界にあるという意味で、そうなのだ。自由の経験が始まり、また、終わるのはそこにおいてである。）

＊＊＊

「自由の経験」などない。なぜなら、自由それ自身が経験なのだから。

***

自由、平等、友愛、正義「のために」戦うことは、たんに実存の他の条件を出来させることだけに存するのではない。それはたんに投企の次元（レベル）にあるのではない。それはまた、イマ・ココデただちに、自由で平等で友愛的で正しい実存を肯定することである。自由「について」書いたり、考えたりできるのと同じくらい述べることができるのでなければならない。

***

「自由に死ぬ、という考えは幻想だ（もちろんそれは非難できないものではある）。なぜなら、たとえ、死に関して自分が自由であるという幻想を捨てたとしても、つねに遅れてやってくる言葉によって、無償性とか、軽々しさ――その鬼火の軽い炎――、死ぬことの容赦なき軽さなどと呼ばれるものと、あらゆる把捉を逃れるものの不服従との混同へと立ち戻るからである。そこから次のような考えが出てくる。自由に死ぬ、我々の自由によってではなく、受動と委ね（極限的に受動的な注意）によって、死の自由にしたがって。[☆10]」

***

「これは、展開する補遺であり、経路も区分もない精神であり、つまりは、おそらく捕らえら

☆10 モーリス・ブランショ『彼方への一歩』*Le pas au-delà*, Paris, Gallimard, 1975, p. 73.

れるがままになる準備のできている自由、おそらくまた殺すためなり、よりよく包みこむために、他の自由を、無効にする準備のできている自由である。[☆11]」

***

「自由とは本質的に悪魔の性格をおびた倫理的原理である。[☆12]」

***

そこにおいて自由が我々を自由自身と対面させるがままにするこの驚くべき自由がある。自らを認めさせるのになにものももたない自由。この自由を与えられるがままにすることに関して、我々は自由だ。それしかないのだ。

***

自由自身に対してでさえ自由でありつづけるまで、自由から自分を解放するほどまで我々が自由であることを、我々に依頼し、我々に提案し、我々に要請するこの自由……。

***

この調子で注解が続けられると、共和的で民主的なモットーを要求しながらも、「民主的自由」

☆11　ロベール・アンテルム、一九四五年六月二一日付書簡、ディオニス・マスコロ『記憶の努力の周辺』*Autour d'un effort de mémoire*, Paris, éd. M. Nadeau, 1987 の引用による。
☆12　E・M・シオラン『崩壊概論』（有田忠郎訳、国文社）九七頁。

からは身をひきはなすような自由について私がここで述べようと試みたことは、ジャコバン的と決めつけられることだろう。いや、さらには、あからさまにファシズムとまではいかないまでも、テロリズムと決めつけられることだろう。（あるいは、他の方向では、ニヒリズムか。）（近頃、ハイデガーへの言及がとりわけ明確に示されたあらゆる思考の努力に対して執拗になされた糾弾のスタイルはこうしたものであった。）ところが、

(1)ある思考、つまり、存在、本質、原則などの思考――ここでは違いは重要ではない――から政治や倫理へと移るさい、その移動の結果はけっして善いものとはならない、ということを知っておく必要がある（「価値の哲学」の理論家たちが、ナチ政権に大挙して、かつ、長期間にわたり荷担したことは、なぜいつもかならず忘れられているのか）。

(2)この結果が善くないのがなぜかと言えば、結果を引き出しながら、原則としての「原則」を問う領域（レジーム）を通ることなく、原則の本性やその「原則性」自体の領域から、原則が定着される領域へと移ってしまうからだ。こうして、自由はどちらの領域からも排除されてしまう。なぜなら、一方が他方に対して問題としているのは、まさに自由を賭け、実現することの無限定性、還元不可能性だからである。さらに言えば、自由の「原則」が――根拠として、存在の分有として――計算不可能な自由の実行をまさに「根拠づけるのである」。

ハイデガーがナチであったということは、過誤であり、そして罪である。彼がナチであることができたということは、自由の原‐倫理的な原則に属することである。（そして結局、ハイ

デガーが――いまでは明確にすることができるようになってきたある特殊なしかたで――ナチでありながら、グラネルの表現を借りれば「可能なものの解放に力を貸すこと」[☆13]を自ら望むことができたということは、その評価がおそらく無限に微妙であるとはいえ、我々の思考の課題であるような何かである。）

***

〈何ものにも依存しないこと〉、〈自分に自分の法を与えること〉、〈始まりの開けであること〉。我々は、この言説において、この自由の三重の規定から抜けだすことはできない。すべてがそこで成立している（そして、どのような我々にとっても、どのような私にとってもそうである）。したがって、次のように書きかえることのみが問題なのである。すなわち、〈いかなる根拠ももたないこと〉、〈したがって、つねに「自己」の手前あるいは彼方で「自らの」法をもつこと〉、〈開けがそうであるのと同じくらい自己から離れてあり、始まりがそうできる以上には自己を捉えないこと〉。すべては以上のことに帰着する。この書きかえは単純なように見える。だが、現実には、我々の言説においてそれが不可能なように、私がここで書いたような書きかえは不可能なのだ。書きかえ自体がその自由を、自らの手前ないしは彼方でもっているからだ。（それは、言葉の書きかえや名詞や統辞法の変化だけではありえないし、言説の外における「純粋で単純な」「行為」でもありえない。）書きかえとは思考にとってもっとも困難なもの

☆13　ジェラール・グラネル「南北戦争」La guerre de Sécession、『デバ』誌48号、一九八八年一－二月号所収を参照［この号はハイデガーとナチズムの特集号。グラネルの論文はpp. 142-168］。

である。自らの限界上で、自らの限界を問題にすること。書きかえにはおそらく終りはない。

＊＊＊

だからといって、ヘーゲル流に、自由とは自らの否定性のうちにおける絶対としての無限である、というのではない。なぜなら、自由は有限としての有限の無限性であり、それゆえそれ自身有限であるからだ。つまり、自由は、特異であると同時に、おのれ自身においては本質を有さないのであり、ようするに、ひとつの本質をもつことも、ひとつの本質であることもないということから成り立っているからである。成り立たないということから成り立ち、そこにはいかなる矛盾もない。このような「矛盾のないこと」が事実をなし、自由の現前を保証する。——この現前は、現前する到来の現前である。けっして無限ではなく、けっして弁証法的否定性ではなく、肯定や否定よりも隠れている自由は、ヘーゲル自身が「ファナチズム」と「破壊の衝動」の自由と呼んだ「空虚の自由」[☆14]ではけっしてない。「充全」でも「空虚」でもなく、自由は到来する。自由は、現前に到来する現前の何かなのだ。このように、自由はある。あるいは、自由とは存在の存在なのだ[☆15]。

＊＊＊

思考とは、おそらく、我々にとって、可能な限りもっとも自由なものであろう。しかし、自由

☆14 『法哲学』五節。
☆15 かつ／もしくは、存在（の）出来事。アラン・バディウーの『存在と出来事』*L'Être et l'événement*, Paris, Seuil, 1987を是非とも参照されたい。出版されたのが遅かったために、ここでは用いられてはいないが、重要な著書であり、存在の自由に関してある点で管見と近い主張を含んでいるように思われる。

とは、他の何にもまして思考に還元されないこの事実なのである。

訳者あとがき

本書は Jean-Luc Nancy の *L'Expérience de la liberté*, Galilée, 1988 の全訳である。著者のジャン゠リュック・ナンシー（一九四〇年生まれ）はフランスのポスト・デリダ世代の哲学者のなかでもラクー゠ラバルトなどとともにもっとも注目を集めている思想家であり、邦訳もすでにいくつかあるから、ここで改めて紹介するまでもなかろう。多分野にわたり多くの作品を発表しているナンシーの著作のなかでも、ハイデガーの自由に関する思索を出発点とした本格的な哲学的考察である本書は、その射程からいっても、浩瀚なレフェランスからいっても、主著と呼ぶべき大作であろう。註の文章から察するに、おそらく国家博士論文として提出され審査を受けたものに、最終章の断章を付して出版したものと思われる。

タイトルはとりあえず「自由の経験」と訳したが、この属格はいったい何を意味するのか。これは主語的属格なのか。それとも、目的語属格なのか、あるいは説明の属格なのか。自由が経験するのか、自由を経験するのか、あるいは自由という経験なのか、経験という自由なのか、という素朴な疑問を避けることはできないだろう。それに対する当面の答えは、〈自由の経験〉が意味するのは、それらすべてであり、あえて言いかえれば、等記号が簡潔に示す意味での「自由＝経験」ということにつきるかもしれない。だが、それでは一歩も前進したことにはなるまい。そもそも「自由」といい「経験」といい、どちらも背後に巨大な思想史的な含みを控えた言葉であり、その多義性を整理することなくしては、ナンシーの意図も理解されえないであろう。自由は西洋思想史のなかにあってもっとも根幹にある概念のひとつである。また、現在ほど自由が標榜され、絶対的な価値として君臨する時代もない。古代ギリシャに生まれた自由という思想は西欧社会の変遷につれて発展し、その意味内容を豊富にしつつ、肥大を今日まで続けてきた。ナンシーがここで試みるのは、そのような自由の系譜学を再検討することではない。自由についてのさまざまな定義は、本質的な自由から我々を遠ざけることはあっても、自由について何も教えることはない。いや、それどころか、このような定義を宙づりにすることによってしか自由へのアプローチはありえない。自由という経験は何よりもひとつの事実であり、それ自体独自な事実である。自由の本質を問うことなしに、自由の存在から出発すること。自由という固有な経験の意味を問うこと。これがナンシーの試みである。別の言い方をすれば、まさに自由と経験という言葉が担ってきた意味を根底から問いなおすことであり、これまでの思想史の文脈からこれらの言葉を解放しつつ伝承することなのである。

本来であれば、まことに刺激的ではあるが平易とは言いがたいナンシーの論述と問題系を解きほぐすような解題によって、本書を締めくくるのが訳者の務めなのであろう。だが、本書の内容を要約紹介するだけの技量と余裕が訳者にはないという副次的な理由からだけではなく、自由という把捉のもっとも困難な経験をなんとかしてあるがままの姿で提示しようというナンジーの試みそのものを裏切りかねないというより根本的な理由から、訳者が凡庸な解説を試みて読者の自由な読解を妨げることは慎むべきであろうと判断する。そこで、以下に各章の内容を簡単にまとめることによって、読者の便宜を計ることで責を果たすこととしたい（だが、読者のための道しるべというよりは、翻訳の過程で訳者の頭に浮かんだ漠然とした思いの羅列に終始してしまわない保証はない）。本書は十四章からなっているが、各章の関係はけっして序論・本論・結論といった展開をとっておらず、その筋道は必ずしも辿りやすいものではないからである。

第一章　自由という主題（テーマ）の必然性。混然とした前提と結論

これまで論じ尽くされた観のある自由論 traité de la liberté の蒸し返しではなく、新たな自由学 éleuthérologie を構想する必要がまず提起される。この新語（ネオロジスム）の語源であるギリシア語、eleutheros は、〈自由な〉、〈自由人にふさわしい〉を意味するが、古代ギリシアにおける自由は、なによりも奴隷状態にないことを意味した。それに対して近代哲学において、自由の思考はもっぱら自由意志の問題として展開されてきた。つまり、決定論と非決定論の対立の相のもとにおいてである。そこでは自由は主体と分かちがたく結びついてしまっている。だが、このような問題設定はハイデガーによる自由の捉えなおしによって決定的に失効したものとナンシーは捉える。自由意志に対して、より根源的な自由を探るために、ナンシーはギリシア的

な自由が含意していたものに立ち戻ろうとする。というのも、eleuteriotes は、アリストテレスがその倫理学で述べるように、「鷹揚さ」の徳でもあり、フランス語では générosité とか libéralité と訳されるように、贈与と関連するからである。このような観点から、新たに「自由」と「経験」が問われることになる。

第二章　自由の問題の不可能性。混在する事実と権利

カントの自由論、それに関するハイデガーの読解を通して、自由が実存の事実であることが確認される。自由とは、自己が自己へと向けて超越することである（しかし、ここで自己を主体と考えてはならない）。そして、この超越とは限界へと赴くことであり、限界における露呈であることが明らかにされる。このような意味で自由は実存の本質なのだが、人間が自由を備えて生まれてくると考えるべきではない。むしろ、人間は、無限に、自由へと向けて生まれるのである。

第三章　我々は自由について自由に語りうるか

自由という言葉は多義的であるが、現在では倫理＝法＝政治的な問題系と哲学的な問題系における自由が完全に乖離してしまっている。その理由が問われる必要がある。もう一方で、自由という観念自体が古びてしまったようにも見える。しかし、それは自由が自由意志と同一視

され、主体によって支えられたものとして、そして必然性の対概念として捉えられつづけてきたためである。しかし、哲学は自由についての思考を続けざるをえない。なぜなら思考とは、自由へと向けられた自由のことだからである。

第四章　ハイデガーによって自由なままに残された空間

本書のなかでももっともハイデガーに即して、ハイデガーに抗して、ハイデガーを通して議論が進められる章である。ナンシーは、ハイデガー思想における自由問題の展開を『シェリング講義』を中心に敷衍しつつ考察する。そして、なぜハイデガーが自由という観念を新たに分析するのをやめ、〈自由な開けた空間〉のモチーフへと移っていたのかが探られる。

第五章　自由の自由な思考

自由はしばしば了解不可能なものとされるが、その理由が考察される。ハイデガーは「我々が了解できることは、自由が了解不可能だということだけだ」と述べたが、了解不可能性を了解するとはどういうことなのかが問われる。このことから、自由と思考との共属性が導き出される。自由とは何よりも〈贈与性〉なのだが、その自由が与えるのは、思考そのものである。ハイデガーが考えたのとは異なり、跳躍が思考の自由な決断なのではなく、むしろ自由が跳躍するのであり、自由が思考を与えるのだ。自由は、実存のうちへと跳躍し、そこにおいて実存は実存としての自らを発見する。この発見が思考なのだとナンシーは述べる。

第六章　哲学――自由の論理

現代の多くの思想家が哲学という言葉を避けるのに対し、ナンシーはあえて哲学にこだわる。それは、哲学が自由と等根源的に関係しているからである。だが、それは哲学が自由の理念を了解するという意味ではない。むしろ、哲学は、自由の事実の〈刻印〉なのである。哲学は思考一般の自由な領域でも、自由の道徳的・政治的・美的実践の「理論的な」中継地でも、魂の独立により自由の物資的な欠如を代補するものでもない。そうではなくて、哲学において、自由の論理はたんに絶えずそれを開始する実践的公理と結びつくのである。それは、思考が実存の自由から自らを受け取るためである。

第七章　自由の分有。平等、友愛、正義

ナンシーの思想の核とも言える〈分有〉を補助線として、自由、平等、友愛、正義の問題が考察されるこの章は本書のなかでも中核をなしている。実存者の実存は、特異性の分有において、特異に生起するとナンシーは述べる。その意味は実存の自由が不意撃ちによって特異性を到来させるということである。存在は分有されるというありかたでのみ我々に共通なものである。分有のこのロゴスからして、自由は平等と結びつくとされる。自由には尺度がないが、こ

の尺度がないことが、自由の共通性であり、平等の根底に、そして友愛の根源にあるものなのだ。

後半ではアレントを援用しつつ、自由が製作（ポイエシス）ではなく、実践（プラクシス）であることが確認され、なにかが自由であるためには、すでにそれは自由である必要があるというパラドクスが、ハイデガーの元初性を援用することで説明される。

第八章　自由の経験。それが抵抗する共同体についての再説

ハイデガーの述べた根拠の根拠としての自由が中心的に考察される。根拠の根拠とは根拠づけの経験そのものであり、根拠づけの経験とは経験一般の本質だとされる。したがって、経験が語源から言っても試練であり、実験であり、試行であることを考慮すれば、創設＝根拠づけの経験そのものが、境界上に留まろうとする試みであることがわかる。さらにこのような自由の経験が、自由が経験であるということの経験であること、つまり、経験の経験であることが理解される。それはまた、自由が実存を露呈すること、あるいは自由とは実存が露呈されてあるという事実でもあるのだ。

第九章　物、力、視線としての自由

「人間は自由の刑に処せられている」という有名な一節を振り出しに、サルトル的な自由の概

念が批判される。このような発想は結局は必然性と自由という二項対立から抜け出ていない。因果性の空間で捉えられたままになっている限り、自由を真の姿で捉えることはできない。実存の自由とは、内面的なものなどではない。実存するという実践のうちにこそ自由はある。その意味で、実存者にとって思考することは、自らの実存の構造そのものなのである。

第十章　絶対＝分離的自由

自由は絶対であり、因果性のひとつの可能性ではない。また、自由を自律と考えるわけにもいかない。絶対であるということは、あらゆるものから切り離されていることである。原因や本質や存在ではなく、物や現前や実存こそが絶対であることができる。この絶対性の思考こそが、思考の定言命法であることが確認される。

第十一章　自由と運命。不意撃ち、悲劇、贈与性

自由を運命や宿命の対概念と捉えてはならないとすると、時間性について、あるいは時間の由来について考察する必要があろう。ナンシーは「到来」の意味の解明へと向かい、この問いかけは、「不意撃ち＝驚き」の考察へとつながれる。こうして自由とは自らを不意撃ちすることだということが確認される。

第十二章　悪。決断。

このように捉えられた自由についての考察は、当然のこととして、悪に関する考察へと導くことになる。アウシュヴィッツ以降、自由は、それゆえ思考は、悪の問題を自分自身の問題として提起せざるをえなくなった。自由に関する考察を徹底すれば、悪がたんなる善の否定でないということが、つまり悪の積極性ないしは実定性が明確になる。悪意とは、自らに対する約束を破って自らの鎖を解き放つ自由なのだ。このことから、決断が含意するものを徹底的に明らかにする必要性がでてくる。

第十三章　決断。砂漠。犠牲。

ナンシーはこの決断の問題を善・悪という二項対立の解体を通して捉え、開けとしての自由を砂漠のイメージのなかに探る。開け、空間を開くこと。開けと覚悟性は相関している。なぜなら、決断こそは本質的に開くものであり、空間化するものであるからだ。そして、自由が自由であるのは、このような開けにおいてであり、この開け自体が存在の贈与なのだ、とナンシーは断じる。それはかならずしも我々に自由の倫理のようなものを与えはしないのだが……。

第十四章　断章

ひとは自由について、自由に（つまり何の束縛も、衒いもなく）、真に語ることができるのだろうか、という当初の問いに応えるように、この書は自由（の経験）に関する断章で閉じられることになる。もちろん、それは断章に逃げるということではけっしてない。ベンヤミンがどこかで述べていたように、日々の生活をつらぬいて作業が続くあの断章群に比べれば、完成した作品などたいした重みをもたないのだ。断片的な思考の組合せ――連続性や調和ではなく、中断し、立ち止まり、息継ぎし、区切るように語ることは、ベンヤミンのみならず、ブランショに通ずるものでもある。引用されるさまざまなテクストと、アフォリズム的な簡潔な文と、長大な注釈とも大作のための素描とも見える長めの文章の配列＝星座（コンステラション）であるこの章は、それまでの長く緻密な議論への反歌のようにも見える。

以上、概観したように、本書がよって立つのが特にハイデガーの自由論であることは明らかであるが、別の固有名詞を手がかりに考えるとすれば、ハンナ・アレントの名が挙げられよう。近代において分離していた哲学的な自由の思考と政治的自由の理念を新たに結合させんとする努力を行なったのが、他ならぬアレントであった。アレントは「政治の存在理由は自由であり、自由が経験される場は活動である」とも、「自由であることと活動することは同じ」とも言っている。

本書の構成を見ても明らかなようにナンシーはここで自由という概念の解釈を行なっている

わけではない。この根源的な体験＝経験としての「自由」を解き放つこと。自由を主体の自己決定として、あるいはアウトノミアとして捉える考えを解体し、自由への新たな視点を解放すること、これが本書の眼目である。ナンシーがその広汎で多岐にわたる仕事（文学、政治、社会思想、精神分析、哲学）を通じて目指しているのは、ありていに言えば、西欧思想の形而上学的言説の解体構築であるが、その際に、彼がつねに戦略的に主題を選択していることに留意しておくべきだろう。たとえば、『エゴ・スム』においてはデカルトに代表される主体性の存在論に立脚する根拠の問題が、さまざまな迂遠的なアプローチを通じて解きほぐされた。本書での「自由」に関する考察もこうしたナンシーの仕事全体のなかで位置づけて理解されるべきであろう。

＊＊＊

本書の翻訳の話が決まったのは、九四年の初めごろだったように記憶している。この本が出版されたとき、私はパリでサルトルの自由論を中心に博士論文を準備していた。何か論文の助けにでもなれば、という軽い気もちで読みはじめたのだが、その示唆に富んだ考察と希有な問題設定に魅せられ、細部はわからないままに、引きずられるように一気呵成に読了した。そこでは、中世の自由裁量論争以来あたかも西欧の尾てい骨のように引きずってこられた自由意志としての「自由」が俎上にのせられている。我々日本人にとっては馴染みの薄いものであったはずの自由という概念も、いつのまにか曖昧なままで市民権を獲得し、今や、「自由」という言葉はさまざまなレベルの言説において流通している。しかし、その根本的な意味が真剣に問われることはあまりに少ない。従来の自由論はしばしば、内的自由（つまり自由裁量、哲学問題）と外的自由（社会・政治における権利問題）といった二分法、あるいは形式的自由と実質的自由の一致といった観点からアプローチされてきた。そこでは自由はいわゆる概念として論じられ、あるいは要請されてきた。それに対してナンシーは、これまでの多くの自由論に欠けていた地平を導入する。自由を価値として掲げるのではなく、それを独自の経験として捉える視点である。そして、この経験が思考の問題と分かちがたい問題系として措定されている点に本書の特色がある。自由の経験とは、あらゆる思考のうちに、他なる思考が、つまり、悟性や理性や知や観想（テオリア）や哲学とは異なる、さらには思考自身とも異なる思考がありうるということを知ることである。あらゆる思考に対して他である思考——それは思考の他者とも他者の思考とも異なる——それが自由の炸裂だ、とナンシーは断言する。それまで、サルトルの自由論を中心に研究を行ない、その袋小路的限界につきあたっていた私にとってこのような自由論が可能であるということは、大きな衝撃であると同時に、自ら思索を続けていくうえで大きな励みとなった。

そこで、九二年に帰国したときに翻訳の企画を自分からもちかけたのだった。幸い未來社が引き受けてくださることに決まり、着手したのが九五年頃だったろうか。しかし、じっさいに取りかかってみると、翻訳作業にはきわめて多くの困難が伴った。その理由を述べるのは、ただ自分の恥をさらけだすことにしかならないのだが、自戒の念もこめてあえて記しておく。

困難のひとつは本書の覆うフィールドがきわめて広範囲にわたることである。カント、ヘーゲル、ハイデガーといった古典はもとより、ベンヤミン、デリダ、レヴィナス、ドゥルーズ、ラクー＝ラバルトといった現代の哲学者、そしてバタイユ、ブランショといった文学と哲学のはざまで仕事をしている作家たちへのさまざまな明示的ないしは暗示的な目配せが随所に散りばめられていて、それを綿密に追ってゆくことが非常に難しかったということがある。これらの思想家への言及があるたびごとに、訳すという作業よりはむしろあらためて彼らのテクストを読み勉強するということのほうが多かった。

ふたつめは、ナンシーの独特な文体によるものである。しばしば、（　）や——で遮られながら、ひたすら補足的な節や、形容詞句が延々と続くかと思うと、省略的な語法であまりに簡潔でとりつくしまもない文章がとつぜん現れる。それらを日本語に移すのは容易ではなかった。さらに鍵となる言葉は、デリダほどではないにしろ、その多義的なぶれや、類縁語とのネットワークのうちで用いられ、一義的な訳語を決定することがためらわれることもしばしばであった。当初はナンシーのこのような文体の特徴を活かすことも試みたが、それは失敗に終わった。あまりに生硬な訳文に対して、未來社編集部の浜田さんや友人たちの容赦ない朱筆が入れられ、校正ごとにゲラは赤一色になった。訳者の理解不足からくるこなれの悪い文章がまだ多いかと思うが、本書がいささかなりとも読みやすいものになったとすれば、それはひとえに助言を惜しまなかった方々のお陰である。

さらには、ナンシーが註に記している出典がしばしば見つからなかったためである。ページ数も、出版社もまったく誤っている場合もいくつかあったが、これらに関しては煩瑣を避けいちいち本文中に注記することはしなかった。出典に関しては友人たちの手を煩わせて探してみたが、結局みつからないままになっているところも少なくない。

以上のような理由で本書は、浅学非才の訳者の手に余るすこぶる難解なものであった。初歩的な誤読や見落としも多いのではないかと思う。先学諸兄と読者の方々のご教示とご寛恕を切に乞い願う次第である。

本書にはすでに以下に掲げる英語への翻訳があり、訳出にあたってこれを参照した。またその注や解説からも教えられるところが多かった。

The Experience of Freedom, translated by Bridget McDonald with a Forword by Peter Fenves, Stanford University Press, 1993.

本訳書ができあがるまでの過程でお世話になった方は数多い。すべてのお名前をあげるわけにはいかないが、以下の方々には特に記して深謝申し上げたい。

ハイデガーに関して、さまざまなご教示をいただいた山本英輔さん。古典語をはじめ、多くの貴重なご指摘を頂戴したプラトン研究者の白根裕里枝さん。ブランショやバタイユに関してご教示いただいた獨協大学の若森栄樹さん。難解なフランス語の読解に関して、再三にわたり丁寧に解説してくれた東京外国語大学の Hervé Couchot さん。

最後に、怠惰ゆえに遅れがちな訳者の仕事に対して、辛抱強い対応を続けてくださった未來社の浜田優さんには、ただもう平身低頭、お詫びを申し上げるしかない。じっさい、右にも書いたように、訳文の練りなおしも含め、すべてが浜田さんと二人三脚の共同作業だったといっても過言ではない。原文との照合などを含め、面倒な仕事を一手に引き受けてくださった浜田さんの努力に報いるレベルに達していないという自責の念でいっぱいではあるが、心から感謝の意を表したい。

二〇〇〇年八月

澤田直

■訳者略歴

澤田直（さわだ・なお）
一九五九年、東京生まれ。法政大学文学部哲学科卒、同大学院修士課程修了、パリ第一大学修士課程および博士課程修了（哲学博士）。現在、白百合女子大学文学部教授。
共著書に『多言語主義とは何か』（藤原書店）、『デカルト読本』（法政大学出版局）。編・訳書に『カタルーニャ現代詩15人集』（思潮社）、フェルナンド・ペソア『不穏の書、断章』（思潮社）。主な訳書にJ＝P・サルトル『真理と実存』（人文書院）、タハール・ベン・ジェルーン著『気狂いモハ賢人モハ』（現代企画室）他。

【ポイエーシス叢書43】

自由の経験

二〇〇〇年八月一八日　初版第一刷発行
二〇一一年五月二五日　　　第二刷発行

定価……………本体三五〇〇円＋税

著者……………ジャン＝リュック・ナンシー

訳者……………澤田直

発行所…………株式会社　未來社
東京都文京区小石川三―七―二
振替〇〇一七〇―三―八七三八五
電話（03）3814-5521
http://www.miraisha.co.jp/
Email:info@miraisha.co.jp

発行者…………西谷能英

印刷・装本……萩原印刷

ISBN978-4-624-93243-5 C0310

36 経験としての詩　ツェラン・ヘルダーリン・ハイデガー　フィリップ・ラクー＝ラバルト著／谷口博史訳　二九〇〇円

37 アヴァンギャルドの時代　1910年-30年代　塚原史著　二五〇〇円

38 啓蒙のイロニー　ハーバーマスをめぐる論争史　矢代梓著　二六〇〇円

39 フレームワークの神話　科学と合理性の擁護　カール・R・ポパー著／M・A・ナッターノ編／ポパー哲学研究会訳　三八〇〇円

40 グローバリゼーションのなかのアジア　カルチュラル・スタディーズの現在　伊豫谷登士翁・酒井直樹・テッサ・モリス＝スズキ編　二五〇〇円

41 ハーバマスと公共圏　クレイグ・キャルホーン編／山本啓・新田滋訳　三五〇〇円

42 イメージのなかのヒトラー　アルヴィン・H・ローゼンフェルド著／金井和子訳　二四〇〇円

43 自由の経験　ジャン＝リュック・ナンシー著／澤田直訳　二八〇〇円

44 批判的合理主義の思想　蔭山泰之著　二八〇〇円

45 滞留［付／モーリス・ブランショ「私の死の瞬間」］　ジャック・デリダ著／湯浅博雄監訳　二〇〇〇円

46 パッション　ジャック・デリダ著／湯浅博雄訳　一八〇〇円

47 デリダと肯定の思考　カトリーヌ・マラブー編／高橋哲哉・増田一夫・高桑和巳監訳　四八〇〇円

48 接触と領有　ラテンアメリカにおける言説の政治　林みどり著　二四〇〇円

49 超越と横断　言説のヘテロトピアへ　上村忠男著　二八〇〇円

50 移動の時代　旅からディアスポラへ　カレン・カプラン著／村山淳彦訳　三五〇〇円

51 メタフラシス　ヘルダーリンの演劇　フィリップ・ラクー＝ラバルト著／高橋透・吉田はるみ訳　一八〇〇円

52 コーラ　プラトンの場　ジャック・デリダ著／守中高明訳　一八〇〇円

53 名を救う　ジャック・デリダ著／小林康夫・西山雄二訳　一八〇〇円
54 エコノミメーシス　ジャック・デリダ著／湯浅博雄・小森謙一郎訳　一八〇〇円
55 私に触れるな　ノリ・メ・タンゲレ　ジャン＝リュック・ナンシー著／荻野厚志訳　二〇〇〇円
56 無調のアンサンブル　上村忠男著　二八〇〇円
57 メタ構想力　ヴィーコ・マルクス・アーレント　木前利秋著　二八〇〇円
58 応答する呼びかけ　言葉の文学的次元から他者関係の次元へ　湯浅博雄著　二八〇〇円
59 自由であることの苦しみ　ヘーゲル『法哲学』の再生
アクセル・ホネット著／島崎隆・明石英人・大河内泰樹・徳地真弥訳　二二〇〇円

ハーバーマスの本

認識と関心〔新装版〕　奥山次良・八木橋貢・渡辺佑邦訳　五八〇〇円
理論と実践〔新装版〕　社会哲学論集　細谷貞雄訳　四八〇〇円
〔第2版〕公共性の構造転換　市民社会の一カテゴリーについての探究　細谷貞雄・山田正行訳　三八〇〇円
コミュニケイション的行為の理論（上）　河上倫逸・平井俊彦ほか訳　四八〇〇円
コミュニケイション的行為の理論（中）　藤澤賢一郎・岩倉正博ほか訳　四八〇〇円
コミュニケイション的行為の理論（下）　丸山高司・厚東洋輔ほか訳　四八〇〇円
未来としての過去　ハーバーマスは語る　河上倫逸・小黒孝友訳　一八〇〇円